Hallier
Edernellement
vôtre

À Emmanuel Macron, homme d'État qui s'efforce de recomposer une France atteinte de sclérose en plaques, percluse de féodalités locales, longtemps minée par des partis dits de gauche ou de droite [1], victime depuis plus d'un demi-siècle de congestion sénatoriale [2], et plus que jamais accablée d'une dette supérieure à 2 300 milliards d'euros...

À son épouse Brigitte

Et en hommage à la bravoure de Cédric de Pierrepont (1986-2019) et d'Alain Bertoncello (1991-2019), soldats d'élite du commando Hubert de la Marine nationale française, morts pour la France, en sauvant au Burkina Faso quatre otages – deux Français, une Américaine et une Sud-Coréenne – capturés au Bénin par d'odieux criminels, qui ont lâchement assassiné Fiacre Gbédji, guide dans le parc de la Pendjari.

---

(1) Arborant les sigles PS (Parti socialiste), LR (Les Républicains), UMP (Union pour un mouvement populaire), NC (Nouveau Centre), UDI (Union des démocrates et indépendants)...

(2) Au 1er juillet 2019, 348 sénateurs français étaient en fonction. Depuis plus d'un demi-siècle, une grande partie du microcosme politico-médiatique français sait parfaitement qu'ils sont trois fois trop nombreux pour le travail qu'ils effectuent et que les pesanteurs et autres nuisances qu'ils ont engendrées ont un caractère désastreux.

Maquette :
Caroline Verret

Correction et révision :
Paula Gouveia-Pinheiro

Édité par NEVA Éditions
ISBN : 978-2-35055-273-6

Jean-Pierre Thiollet

Hallier
Edernellement
vôtre

Avec le témoignage d'Isabelle Coutant-Peyre
et des contributions de François Roboth

Éditions

« Car la vie et la mort sont un,
Comme sont le ruisseau et la mer. »

Khalil Gibran (1883-1931), *Le Prophète*

« Et comment les morts peuvent-ils être réellement morts alors
qu'ils vivent dans les âmes de ceux qu'ils ont laissés ? »

Carson McCullers (Lula Carson Smith, dite, 1917-1967),
Le Cœur est un chasseur solitaire

Sommaire

Prologue au clair de lune.. 11

Singularité plurielle 20

La France du rétroviseur 23

Ces chers sénateurs français... 35

Ni Jupiter ni Atlas... Juste Emmanuel Macron................... 49

Le dynamiteur du clivage « gauche-droite »...................... 61

L'honneur à jamais perdu de M. Mitterrand..................... 67

Jean-Edern, cet enfant qui voulait voir la mer................... 75

La voix de l'océan 79

Roi-Soleil 89

Le goût de l'Amour 96

***Fin de siècle*, joyau baroque et psychédélique**.............105

Abécédaire hallierien 111

Grand témoin – Isabelle Coutant-Peyre 173
Morceaux choisis...189
« Des prix et des non-prix... », par Fernando Arrabal ..190
« Hallier Jean-Edern », par Philippe Bouvard 192

Cercle InterHallier ou les voix au chapitre......................195

Art de vivre... avec Hallier 209

Amuse-bouche et autres menus plaisirs
de pique-assiette..213

Cinq tours de table parisiens, par François Roboth............218

Jean-Edern Hurstel ou le nouveau J.-E. H. 219

Chez Loubnane, le Liban à Paris pour Hallier................230

Pugilat au Café de Flore..236

Christian Leclou, un grand chef se souvient...................240

Le quatuor des fines fourchettes du Clos de l'Alma.......243

Appendice.. 247

« La jeune littérature n'existe pas »,
par Jean-Edern Hallier.. 248

« Jean-Edern Hallier : "J'ai un courage aveugle" ».............257

« Hallier mord encore ! »...261

« Jean-Edern, le dandy de grand chemin »......................269

« Cet étrange binôme... »..274

Un courrier au Parti socialiste de Châtellerault................276

Génocide au Rwanda : la liste des 33............................279

Bernard Kouchner : « Mitterrand m'a dit... » 288

« La France », par Jean Yanne.....................................290

In memoriam : Jacques Chirac 292

       Monique Marmatcheva 294

       Claude Bourg 297

       Franz Weber...301

Bibliographie..307

Œuvres de Jean-Edern Hallier.....................................309

Ouvrages consacrés à Jean-Edern Hallier.......................313

Autres ouvrages..318

Vidéo et audio 354

Remerciements 362

Prologue au clair de lune

Au secours, Jean-Edern, les Français sont devenus fous ! Enfin presque. Peut-être de grands malades en fait. Des néo-Gaulois irréformables, plus que rétifs au changement. Des frondeurs un peu imbéciles, incapables d'être à la hauteur d'un véritable enjeu tant ils restent toujours à la hauteur de leur ego. Foncièrement superficiels et frivoles, ils se complaisent dans l'archaïsme et l'obsolescence. Ils maintiennent des tribunaux et autres services qui n'ont plus lieu d'être, simplement parce qu'ils les ont toujours vus là où ils sont et qu'ils « font partie du décor », sans concevoir qu'entre Louis et Édouard Philippe, près de deux cents ans aient pu s'écouler, avec de flagrantes transformations sociales et technologiques à la clé… Sur leur territoire, il suffit, il est vrai, qu'un coq chante, que des chèvres attirent des mouches ou que des cloches sonnent pour susciter d'homériques polémiques et engendrer des procès carabinés à résonance planétaire [1].

Au nom du respect du patrimoine, ils conservent dans bon nombre de leurs centres-villes des immeubles vétustes, inadaptés, qui ont fait plus que leur temps et encombrent... Ils s'imaginent qu'il leur suffit de faire varier la largeur de leur cravate, la couleur de leur tee-shirt préféré ou la housse de leur smartphone adoré pour faire croire qu'ils sont adeptes d'une modernité de bon aloi.

Certains d'entre eux, de plus en plus marginaux, ne savent toujours pas que M. Hitler était un sinistre psychopathe, que MM. Staline et Mao ont été associés à des ignominies sans nom et que M. Marx est une vieille lune. Avec leur côté chalands de la Foire du Trône où, à force de confondre un bureau de vote avec un « stand », d'autres – les mêmes parfois – semblent prendre plaisir à tenter de démolir l'icône au pouvoir à coups de bulletins dans les urnes. Étranges Français qui, en mars 2018, à en croire les sondages, s'estimaient heureux de vivre dans leur pays mais qui, six mois plus tard, se répandaient dans toutes les régions et des semaines durant, criant leur dénuement et leurs souffrances et recueillant lors de leurs premières manifestations une adhésion notable de l'opinion, cette force politique « prévue par aucune constitution », comme aimait à le rappeler Alfred Sauvy [2]. Le tout alors que le budget social de la France est l'un des plus élevés au monde et qu'il n'y a jamais eu autant de solidarité économique entre générations. Oui, drôles de Français en vérité, dont plus des deux tiers aimeraient qu'il y ait soixante jours de soleil en été, que les jours fériés tombent toujours les vendredis ou les lundis, que le président de la République change de cap sans qu'ils aient besoin d'aller voter, conformément à cette habitude typiquement française qui consiste à confier un mandat puis à contester daredare le droit d'en user !

Leur inconscience et leur aveuglement sont surréalistes. Et cela ne date pas de l'époque d'André Breton ni d'Alexandre Sanguinetti [3]. En 1914, ces sempiternels farceurs eurent le culot d'aller au front en arborant, histoire de se faire bien voir de l'ennemi sans doute, des pantalons rouges... Qu'ils portaient en 1870 et qui étaient donc tout à fait réglementaires ! Au début de la Seconde Guerre mondiale, ils avaient encore et toujours une guerre de retard [4] !

Normal, quand une population est pétrie d'aberrantes contradictions et empêtrée dans un fatras de paradoxes échevelés. D'un côté, elle voit d'un bon œil que ses gouvernants aient de grandes ambitions pour le pays, sans tolérer qu'ils prennent les mesures qui puissent être à la hauteur et encore moins qu'ils nourrissent quelques aspirations personnelles. De l'autre, elle déteste par-dessus tout être prise pour une collection d'imbéciles, mais ne trouve rien de mieux que d'être, comme l'écrit Pierre Daninos dans *Made in France,* « le plus souvent rassurée par la médiocrité qu'emballée par le génie ». Elle se méfie du trop-plein d'intelligence comme de la peste. De même, elle se récrie dès qu'il lui est rappelé que durant la Seconde Guerre mondiale, ses rares héros ont œuvré quand elle était, elle, plus préoccupée de chasser le bifteck que le nazi, qu'en 1944, la majorité de la population parisienne n'est descendue dans la rue qu'au moment où l'ennemi était déjà parti, que les rangs des francs-tireurs entrés clandestinement dans la Résistance se sont sensiblement grossis à partir de 1945 et que sans nécessairement recourir au savoir-faire des couturières, il a été cousu du galon à tour de bras...

N'allez pas croire. Elle n'a rien à se reprocher. C'est la faute à Dieu qui, après avoir créé la France, trouva que c'était le plus beau pays du monde mais qui, désireux de rétablir l'équilibre afin de ne pas faire de jaloux, a créé les Français... Des êtres insupportables et indécrottables, qu'« il suffit de regarder vivre pour prendre conscience de leur inaptitude naturelle profonde à accepter d'être gouvernés [5] ».

« Raisonneurs sans être logiques, traditionalistes sans être fidèles et sentimentaux sans passion, les Français d'aujourd'hui, comme l'écrivait dans son *Journal* Jean-René Huguenin, le "jumeau stellaire" de Jean-Edern Hallier, sont décidément un peuple d'une dégoûtante médiocrité. » Charles de Gaulle savait lui aussi à quoi s'en tenir à leur sujet : « Ils ne pensent qu'à bouffer et à augmenter leur niveau de vie, maugréait-il. Le bifteck-pommes frites, c'est bon. La quatre-chevaux, c'est utile. Mais tout cela ne constitue pas une ambition nationale ! » « Comment voulez-vous gouverner un pays où il existe 258 variétés de fromage ? » se désespérait-il encore auprès de ses interlocuteurs.

Bien avant l'illustre général, Schopenhauer avait prévenu : « Les autres parties du monde ont des singes. L'Europe a des Français. » À la fois méchant et inacceptable à tous égards. « Comme toujours, ce que l'on dit d'un peuple n'est juste qu'en partie, vient avec raison tempérer Manès Sperber dans *Plus profond que l'abîme :* qu'on en parle positivement ou négativement, c'est toujours caricatural. Au fond, c'est une simple question de nuance. Toutes les épithètes s'appliquent à tous les peuples, qualités et défauts sont différents, mais à peu près également répartis. » Avant de préciser que « ce qui compte, c'est l'importance que leur confère une conjoncture historique donnée » et de laisser augurer que « le moment est peut-être venu où, si l'esprit critique ne l'emporte pas, les hautes qualités des Français pourront seulement renforcer l'effet nocif de leurs défauts. »

Les Français sont peut-être des jeunes gens toute leur vie, comme le pensait Joseph Joubert, ou les plus propres à être fous, mais s'ils ont, c'est bien connu, la mémoire courte, ils ne perdent pas la tête. Qu'ils aient apprécié ou non les « fulgurances » de Jean Yanne, ils sont conscients que « le monde est fait d'imbéciles qui se battent contre des demeurés pour sauvegarder une société absurde [6] ». Ils ont également retenu le message du poète Jean Cassou – « l'écourtement de la mémoire, c'est la mort » – et ne semblent pas près d'oublier que les représentants des anciens partis dits « de gouvernement » (PS, UMP-LR-UDI…) ne se sont pas contentés de confisquer la démocratie et de discréditer la République : ils les ont trahis durant des décennies et leur ont beaucoup menti. De nombreux politiciens français feraient d'ailleurs bien de méditer sur le châtiment de la cuisson infligé à l'imposteur dans le poème d'Alphonse Allais :

« Chaque fois que les gens découvrent son mensonge,
Le châtiment lui, vient, par la colère accrue.
"Je suis cuit, je suis cuit!" gémit-il comme en songe.
Le menteur n'est jamais cru. »

Sans l'avouer ouvertement, ces mêmes Français pressentent que le gouvernement d'Emmanuel Macron et d'Édouard Philippe a raison de chercher à introduire plus de justice entre les actifs, que le niveau des pensions des retraités aisés, baby-boomers qui détiennent l'essentiel de la richesse nationale, relève, en dépit de la CSG (contribution sociale généralisée) et autres retenues, du jamais vu dans l'histoire des civilisations. Ils commencent aussi à comprendre que contrairement à une idée qui leur est assénée à longueur d'antenne, le fameux « ascenseur social » n'est pas en panne puisqu'il n'a jamais véritablement existé, que les perspectives sociales d'un très grand nombre de citoyens dépendent du développement économique, et que les années 1950-1970 ont représenté un contexte tout à fait exceptionnel, aux incidences spectaculaires, quasi magiques, issues d'une volonté politique et du plan Marshall. Comment n'admettraient-ils pas que si les perspectives sociales se sont fortement dégradées, ce n'est pas du tout parce qu'un « affreux jojo » nommé Emmanuel Macron, ancien banquier chez Rothschild – ô les vilains mots, à certaines oreilles françaises du moins ! – devenu chef d'État, aurait posé un cadenas sur une porte d'ascenseur et même réussi à condamner tout accès à l'escalier de service pour jouer un vilain tour aux catégories populaires et aux classes moyennes, en leur faisant perdre tout espoir de progression ? Comment ne verraient-ils pas que la situation trouve son origine, d'une part, dans l'augmentation continue des dépenses publiques, dont les droits sociaux font partie et, d'autre part, dans la mondialisation des échanges et l'accroissement significatif de la concurrence de pays aux coûts de production moindres. Depuis l'élection de M. Mitterrand en 1981, la France a multiplié les emplois publics, diminué l'âge de départ à la retraite, transformé les collectivités locales en pourvoyeuses volontiers clientélistes d'avantages sociaux. Tandis que la plupart de ses voisins européens avaient tendance à mener des politiques inverses et que les pays émergents tiraient peu ou prou parti des meilleures recettes du capitalisme pour s'extraire de leur situation de pauvreté. Roulant à contresens sur l'autoroute du grand business mondial, les Français n'ont pu ainsi qu'assister au passage d'une économie du travail, où des dépenses publiques et des droits sociaux relativement modestes vont de pair avec une redistribution maîtrisée, à une économie d'assistance sociale généralisée. Tournant comme des pirons [7] fous autour de ronds-points de plus en plus nombreux [8], ils ont été entraînés dans un cercle vicieux où plus la croissance donnait des signes de faiblesse, plus l'argent public était mis à contribution et plus les impôts et charges s'abattaient sur les actifs, ce qui ne manquait pas d'avoir un impact négatif sur la croissance... Et ainsi de suite. Jusqu'au jour où même les esprits les plus dogmatiques ont découvert avec stupeur que les « acquis sociaux », loin de relever d'une sémantique biblique et d'être gravés dans le marbre pour les siècles des siècles, dépendent des paramètres démographiques et des contingences économiques très terre à terre...

Ce cercle vicieux est apparu d'autant plus mortifère qu'il s'est inscrit dans un environnement administratif devenu au fil des décennies étouffant et d'une complexité infinie. Si l'académie suédoise avait l'idée de mettre en place un prix Nobel de l'usine à gaz, nul doute que l'Hexagone se ferait une fierté de le monopoliser... « Mais arrêtez donc d'emmerder les Français ! Il y a trop de lois, trop de textes, trop de règlements dans ce pays ! On en crève ! Laissez-les vivre un peu et vous verrez que tout ira mieux ! Foutez-leur la paix ! Il faut libérer ce pays ! » Voilà comment un soir de 1966, un président de la République nommé Georges Pompidou s'adressa au jeune chargé de mission Jacques Chirac qui venait vers lui avec un monticule de décrets à signer... Comment réagirait-il aujourd'hui sinon par une crise d'apoplexie ? En quelques décennies, le *Journal officiel* est passé de 13 000 à plus de 23 000 pages par an... Histoire peut-être de donner raison à Tacite quand il assure mordicus que « jamais les lois ne furent plus multipliées que quand la République fut la plus corrompue [9] ».

Une certitude en tout cas : il y a plus de 11 000 textes de loi officiellement promulgués ! Jusqu'à l'arrivée au pouvoir d'Emmanuel Macron, cette inflation législative se poursuivait au rythme de plus d'une loi nouvelle tous les quatre jours, ouvrables ou non ouvrables... Toutefois, la loi restait « lettre morte » ou « bulle médiatique » près d'une fois sur trois, puisque les décrets d'application ne paraissaient jamais !

« La démocratie, cela ne consiste pas à s'unir, comme l'annoncent sans cesse les conservateurs attardés. C'est au contraire l'art de se diviser. »

Alfred Sauvy, *Le Coq, l'autruche, et le bouc… émissaire*

« Vérité monte sur le lit comme chat noir ronronnant. »

Allan Ginsberg (1926-1997), *Journal, 1952-1962*

---

(1) En référence notamment au coq Maurice de Saint-Pierre-d'Oléron, en Charente-Maritime, dont le procès lui a valu de faire l'objet d'un long article dans le *New York Times,* paru le 23 juin 2019, aux mouches de Thurageau, dans la Vienne, ainsi qu'aux cloches de l'église de Saint-Chartres, près de Moncontour-de-Poitou (*Centre-Presse,* 20 juillet 2019), qui, sans retenue ni sourdine, sonnaient toutes les heures et faisaient retentir la sonnerie de l'Angelus trois fois par jour, à 7 heures, midi et 19 heures…

(2) Alfred Sauvy, *L'Opinion publique.*

(3) Homme politique français, né en 1913 et mort en 1980, qui échappe à l'oubli le plus complet pour avoir notamment dit : « Les sondages, c'est comme la minijupe, ça fait rêver, mais ça cache l'essentiel ! » ou « Le centrisme, c'est le vichysme du temps de paix. »

(4) Il semblerait que les Français en aient tiré les leçons. En tout cas, Emmanuel Macron a officiellement lancé en juillet 2019 le *Suffren,* le premier d'une série de six nouveaux sous-marins à propulsion nucléaire et disposant de technologies de pointe. En outre, il a annoncé la création d'un grand commandement militaire de l'Espace, au sein de l'Armée de l'air qui deviendra à terme l'Armée de l'air et de l'espace. Avec les investissements nécessaires appropriés, qui devraient permettre à la France de se situer, aux côtés des États-Unis, de la Russie et de la Chine, parmi les quatre premières puissances militaires spatiales et nucléaires du monde.

(5) Georges Pompidou, *Le Nœud gordien.*

(6) Jean Yanne, *Moi y'en a vouloir des sous* et *Pensées, répliques, textes et anecdotes.*

(7) Nom des jeunes oies dans la Saintonge et le Poitou.

(8) Avec, sur son seul territoire, plus de 65 000 ronds-points (personne ne connaît le chiffre exact), soit la moitié des ronds-points de la planète, la France est la championne du monde de ce type d'ouvrage. Apparue en 1906 sous l'impulsion de l'architecte et urbaniste Eugène Hénard, la spécialité a fait son retour sous le nom de rond-point anglais (en raison de la priorité à gauche) au milieu des années 1970, avant de considérablement se développer du fait de l'engouement des maires et autres représentants des collectivités locales. Cette « rond-point manie », qui a représenté plus de 50 milliards d'euros en frais de réalisation, engendre des coûts de maintenance faramineux, de l'ordre de 6 milliards d'euros par an.

(9) « Corruptissima Republica plurimae leges », Tacite, *Annales,* traduction de Jean-Louis Burnouf, III, 27, dans *Œuvres complètes de Tacite,* Hachette.

Singularité plurielle

« Au clair de la lune,
mon ami Edern,
prête-moi ta plume
pour écrire un mot.
Ma chandelle est morte,
je n'ai plus de feu,
ouvre-moi ta porte,
pour l'amour de Dieu. »

Adapté d'une chanson populaire française
pour petits et grands enfants

« Et moi, je suis avec vous tous les jours jusqu'à la fin des temps. »

Nouveau Testament, Matthieu 28:20

Jean-Edern Hallier ne s'est jamais bercé d'illusions excessives ni sur les Français ni sur le système démocratique et parlementaire tel qu'il se présentait de son vivant. Il savait pertinemment, comme Cornelius Castoriadis, que « la société est dominée par une course folle, définie par ces trois termes : technoscience, bureaucratie, argent » et que « si rien ne l'arrête, il pourra de moins en moins être question de démocratie », dès lors que « la privatisation [1], le désintérêt, l'égoïsme seront partout – accompagnés de quelques explosions sauvages des exclus, minoritaires et incapables d'avoir une expression politique ».

Mais il savait aussi qu'il n'y a pas de « méchant système », qu'il n'y a, comme le note Tristan-Edern Vaquette dans *Je gagne toujours à la fin*, « qu'une somme d'individuelles lâchetés », et que l'une des origines du déclin de l'Occident en général et de la France en particulier consiste dans ce besoin manifeste du sentiment de soi-même qu'éprouve l'Européen occidental à toujours « opposer sa propre personne comme une sorte de norme définitive » (Oswald Spengler, *Le Déclin de l'Occident).* Jean-Edern n'avait pas eu besoin de faire de *Passe-temps* son livre de chevet pour se souvenir du cri du cœur de Paul Léautaud : « Le plus grand nombre est bête, il est vénal, il est haineux. C'est le plus grand nombre qui est tout. Voilà la démocratie. »

Dès lors que les parents, pétrifiés par le chômage de masse, les petits jobs et les radars en tous genres, n'ont plus d'autre ambition que qualifier leurs enfants « pour les professions du monde moderne [2] », Jean-Edern avait également conscience que si l'idéal humaniste est souvent invoqué dans les écoles de la plupart des États européens, l'éducation dispensée en est, sauf exceptions, à mille lieues : elle prédispose au développement de ces spécialisations exclusives qui favorisent l'atomisation des esprits individuels, tous rivés au seul point de vue entraperçu depuis leur petite lucarne et incapables de discerner les relations nécessaires entre les parties et le tout... Plus que dommage et triste d'« enfermer toutes sortes d'esprits dans les mêmes bornes, ni trouver incontinent mauvais ce qui n'est seulement qu'extraordinaire [3]. »

Par-delà ses foucades et ses « coups de sang », Jean-Edern, cet adepte de la diversité et de la transversalité, ne misait pas sur l'individualisme forcené et encore moins sur le sectarisme ou un quelconque dogmatisme idéologique au purisme absolu... Il avait retenu le message de Paul Ricœur : « Nous sommes entrés dans un temps où il faut faire du réformisme et rester révolutionnaire [4]. »

Sans sous-estimer l'influence indéracinable des croyances qui sous-tendent l'imaginaire et conditionnent les structures fondamentales de la société où chaque être humain a été élevé, il tablait sur la singularité plurielle, tempérée par la référence aux autres et une constante remise en question... Quitte à ce que la conception de la vie, la vision du monde et les rapports humains s'en ressentent et qu'une situation inconfortable en découle.

Comme Alvin Toffler, il pressentait que les crétins du futur ne seraient pas ceux ou celles ne sachant ni lire ni écrire, mais les individus incapables d'apprendre, de désapprendre et de réapprendre...

« Sachez que les hommes sont ce qu'est leur époque. »
William Shakespeare, *Le Roi Lear* (acte V, scène III, Edmond)

« L'avenir est à ceux qui ne sont pas désabusés. »
Ernest Renan, *Histoire du peuple d'Israël*

---

(1) Au sens bien sûr d'individualisation (« Chacun ne regarde que son cercle personnel, étroit, et que la terre périsse ! C'est ce que j'appelle la privatisation », Cornelius Castoriadis).

(2) « Les parents ne cherchent plus à produire l'humaniste accompli. Ils veulent qualifier leurs fils pour les professions du monde moderne. » Evelyn Waugh, *Trois nouvelles.*

(3) « Il ne faut donc pas enfermer toutes sortes d'esprits dans les mêmes bornes, ni trouver incontinent mauvais ce qui n'est seulement qu'extraordinaire. Autrement, ce serait faire comme ce pauvre homme de Norvège la première fois qu'il vit des roses ; car on dit qu'il n'osa pas s'en approcher, de peur de se brûler les doigts, et qu'il s'étonna que les arbres portassent du feu. » Jean-Louis Guez de Balzac, *Les Entretiens.*

(4) Paul Ricœur, « Réforme et révolution dans l'université », revue *Esprit,* juin-juillet 1968.

La France du rétroviseur

« Le Poète : "France, France, sans toi le monde serait seul…" »
Victor Hugo, *La Légende des siècles* (L'Élégie des Fléaux)

« Jamais sans doute il n'exista de nation plus aisée à tromper ni plus difficile à détromper, ni plus puissante pour tromper les autres. »
Joseph de Maistre (1753-1821), *Soirées de Saint-Pétersbourg*

« Je ne me supporte pas, parce que je suis vieux ! Mon pays est vieux aussi, je ne le supporte pas non plus ! » Jean-Edern Hallier reprendrait peut-être ces propos de Philippe Tesson [1] à son compte s'il vivait encore parmi nous. Bien sûr, nul ne peut savoir comment il réagirait ni s'il aurait le désir d'aller souvent au théâtre où il aurait l'impression, comme le directeur du Poche-Montparnasse, d'être le plus jeune dans la salle…

Sans doute n'envisagerait-il pas une seule seconde de se conformer à la grande tradition française qui consiste à entrer dans l'avenir en marche arrière. Sans doute ne serait-il guère tenté de se joindre aux Bertrand, Pécresse, surnommée « Valérie Traîtresse » dans sa propre famille politique, Didier [2], Larcher, Baroin, Jacob et autres Retailleau pour aller en avant à reculons vers l'avenir du passé ! La France du rétroviseur, du vinyle en petit comité, des coups bas entre « amis », très peu pour lui. Pas sûr non plus que la France des ex-*hippies few,* voyageurs à « carte senior plus » en première classe, ou celle du « gilet jaune » sur plage avant de grosse carrosserie récente, en mode SUV [3] de préférence, aurait eu son agrément.

Peut-être serait-il heureux de constater que, en 2017, la France a fait le choix d'écarter une génération avec le plus jeune président de la République qu'elle ait jamais élu, et moins ravi d'observer que les Croa-Croa, les Champions du Retour à l'Ordre Ancien, les vieux apparatchiks, longtemps investis par les odieux partis PS, LR ou UDI, s'agrippent à leurs fauteuils, empilent les mandats comme des trophées et tardent, dans leur fidélité à leurs aveuglements, à tirer leur révérence, et qu'il en va de même des baudruches plus qu'usagées sur les chaînes publiques de la télévision française ?

Peut-être aussi serait-il amusé de relever que « territoires » et « terroirs » sont devenus des termes à la mode et chéris des politiciens… Mais qu'en 2019, un peu plus de deux heures étaient nécessaires pour relier Poitiers et Limoges en TER (train express régional), alors qu'un demi-siècle auparavant la Micheline [4] allait plus vite [5], et qu'il a fallu un demi-siècle également pour qu'un climatiseur soit installé dans le local des chauffeurs du ministère de la Justice ! Encore a-t-il fallu la volonté particulièrement déterminée et l'autorité d'un nouveau ministre d'État [6] !

Oui, drôle de France, « ce seul pays du monde, comme le relevait Pierre Daninos dans *Les Carnets du major Thompson,* où, si vous ajoutez dix citoyens à dix autres, vous ne faites pas une addition, mais vingt divisions », où certains semblent avoir une propension à se mettre en grève au lendemain de la Fête du travail et où la boulangerie est, comme l'a noté Stephen Clarke, le seul endroit au monde où ses habitants consentent à rester en rang [7]…

Toute sa vie, Hallier s'est fait une certaine idée de la France, dont il savait, pour avoir lu Joachim du Bellay, qu'elle était « mère des arts, des armes et des lois [8] ». Mais il était loin de l'idéaliser. Conscient que Mai 1968 ne l'avait guère changée en profondeur, il avait vu que les pavés n'avaient pas tous été goudronnés et qu'en 1969, l'année érotique chère à Serge Gainsbourg, sitôt qu'il fut question de réformer le Sénat, la sclérose en plaques de marbre et de cuivre s'était imposée, aux yeux de tous, comme une triste évidence. Y compris dans le domaine intellectuel et artistique. Le temps où la France, cette grande statue, légiférait la culture et où le reste du monde lui obéissait, paraissait révolu et il ne lui restait plus, à lui, Jean-Edern, que le sentiment doux-amer d'en avoir vécu les derniers instants...

Bien sûr, les grandes institutions, politiques et culturelles, semblent encore présentes. Au Conseil d'État par exemple, les colonnes se dressent majestueusement, les rampes d'escalier sont toujours aussi imposantes. Mais elles ne sont plus qu'illusion. Dans un monde qui bouge à la vitesse d'un clic et se réinitialise sans cesse, le terrain sur lequel elles reposent se décompose : son affaissement s'accélère à très grande vitesse et certains silences en cours d'audience y sont parfois au moins aussi éloquents que sur la scène immédiatement voisine du théâtre de la Comédie-Française... De nombreux Français auraient des raisons de s'en émouvoir. Surtout lorsqu'ils vivent hors du territoire national et apparaissent comme des citoyens de second ou de troisième ordre. « Personne autour de cette table ne considère que les Français de l'étranger sont des sous-Français... » Le président de la section du contentieux du Conseil d'État Jean-Denis Combrexelle l'a dit le 14 janvier 2019 en audience publique. Qu'il lui en soit fait crédit. Mais c'est l'État français qui, par un décret ministériel [9] a, d'un trait de plume, mis fin à un service rendu depuis toujours par les consuls aux Français de l'étranger, sans veiller aucunement à ce que ce service soit à tout le moins assuré par délégation.

Et c'est bien ce même État français qui, trois mois après avoir décidé cette suppression, a opéré un recul de deux pas en rétablissant deux consulats dans leurs fonctions. En Côte d'Ivoire, à Abidjan, et au Sénégal, à Dakar. Allez savoir pourquoi, ces deux exceptions ? Surtout ne cherchez pas ! Vous en sauriez trop long sur l'ampleur de la corruption dès qu'il est question du continent africain, ou plus exactement de la Françafrique… En réalité, l'État français est parfois dans une situation de délitement et de délire telle qu'il est capable de s'imaginer… que la suppression du service funéraire pourrait *ipso facto* se traduire par la disparition de la mort !

Entrelacs kafkaïens du pouvoir

S'il revenait parmi nous, l'auteur de *La Lettre ouverte au colin froid* se surprendrait peut-être à reprendre en main un livre intitulé *Le Poisson pourrit par la tête,* de José Frèches et Denis Jeambar et paru aux Éditions du Seuil en 1992. Il noterait alors que certaines pages n'ont pas vieilli d'une ligne et que le fantasme de l'Élysée est toujours bien vivant. En voici une ou deux, pour l'exemple :

« Pas un parti ne rassemble aujourd'hui plus d'un quart des électeurs. Le paysage politique est figé parce que chaque formation a été transformée en écurie présidentielle au service de l'ambition personnelle d'un homme. Refondre les partis signifierait briser des situations acquises et détruire ces cocons soyeux dans lesquels des politiques hantés par leur curriculum vitae se bercent de fantasmes élyséens.

Avant de rêver de leur destin, nos Jupiter devraient pourtant songer à la France et méditer son histoire. Une nation ne compte guère plus d'un ou deux grands hommes par demi-siècle. Depuis 1940, notre pays, de ce point de vue, a déjà été servi avec le général de Gaulle et Pierre Mendès-France, qui, chacun à sa manière et avec des fortunes très inégales, surent s'élever au-dessus des partis et d'eux-mêmes pour défendre l'unité et l'identité de leur pays.

Alors que se profile le rendez-vous du troisième millénaire, la vie politique s'enfonce, en revanche, dans une crise de transcendance. Nos élus pensent en rase-mottes et agissent sans perspective. Ils laissent s'installer le sentiment diffus du déclin national. La France, à son sommet, tombe en jachère, et une crise éthique atteint à son tour l'État, dont les principes et les structures sont désormais ébranlés.

Les politiques ont déglingué l'État parce qu'ils ont d'abord commis un péché d'insouciance. Ils se sont ainsi lancés dans deux grandes aventures – la décentralisation et l'Europe – sans prendre la pleine mesure de leurs conséquences. Ils ont dévoyé ces deux nobles projets porteurs d'avenir par ignorance de la réalité et du passé. Depuis les premiers Capétiens et surtout depuis Louis XI, la France est un pays centralisé, phénomène capital, comme l'a écrit Paul Valéry, « dans un pays qui n'est point défini par une race dominante, ni par des traditions ou des croyances, ni par des circonstances économiques, mais par un équilibre très complexe, une diversité extrêmement riche, un ensemble de différences des êtres et des climats auxquels doit répondre un organe de coordination très puissant ».

Au fil du temps, l'État, installé dans cet immeuble casino du pouvoir qu'est Paris, est certes devenu bedonnant, tentaculaire, écrasant, bureaucratique et donc insupportable, mais fallait-il, pour ne réduire la froide monstruosité, lui imposer une cure d'amaigrissement ignorante de notre histoire et donc de la volonté réelle d'une société française qui en a toujours appelé à la régulation d'un pouvoir central ? Dans la mode gaucholibérale du moins d'État, on a, comme le dit Julien Freund, oublié qu'il faut un État, c'est-à-dire une organisation cohérente de la Nation.

La création de 21 régions en 1960 et les lois de décentralisation de Gaston Defferre en 1981 ont abouti, en fait, à une confusion et à un émiettement qui rendent le pouvoir diffus, opaque et parcellaire.

Qui fait quoi dans la France politique des années 1990, entre la commune, le département, la région et l'État ? Le jeu de piste des responsabilités est désormais totalement brouillé. Il faut être expert en sciences politiques et administratives pour ne pas s'égarer dans ces entrelacs kafkaïens. En revanche, bon nombre d'élus sont à leur affaire dans cet embrouillamini. Ils construisent des fiefs et des féodalités avec l'assurance d'y trouver des revenus confortables et la certitude de pouvoir toujours se défausser de leurs erreurs. »

Fiefs, féodalités, revenus confortables, certitude de pouvoir toujours de se défausser de ses erreurs ? Est-ce possible ? Mais oui bien sûr. Et plus que jamais. Plus de vingt ans après la mort de Hallier, après le double échec des quinquennats de MM. Sarkozy et Hollande qui se sont soldés par 1 000 milliards d'euros de dette publique supplémentaire, la France d'un *New Middle Age* qui ne connaît plus que la force ou le rapport de force, la brutalité, la régression, le déshumanisme, demeure cette zone étrange de rigidité sociale. Avec ses seigneurs et autres mandarins qui s'arrangent entre eux et font de la parité un vœu pieux [10], pratiquent la logorrhée cathodique en continu, à qui mieux mieux [11], et toujours prêts à ouvrir des stages à haute vertu pédagogique pour les citoyens-vilains. Avec son Sénat, ses forteresses institutionnelles, ses États dans l'État, des ARS (Agences régionales de santé) aux CAF (Caisses d'allocations familiales) [12], en passant par les architectes des Bâtiments de France, qui ne rendent de comptes à personne et ont un fonctionnement où l'opacité est la règle et la transparence, une apparence ou une simple éventualité...

Au sein de la République française, volontiers fanfaronne de ses « valeurs » et point avare en matière de déontologie, il existe aussi des cartels et des structures professionnelles mafieuses. À l'exemple des chambres interdépartementales des notaires qui s'appuient sur une double prestation de serment de leurs membres – dont l'une est ignorée du grand public et très certainement, du service du renseignement territorial, des préfets comme de la plupart des ministres et des députés.

Se considérant très au-dessus des lois et bien sûr de la loi Macron, dont la promulgation le 6 août 2015 marque, avec l'élection présidentielle de 2017, le début du XXIᵉ siècle en France, et s'estimant dotées des moyens financiers de leurs prétentions, ces structures professionnelles n'hésitent pas depuis de nombreuses années à se permettre petites et grandes crapuleries, particulièrement laides et infâmes dès lors qu'elles sont commises en toute duplicité et hypocrisie par des représentants de professions juridiques protégées.

Fort heureusement, l'Autorité de la concurrence existe et dispose depuis peu de certains pouvoirs. C'est ainsi qu'elle a pu, en juin 2019, infliger des sanctions à l'encontre, d'une part, de la chambre interdépartementale des notaires de Franche-Comté et du réseau inter-notaires de transactions immobilières en Franche-Comté baptisé « Notimo [13] » pour « entente sur le prix des prestations de négociation immobilière », et, d'autre part, du bureau commun de signification des huissiers de justice [14] des Hauts-de-Seine en région parisienne, pour « mise en place de conditions discriminatoires destinées à faire échec à la volonté du législateur de favoriser la création de nouveaux offices, ainsi qu'à la concurrence résultant de l'arrivée de nouveau collègues issus de la "libre installation" [15] ».

Réduit à l'issue d'une procédure de transaction, le montant des amendes infligées – près de 300 000 euros dans le premier cas, et 120 000 euros dans le second – est très modeste voire symbolique au regard de la gravité des infractions délibérément commises par des praticiens assermentés véreux et ne s'est accompagné d'aucune mesure de destitution ou d'interdiction temporaire d'exercice professionnel. Il ne sera peut-être pas de nature à dissuader ces structures de récidiver, de tenter de contourner de la loi ou de la bafouer de nouveau en toute connaissance de cause. Mais il aura au moins le mérite… significatif, d'être le bienvenu dans l'escarcelle du Trésor public français.

> « Un conservateur, c'est quelqu'un qui est d'accord avec les réformistes cent ans après leur mort. »
>
> Attribué à Peter Ustinov

> « Chez nous, une saute de vent arrive toujours à temps pour empêcher quoi que ce soit d'aboutir. »
>
> *Journal des débats politiques et littéraires* du 21 novembre 1898.

---

(1) Dans l'émission « Les Grandes Gueules », RMC, début juillet 2017.

(2) Geoffroy Didier s'est fait connaître du public pour avoir offert à l'occasion des élections européennes de 2019 le spectacle pathétique d'une déloyauté immonde en attaquant la liste Bellamy/LR qui lui permit de devenir député européen et dont il était moins de vingt-quatre heures auparavant le porte-parole et directeur de campagne… Peu après, Laurence Sailliet, la porte-parole du parti LR et candidate en bonne place sur la liste Bellamy/LR a, pour sa part, donné la mesure de ses convictions politiques en se laissant séduire par la signature d'un contrat, aux

clauses sans doute argentées, d'une chaîne de « télévision poubelle » et en devenant soudain chroniqueuse au sein d'une fine équipe animée par M. Hanouna, dit « Slipanouille ».

(3) Abréviation de *sport utility vehicle,* qui désigne un véhicule de loisirs bicorps, possédant certaines capacités de roulage hors route ou de remorquage. L'un des modèles les plus emblématiques est la Jeep Grand Cherokee. Commercialisé à partir de 60 000 euros, il consomme en milieu urbain plus de 14 litres de carburant aux 100 kilomètres.

(4) Nom donné à un autorail équipé de pneus spéciaux mis au point par la société Michelin à la fin des années 1920 et au début des années 1930. Par extension et de manière inappropriée, le mot a servi à désigner d'autres types d'autorails.

(5) « Poitiers-Limoges, ligne oubliée ? », *Centre-Presse,* 17 juin 2019. La liaison routière entre les départements limitrophes de la Vienne et de la Haute-Vienne existe, mais implique d'emprunter une route à deux voies, étroite, mal entretenue et au caractère accidentogène réputé depuis des décennies.

(6) François Bayrou, qui fut ministre d'État, garde des Sceaux, ministre de la Justice du 17 mai au 21 juin 2017, eut ces mots inouïs, ô combien révélateurs, dans sa déclaration officielle lors de la cérémonie de passation de pouvoirs le 22 juin 2017 : « L'une de mes fiertés, c'est d'avoir pu mettre la climatisation dans le bureau des chauffeurs, ce qui n'avait pas été fait depuis plusieurs décennies, et on y est arrivés en quelques heures ! » Autre fait édifiant : en 2018, pour que soient nommés de nouveaux notaires par tirage au sort, « il aura fallu, comme le rapporte *L'Opinion,* 76 demi-journées de travail durant lesquelles se réunissaient dans la salle des Sceaux du ministère de la Justice cinq hauts fonctionnaires : un rapporteur de l'Autorité de la concurrence pour tirer au sort un bout de papier dans une urne, deux secrétaires de la Chancellerie pour taper un procès-verbal à la main et un autre sur ordinateur, un magistrat, et un observateur du CSN (Conseil supérieur du notariat). Alors qu'un tirage au sort avec un algorithme bien conçu aurait permis de faire cela en un jour... » (« Laborieusement, la concurrence faire évoluer la profession de notaire », Jade Grandin de l'Éprevier, *L'Opinion,* 1er août 2018).

(7) Stephen Clarke, *God save la France.*

(8) Joachim du Bellay, *Les Regrets,* IX.

(9) Ministère de l'Europe et des Affaires étrangères.

(10) La masculinité quasi absolue et l'endogamie qui sévissent au niveau politique dans certaines provinces françaises en ce début de troisième millénaire sont à cet égard édifiantes.

(11) Comme disait déjà Pierre Dac en son temps, « la télévision est faite pour ceux qui, n'ayant rien à dire, tiennent absolument à le faire savoir »...

(12) Il existe plus de 100 Caisses d'allocations familiales en France, qui emploient 33 000 personnes. Elles versent à plus de 12 millions de foyers des prestations dont le montant global – de l'ordre de 75 milliards d'euros – est colossal. À titre d'exemple, dans un département comme la Vienne, plus de 1 million d'euros par jour ouvrable ou non ouvrable est versé à 88 000 allocataires...

(13) Sur le site Internet de Notimo, consulté le 24 juin 2019, ce réseau notarial était composé de Philippe Achard, Laurence Adam-Pfeiffer, Esther Arbelet, Nadia Arcangeli-Zerr, Catherine Bailly, Christophe Bellard, Anne Bergelin, Stéphanie Bertrand, Jean-Charles Bocquenet, Gilles Boichard, Thierry Boillod, Jean-Luc Bourgeois, Annick Bruchon, André Compagne, Raphaël Callier, Frédéric Cartier, Christophe Chevriaux, Jean-Michel Chopard, Thierry Colin, Vincent Corneille, Christian Coste, Jean-Yves Creusy, Thibaut Cusenier, Anne Dauvin-Wendling, Jean ´Demougeot, Benoît Douge, Damien Dupuis, Jacques Duroy, Pascal Ferry, Romain Feuvrier, Virginie Feuvrier-Oudot, Patrick Hennart, Bruno Hutin, Gilles Juillard, Éric Kleber, Didier Lance, Régis Legrand, Mary-Line Legrand-Mampey, Sophie Leparlier, Jean-François Levieux, Thierry Lupatin, Thierry Lussiaud, Sophie Maire, Jean-Marie Marconot, Lydie Marconot-Clément, Bertrand Ménier, Myriam Meyer, Benoît Mohn, Emmanuel Moyse, Anne Nadler, Henri Oechslin, Marie Oudot, Jean-Fabien Mogé, Pascal Pasquier, Stéphane Pepin, Jean-Patrice Peugeot, Bernard Philippe, Raymond Polatli, Laurent Pontiroli, Jean-Marie Prost, Brigitte Racle, Eve Raebisch, Véronique Redoutey, Marc Renard, Laurence Renaud-Bertoux, Thomas Roquel, Damien Roussel, Sandrine Roux-Foin, Jean-Michel Rure, Marie-Andrée Schittly-Boillod, Sylvie Schmitt, Marceline Schobing-Cugnez, Jean-Luc Suget, François Teston, Hubert Tete, Sacha Vetter, Mathilde Vichard-Lechat, Christine Viennet, Étienne Vuillaume, Joëlle Wilbrett, Gabriel Zimmermann.

(14) Appellation frappée d'obsolescence depuis la loi Macron qui a instauré la profession de commissaire de justice (sous des pressions corporatistes, l'entrée en application en a été différée au 1er juillet 2022, à l'issue d'une période de transition).

(15) Autorité de la concurrence, décisions n° 19-D-12 et n° 19-D-13 du 24 juin 2019 ; « Ces notaires qui ont du mal à se faire à la concurrence », Jade Grandin de l'Éprevier, *L'Opinion,* 25 juin 2019 ; « Loi Macron : des notaires sanctionnés pour entente sur les prix », Marie Bellan, *Les Echos,* 25 juin 2019 ; « Notaires et huissiers dans le collimateur de l'Autorité de la concurrence », Franck Bouaziz, *Libération,* 26 juin 2019.

Dessin de Kak paru dans le quotidien *L'Opinion* des 22 et 23 mars 2019.

Ces chers sénateurs français...

« Tout a une fin en ce monde, et il faut croire que le temps
des moulins à vent était passé comme celui des coches
sur le Rhône, des sénateurs, des jaquettes de serviteurs
et des nappes repassées à même la table. »

Adapté librement d'Alphonse Daudet, *Lettres de mon moulin*

« Ne buvez jamais de café au déjeuner... Ça vous tient
éveillé tout l'après-midi. »

Attribué à Christian Poncelet, président du Sénat de 1998 à 2008
(rapporté par Jean Amadou dans *Journal d'un bouffon*)

Si l'Inde a ses vaches sacrées, la France n'est pas en reste : elle
a ses sénateurs [1]... Du Sénat, il y avait déjà, du vivant de Hallier,
beaucoup à dire et à redire. La chambre dite « haute » du
Parlement français était la maison de retraite de luxe *nec plus
ultra* des professionnels de la politique. Mais elle comportait
plusieurs dizaines de personnalités de réelle qualité qui par-
venaient, en servant de faire-valoir et de caution, à assurer la
pérennité d'un système et à faire passer sous silence ses aber-
rations. L'auteur de ces lignes a rencontré à plusieurs reprises
quelques-uns de ces sénateurs [2], travailleurs, dotés d'une
insatiable curiosité, d'une enviable perspicacité et de connais-
sances très approfondies dans leurs domaines d'intervention.
Tout en se montrant très attachés au Sénat, ils n'en demeu-
raient pas moins lucides au sujet des imperfections manifestes
de l'institution : ils savaient que la représentativité des sénateurs était fort contestable et que leur nombre était trois fois
supérieur à ce que leur mission justifiait. Ils le confiaient à
mi-voix, dans des conversations en tête-à-tête et en l'absence

de toute oreille indiscrète… En l'espace de plus de vingt ans, la situation ne s'est guère arrangée. D'autant que l'époque où Édouard Herriot s'amusait à dire que « le Sénat est une assemblée de notables dont les méfaits sont heureusement compensés par une forte mortalité » est révolue… L'intelligence a déserté les fauteuils, souvent occupés par de petits marquis plutôt bas de plafond. Outre que l'auguste assemblée ne peut guère s'enorgueillir de compter une médaille Fields dans ses rangs, sa présidence est assurée par M. Larcher, un ancien vétérinaire qui *a priori* doit être un fin connaisseur de la peau de vache et savoir combien elle est dure, mais qui, dans un état physique proche de l'apoplexie, avoisine les soixante-dix ans, soit la limite d'âge en vigueur dans de nombreuses activités professionnelles.

Certes, il a, il convient de le reconnaître, pris des mesures pour sanctionner l'absentéisme des sénateurs et mettre fin à certains abus [3]. Des initiatives positives mais qui n'ont qu'un caractère marginal… Le monde change, sauf pour les sénateurs français, ces grands nostalgiques du passé, puisqu'il n'y a eu pour eux ni première ni seconde guerre, seulement la terrasse du Palais du Luxembourg pour l'observation.

Depuis 2015, cependant, année fatidique où ils se sont fourvoyés dans une guerre de tranchées face à un jeune ministre de l'Économie, de l'Industrie et du Numérique, dénommé… Emmanuel Macron, rien ne va plus tout à fait comme avant. Au lieu de soutenir le projet de « loi pour la croissance, l'activité et l'égalité des chances économiques », comme ils auraient dû décemment le faire, ils se sont démenés pour ralentir la procédure d'adoption, affaiblir la portée du texte et en dénaturer le contenu. Dans ce type d'exercice, ils savent se montrer experts. Le blocage, c'est d'ailleurs, avec le maintien amplifié de leurs privilèges, leur grande spécialité. Nullement pré-occupés du sort de la jeunesse française et se moquant le plus souvent des idéaux de République ou de démocratie comme de leur dernière chemisette, ils sont les champions toutes catégories de la préservation du *statu quo.* Ou mieux encore du *statu quo ante.* Retarder, immobiliser ou, à défaut, émasculer, tel est leur credo. Ils l'ont prouvé depuis des décennies en moult occasions. Ce sont eux qui ont rendu impossible la réforme des juges consulaires au sein des tribunaux de commerce, voulue, ô combien à juste titre, par le ministre Arnaud Montebourg, ou retoqué le regroupement école-collège programmé dans la loi Blanquer. C'est ce qu'ils appellent, comme disait Jacques Chirac (1932-2019) en son temps, « mettre un frein à l'immobilisme »...

La loi Macron a certes fini par être promulguée le 6 août 2015, mais les longs mois de « grossesse » n'ont fait que nourrir une haine inouïe, insondable à force d'être profonde, à l'encontre du brillant « perturbateur ». En novembre 2016, la candidature du trublion à l'élection présidentielle n'a évidemment rien apaisé, d'autant qu'elle s'est accompagnée de la parution du livre intitulé *Révolution* où, de-ci de-là, sont brisés quelques tabous, et de l'engagement, entre autres promesses, de réduire de 30 % le nombre de parlementaires ! Le genre de réforme à l'allure raisonnable voire timide qui a de quoi faire l'effet d'un chiffon rouge pétard dans une arène sénatoriale !

Il n'empêche que, jusqu'aux fêtes de Noël 2016, la sérénité était plutôt de mise au Palais du Luxembourg : M. Fillon apparaissait comme le vainqueur tout désigné de la joute électorale. Avec les belles incidences qui devaient en découler... Las ! 2017 fut *annus horribilis.* Pour les sénateurs, le nouveau Jupiter avait beau, fort de son prénom Emmanuel, être Dieu parmi eux, il apparaissait plutôt comme Lucifer en personne. Au point que bon nombre d'entre eux ont probablement rêvé à sa brutale disparition. Un peu comme certains membres du cabinet élyséen qui sembleraient aussi avoir eu des songes nocturnes fort peu aimables concernant Brigitte Macron [4].

Toutefois, ils ont dû se rendre à l'évidence : l'attente d'un Ravaillac peut être longue et les personnes prêtes à se poser en commanditaires de ce type d'assassinat ne sont pas forcément légion... Ils ont donc pris une autre option. D'abord en préparant le terrain favorable à l'émergence et au développement d'un mouvement social dont ils espéraient qu'il pourrait parvenir à ébranler le gouvernement au point de le mettre à bas. Ils se sont donc appuyés sur plusieurs mesures susceptibles d'avoir un caractère impopulaire – cas de la hausse de la CSG (contribution sociale généralisée) ou de la réduction de la vitesse de 90 à 80 kilomètres par heure sur les routes – et ont instrumentalisé la presse quotidienne régionale. Les preuves en abondent [5]. Dans chaque département ou presque, des sénateurs – qui de très loin sont les politiciens les moins représentatifs des Français – ont ainsi « porté la bonne parole » et fabriqué une fronde anti-Macron. Ils ont souvent apporté un encouragement discret aux « gilets jaunes [6] » qui avaient l'idée lumineuse de se profiler dans les services du mille-feuille administratif provincial. En d'autres termes, il était soudain fort bien vu d'arborer un gilet jaune sur le tableau de bord des véhicules de service des collectivités territoriales... D'autant que certaines initiatives, au demeurant très justifiées, paraissaient, dans cette conjoncture, un peu malencontreuses.

À l'exemple de l'installation d'une piscine dans la résidence d'État du fort de Brégançon [7] et de la rénovation de la salle des fêtes du Palais de l'Élysée [8].

Ensuite, les sénateurs ont mis en œuvre leur ruse traditionnelle qui consiste à faire accroire qu'ils coûtent fort peu d'argent au contribuable – sur l'air de « un sénateur coûte 4,25 euros par an par Français » claironné toute honte bue par leur président – et à toujours se retrancher derrière les centaines de milliers de conseillers municipaux bénévoles et de petits maires au dévouement parfois sans bornes et aux indemnités riquiqui. Comme si la « piétaille » des édiles pouvait dissimuler au regard les encombrants du Palais du Luxembourg… Éculée, l'astuce de communication ne résiste guère à un examen sérieux. La charge qu'a représentée pour les contribuables un Sénat français en surnombre ces cinquante dernières années se chiffre en milliards d'euros. Gaspillage indécent et vertigineux.

De même, le lecteur a le droit de savoir que, en France, de nombreux maires ont d'autant mieux fait leur deuil du cumul de mandats qu'ils sont de discrets cumulards de rétributions, des rentiers des investitures LR-PS-UDI, beaucoup plus soucieux de faire carrière en s'accrochant à leurs prébendes et à leur « terrain de jeu » que de se préoccuper des intérêts de leurs concitoyens dont ils n'ont cure. Dès qu'une ville a le statut de sous-préfecture ou atteint un certain niveau démographique – de l'ordre 15 000 habitants –, la fonction de « premier magistrat » de la commune devient un enjeu financier significatif, *a fortiori* dans des départements très provinciaux. Sans songer ni aux mécanismes de corruption liés à l'octroi de permis ou d'autorisations, à la prise illégale d'intérêts ou au détournement de biens d'un dépôt public [9] ni aux comptes numérotés à Genève ou cachés à Bâle [10] qui ne concernent pas ou très peu les politiciens de second ou troisième plan, le montant de l'enveloppe globale annuelle peut être facilement supérieure à 100 000 euros. Voilà qui explique l'acharnement fréquent du

bénéficiaire à se cramponner aux bras du fauteuil et la constitution de clans afin de veiller à l'occupation-confiscation de la
place [11]. Toujours au nom de l'amour d'une ville et de ses habitants bien sûr ! À l'indemnité de base de maire, en général
modeste, viennent souvent se greffer une multitude de recettes
diverses liées à une présidence d'agglo (plus de 4 500 euros
mensuels), d'un conseil de surveillance d'hôpital qui parfois
ne surveille rigoureusement rien [12], d'un syndicat des eaux,
des transports... Ou encore à des postes d'administrateur dans
une nébuleuse d'entités socio-économiques. Le tout pour une
activité limitée et nullement stressante [13] où l'intéressé fait
volontiers preuve de son indigente médiocrité !

C'est cette situation, vaguement pressentie au sein des catégories sociales les plus populaires, qui contribue à engendrer
accès de colère et initiatives très symboliques [14].

Le Palais du Luxembourg se situe en fait au sommet de la miri-
fique mine d'or à ciel ouvert que constitue le mille-feuille
territorial français riche de ses 35 000 communes, 1 300 communautés de communes, 230 communautés d'agglos, ses
dizaines de conseils métropolitains et de communautés
urbaines, ses 101 départements, ses 18 régions !

Enfin, le Sénat, dans sa hargne et son souci de défendre à tout
prix son « pré carré », a repris à son compte cette idée balza-
cienne qui veut que la politique, cette « science sans principe
arrêté » soit le « génie du moment, l'application constante de
la force, suivant la nécessité du jour [15] ». Il s'est pris pour une
Haute Cour de justice et s'est lancé dans une guérilla contre
l'Élysée par le truchement d'une commission d'enquête parlementaire... Se muant en pyromane qui ne maîtrise pas les incidences, il a cru qu'une « affaire Benalla [16] », histoire d'ordre
prud'homal médiatisée jusqu'à l'outrance la plus insensée [17],

allait lui permettre de se venger du « révolutionnaire » Macron, que ses coups bas porteraient leurs fruits électoraux, que ses complaisances voire ses compromissions avec des « gilets jaunes » casseurs le rendraient populaire… Avec une inconscience inouïe et sans le moindre génie, il s'est mis à découvert. Pire, il s'est autodétruit. Lui qui doit sa pérennité d'oligarchie tranquille à sa modération et surtout à sa grande discrétion a soudain révélé à un public un peu plus large que d'ordinaire combien il pouvait être grotesque. Incarné par Esther Benbassa, Philippe Bas et Jean-Pierre Sueur, ces drôles de « commissaires du peuple », il a pris un visage clownesque, tristement caricatural. Ayant mal préparé les auditions et s'exprimant avec emphase pour poser des questions du genre « avez-vous rencontré X qui a vu Y ? », il s'est ridiculisé. À vingt-six ans, Alexandre Benalla est, lui, ressorti plutôt grandi, car tout un chacun a pu observer que ses capacités intellectuelles n'avaient rien à envier à celles de bon nombre de badernes sénatoriales à l'antimacronisme congénital et que le métier de garde du corps n'était pas forcément le « domaine réservé » de plantigrades des steppes affamés, de videurs de boîtes de nuit en mal de reconversion ou d'olibrius écervelés, pour qui les arts ne peuvent être que martiaux… Il est de surcroît vite apparu que ce protagoniste de l'« affaire » qui porte son nom avait probablement un tort essentiel, rédhibitoire, celui d'être d'origine marocaine. Pour certains membres du Sénat, issus de la France des Philippe et des Jean-Pierre, un tel « profil » était, il faut bien le reconnaître, inconcevable. De quoi provoquer bien plus que des froncements de sourcils. Un Benalla, portant le prénom de Maroine à la naissance, peut être un individu subalterne, un agent de propreté, un « technicien de surface » ou même, sous réserve que ce ne soit pas n'importe où et qu'il ne se prénomme pas Omar, un jardinier. Mais jamais de la vie, une personne ayant accès à la sphère élyséenne et percevant de surcroît une rémunération de haut niveau... Inutile de s'appesantir puisque, heureusement, les auditions de M. Benalla ont fait « pschitt! »

À jouer un rôle qui ne saurait être le sien, comme l'a parfaitement analysé Philippe Tesson [18] et à se fourvoyer dans la confusion des pouvoirs, le Sénat a commis une grosse erreur : il s'est enfermé dans un parisianisme qui ne lui sied pas et une opposition systématique au gouvernement qui ne correspond pas non plus à sa vocation ni à sa tradition de tempérance œcuménique. Du coup, il a pris un risque majeur. Celui de perdre sa légitimité et sa crédibilité. Car de « Benallagate », il n'y eut point... Tout simplement parce que le pseudo « scandale d'État », qui n'avait d'autre objet que de tenter de déstabiliser le pouvoir en place, s'appuyait sur un « fait divers », sans importance ni intérêt. La chute du gouvernement Édouard Philippe n'a donc pas davantage eu lieu. Et pour cause. Les ministres qui le composent forment une équipe solide. Élisabeth Borne, Agnès Buzyn, Amélie de Montchalin, Agnès Pannier-Runacher, Brune Poirson, Emmanuelle Wargon ne déméritent pas. Bruno Le Maire et Olivier Dussopt non plus.

Sous l'allure pittoresque d'une Jackie Sardou qui serait revenue parmi nous pour renoncer au théâtre de boulevard et se reconvertir dans l'aménagement du territoire, Jacqueline Gourault dissimule un caractère bien trempé : cette ancienne sénatrice ne se laisse pas marcher sur les pieds, et celui ou celle qui voudra lui faire prendre des vessies locales pour des lanternes planétaires n'est pas né...

Jean-Michel Blanquer sait se montrer habile et peut d'autant mieux faire preuve de fermeté et déployer son savoir-faire diplomatique qu'il est compétent. Impossible pour ses détracteurs de lui contester, de bonne foi, une vraie connaissance de son domaine d'intervention et des arcanes de cette monstrueuse entité administrative qu'est l'Éducation nationale. Sans doute certains autres ministres ont-ils un rôle ingrat qui, par nature, les expose davantage à la critique – cas de Christophe Castaner, le locataire de Beauvau [19] –, à moins qu'ils ne soient englués et réduits à rien ou presque dans une pétaudière des plus éhontées et des plus surréalistes, comme l'est, hélas depuis des lustres, le ministère français de la Justice, avec son *i* de l'immobilisme, de l'inertie la plus inouïe, de l'incurie la plus paroxystique qui autorise tous les soupçons de soumission à des groupes d'intérêts, de corruption et de favoritisme… Dans l'ensemble cependant, l'équipe gouvernementale fait montre de ses qualités, et Édouard Philippe semble prouver que le costume de Premier ministre lui va de mieux en mieux. De tout cela, en son for intérieur, Gérard Larcher, qui n'a pas la cervelle la plus nécrosée du Palais du Luxembourg, est forcément un peu conscient.

Bien sûr, en juillet 2018, son cher Sénat a pu faire obstruction avec succès quand le gouvernement a présenté un texte de loi destiné à réduire le nombre des sénateurs de 348 à 244 et celui des députés de 577 à 404 [20].

Bien sûr, à l'abri de ses grilles dans les jardins ou sous le regard des statues de marbre monumentales dans sa salle des séances, la douce vie dure, dure, sur l'air de « pourvu que ça dure », et paraît toujours pouvoir s'écouler benoîtement.

Mais le débonnaire et pittoresque président Larcher n'est plus qu'un boutiquier de la politicaillerie, emblématique d'un Ancien Régime suranné. Contrairement à ce qu'il déclare, le cœur sur la main, sa préoccupation n'est pas la France, mais sa réélection à la présidence du Sénat où il a ses habitudes… depuis 1986 ! Depuis le résultat des élections européennes de 2019, il sait qu'il lui faut faire assaut d'amabilités et de courbettes empressées face à un chef de l'État qui ne va pas manquer de lui appliquer la maxime « Je pense, donc tu suis »... Il ne peut plus que veiller à placer ses futurs grands électeurs aux endroits stratégiques, à pratiquer la chasse à courre, ou pas, et à multiplier les agapes en attendant des retours d'ascenseur de plus en plus hypothétiques.

« Géométrie politique : le carré de l'hypoténuse sénatoriale est égal à la somme de l'imbécillité construite sur ses deux côtés extrêmes. »

D'après Pierre Dac (André Isaac, dit, 1893-1975), *L'Os à moelle*

« Le sénateur français est un animal nuisible assez proche de l'homme. »

Adapté librement de Pierre Desproges (1939-1988), *Vivons heureux en attendant la mort*

---

(1) Autrement mieux nourris !

(2) À l'exemple de Jean Cluzel et de Pierre Laffitte.

(3) 117 sénateurs UMP-LR sont ainsi fortement soupçonnés d'avoir, dans la plus grande discrétion, puisé de 2003 à 2014 plus de 8 millions d'euros dans une « caisse noire » du Sénat. Un « pillage » qui, en juillet 2019, ne semblait toujours pas avoir fait l'objet d'un début de restitution.

(4) Dans son article intitulé « Avec Brigitte Macron, des relations glaciales » paru dans *L'Opinion* du 13 février 2019, Caroline Vigoureux évoque les relations entre la « bande des sept mercenaires » qui ont entouré depuis l'élection de 2017 jusqu'à l'automne 2018 Emmanuel Macron et son épouse. Faisant référence à *Madame la présidente,* un livre de Ava Djamshidi et Nathalie Schuck paru chez Plon, elle relève cette citation lugubre d'un « vieux compagnon de route » de la première dame : « Ils rêvent qu'elle meure (...). La nuit, ils rêvent de la faire disparaître... »

(5) D'autres types de manœuvres, à l'efficacité parfois très redoutable, peuvent avoir un caractère plus sournois et passer par des « relais » au sein d'organismes qui jouent un rôle crucial d'« amortisseurs sociaux ». Dans tel ou tel département, il a pu ainsi arriver que la CAF (Caisse d'allocations familiales) connaisse des « dysfonctionnements », trop opportuns pour ne pas être suspects, de nature à favoriser l'émergence ou l'aggravation d'un climat social tendu et délétère.

(6) Du nom des gilets de haute visibilité de couleur jaune portés par les manifestants. Ce mouvement de protestation non structuré est apparu en France en octobre-novembre 2018.

(7) Au début des années 1980, le journaliste politique Jean-Claude Vajou (1929-2003), qui avait une parfaite connaissance de Brégançon, avait assuré à l'auteur de ces lignes que ce lieu officiel de villégiature du président de la République française était loin d'avoir le caractère agréable et attrayant qui lui était parfois prêté dans l'imaginaire collectif… Il lui avait assuré que l'absence d'une piscine relevait d'une évidente anomalie, pour des raisons à la fois de confort et de sécurité. Il aura donc fallu près de quarante ans pour que, avec l'arrivée au pouvoir d'Emmanuel Macron, une modeste piscine hors-sol soit enfin installée ! Financé par les recettes de la boutique de souvenirs du fort, le coût de l'équipement – 35 000 euros – n'a pas lieu de susciter le moindre grief : il serait particulièrement préoccupant qu'un pays comme la France ne soit pas en mesure d'offrir ce type d'aménagement pour les séjours de repos de son chef d'État et de son épouse.

(8) S'agissant de ces travaux engagés par Brigitte Macron et le Mobilier national, de violentes critiques n'ont pas manqué de fuser sur les réseaux sociaux, en particulier pour s'offusquer du prix du changement de tapis et de moquette (de l'ordre de 300 000 euros). Il se trouve que l'auteur de cet ouvrage connaît le lieu et peut témoigner qu'à la fin des années 2000, il existait des traces flagrantes d'usure des tapis, de la moquette et de l'ensemble des textiles, pour le moins étonnantes en un tel contexte… À la vérité, cette situation n'avait pas de quoi trop surprendre puisque l'ancienne salle de bal du Palais – d'une superficie d'un millier de mètres carrés environ – sert de cadre à plus de 150 événements par an, dont les dîners d'État. En outre, le Palais lui-même, qui est l'ancien Hôtel d'Évreux construit au XVIIIᵉ siècle, a un besoin indéniable de nombreux travaux d'entretien, de mise aux normes et de restauration, dont le coût global, estimé par la Cour des comptes à 100 millions d'euros, constitue une sorte de « minimum syndical ». Ces chantiers ne rendraient sans doute pas plus fonctionnels les bureaux dans lesquels travaillent plus de 200 personnes, mais ils pourraient peut-être mieux agencer les cuisines où sont préparés, par le chef Guillaume Gomez, successeur de Bernard Vaussion, et sa talentueuse brigade, plus de 90 000 repas par an.

(9) Il arrive que ces dérives finissent par être sanctionnées, comme en témoigne le jugement de condamnation rendu à l'encontre de cet ancien « premier magistrat » de Bussy-Saint-Georges, en Seine-et-Marne, qui, après avoir été maire de 1998 à 2014, s'est vu infliger en 2017 une peine de prison avec sursis, assortie d'une procédure de mise à l'épreuve, le versement à la commune de près de 60 000 euros à titre de dommages et intérêts, et l'interdiction d'être maire ou conseiller municipal pendant cinq ans. Bien que mis en examen en 2017 pour « favoritisme » et « corruption » dans l'affaire du stade Pierre-Mauroy, Damien Castelain, à la fois maire d'une commune d'un millier d'habitants et président de la Métropole européenne de Lille, n'avait, lui, toujours pas comparu en jugement deux ans plus tard... Mais il a fait l'objet, fin août 2019, d'une nouvelle mise en examen, pour « recel d'abus de biens sociaux », dans le cadre de ce même dossier.

(10) Par référence au compte de Raymond Barre dont un large public a pu faire la découverte début juillet 2019 par la lecture du *Canard enchaîné.* Se présentant volontiers comme « un esprit carré dans un corps rond », cet ancien professeur d'université, vice-président de la Commission européenne et Premier ministre français, qui fut maire de Lyon de 1995 à 2001, possédait ainsi 11 millions de francs suisses placés dans un établissement helvétique, des fonds non déclarés au fisc français et à l'origine inconnue. Avant cette révélation qui le fait figurer parmi les padichahs de l'hypocrisie et de la duplicité, il était volontiers perçu comme un grand serviteur de l'État, un apôtre de la rigueur budgétaire et un parangon de probité. Sur le territoire français, plusieurs lieux, dont une esplanade et un pont réservé aux transports en modes doux, portent son nom...

(11) Grâce notamment à un festival d'autosatisfaction qui, au travers de bulletins de propagande réalisés et diffusés, parfois tous les quinze jours aux frais des contribuables dans certaines petites villes de province, peut prendre une tournure dégoulinante d'impudence durant l'année qui précède chaque élection municipale...

(12) Avec, le cas échéant, des hémorragies financières épongées, à l'insu de son plein gré, par l'association des contribuables anonymes, et les incidences sociales qui, dans la plus totale irresponsabilité, en découlent.

(13) Par comparaison avec une activité professionnelle qui implique de devoir rendre jour après jour des comptes à une hiérarchie.

(14) À l'exemple de ce qui s'est passé en décembre 2018 à Châtellerault, dans la Vienne, où des militants « gilets jaunes » de la première heure ont jeté œufs, farine, mayonnaise et papier toilette sur la façade de la mairie. Du jamais constaté depuis la construction du bâtiment au milieu du XIXe siècle...

(15) *Louis Lambert,* Honoré de Balzac.

(16) Du nom d'un garde du corps du président de la République qui commit de regrettables débordements lors d'une manifestation où il n'avait visiblement pas sa place. Né en 1991, Alexandre Benalla fut engagé comme responsable sécurité par le mouvement En marche (devenu par la suite La République en marche) durant la campagne présidentielle en 2017, à une époque où Emmanuel Macron ne s'était pas vu octroyer une protection rapprochée par les pouvoirs publics français, en dépit des menaces de mort dont il avait été l'objet lorsqu'il était ministre de l'Économie et défenseur de la loi qui porte son nom. Après l'élection présidentielle de 2017, Alexandre Benalla fut engagé comme chargé de mission au sein du cabinet présidentiel. En juin 2018, il a été accusé notamment d'avoir usurpé la fonction de policier lors de l'une des manifestations du 1er mai 2018 à Paris. Depuis son limogeage, il s'est, semble-t-il, reconverti comme chef d'entreprise. En juin 2019, la procédure initiée à l'encontre de Patrick Strzoda, directeur de cabinet d'Emmanuel Macron, Alexis Kohler, secrétaire général de l'Élysée, et Lionel Lavergne, chef du groupe de sécurité de la présidence de la République, par la commission d'enquête sénatoriale pour des soupçons de « faux témoignage » dans le cadre de cette « affaire Benalla » a fait l'objet d'un classement sans suite.

(17) En France, les périodes de grande disette estivale sont particulièrement propices à ce type de dérèglement médiatique. Comme le disait si bien Jean-Edern au sujet des médias, « moins il y a de grain à moudre, plus les ailes du moulin tournent vite »…

(18) « Le Sénat joue un rôle qui s'apparente à celui de justicier », Philippe Tesson, dans l'émission « Audrey & Co », diffusée sur la chaîne de télévision LCI le 21 février 2019.

(19) Lors du mouvement des « gilets jaunes », l'usage du LBD (lanceur de balle de défense) lui a été beaucoup reproché en raison des blessures irréversibles, particulièrement navrantes, qu'elle a entraînées. De fait, la controverse paraît d'autant plus justifiée que ce bon matériel, conçu et réalisé par l'entreprise suisse Brügger & Thomet, a peut-être plus pour vocation la lutte anticriminalité que le maintien de l'ordre, et surtout qu'il est, en France, utilisé avec des munitions non conformes aux prescriptions de son fabricant. En 2016, durant le mandat de M. Hollande, donc bien avant l'entrée en fonction de Christophe Castaner, les pouvoirs publics français n'ont en effet rien trouvé de mieux que de faire des économies sur le coût de ces munitions en passant un marché avec une société française et en recourant à des balles moins chères et à l'adaptation officiellement parfaite mais en réalité quelque peu improbable ! À ce drôle de jeu, il se pourrait que le LBD ait beaucoup gagné en dangerosité… Brügger & Thomet a en tout cas publiquement souligné que « les munitions utilisées exercent une influence substantielle sur les effets et la

précision ». Avec sagesse, le Défenseur des droits a pour sa part demandé un moratoire sur l'usage des LBD 40 par la police française.

(20) Le cas des députés devrait sans doute être davantage différencié de celui des sénateurs, ne serait-ce que parce que les uns sont élus au suffrage universel direct et les autres pas. Autant une réduction significative du nombre des sénateurs paraît plus que souhaitable dans le cadre d'une réforme en profondeur de l'institution, autant celle concernant les députés ne paraît pas relever de la même nécessité, même si elle peut peut-être avoir pour vertu d'améliorer les conditions de travail et d'hébergement à l'Assemblée nationale, parfois peu enviables voire indécentes, d'en finir avec les grotesques séances de nuit et d'aller de pair avec une évolution dans l'attribution des bureaux, qui, après chaque scrutin électoral, pourrait être effectuée de manière non discriminatoire, mais aléatoire, par exemple grâce à un système de tirage au sort effectué avec sérieux et toute la transparence souhaitable. Depuis 2017, les députés français ont l'obligation de justifier toutes leurs dépenses, disposent d'un budget plutôt serré pour l'emploi de leurs collaborateurs et n'ont plus de régime de retraite spécial.

Ni Jupiter ni Atlas…
Juste Emmanuel Macron

> « Nous sommes tous les rois de nous-mêmes. Et nous devons
> nous rappeler qu'un roi n'est pas fait pour les plaisirs, mais que
> sa seule tâche est d'élever son royaume, de le faire plus fort
> qu'il ne l'a reçu, de se consacrer tout entier à sa puissance. »
>
> Jean-René Huguenin (1936-1962), *Journal*

> « Dans la vie, il y a deux catégories d'individus : ceux qui regardent
> le monde tel qu'il est et se demandent "Pourquoi ?" Et ceux qui
> l'imaginent tel qu'il devrait être et qui se disent "Pourquoi pas ?" »
>
> Attribué à George Bernard Shaw (1856-1950)

S'il est impossible de savoir comment Jean-Edern Hallier per-
cevrait Emmanuel Macron, il est en revanche permis de se
demander si l'un et l'autre ne seraient pas tombés d'accord
pour proclamer que les Français sont « une nation dont la
culture est faite d'enracinement mais aussi d'une ouverture
sans pareille [1] ». Leurs « profils » témoignent d'une aspiration
constante à l'universel et à l'insoumission. Ils ne sont pas des
mondialistes multiculturalistes déracinés et n'entendent pas
réduire la France à une identité rabougrie. En aucune façon.
Leur relation à la patrie et à la culture est ouverte et il est plau-
sible que Hallier aurait été séduit par Macron, pas seulement
par sa jeunesse et sa volonté d'entraîner des citoyens d'une
nouvelle Renaissance qui se projettent dans l'avenir et
épousent la modernité sans rien oublier du passé, mais aussi
et surtout par son refus de flatter le peuple dans ce qu'il a de
plus bas, et sa démarche très « disruptive » qui l'a conduit
à défier le clivage « gauche-droite » – Jean-Edern en fut l'un

des premiers dynamiteurs –, le système des partis UMP-LR-UDI/PS [2] et un ordre dit « établi » mais parfois si honteux...

À en croire ses plus irréconciliables détracteurs, Emmanuel Macron serait un tribun véhément, qui ne serait pas du genre à s'embarrasser d'une quelconque hésitation quant à l'éventuel bien-fondé des raisons antagonistes aux siennes. Il serait un drôle de Fidel Castro à la française, champion d'un totalitarisme sans concession... En réalité, il n'a pas le tempérament « psychorigide » et idéaliste qui le conduirait à vouloir, coûte que coûte, appliquer les idées qui l'ont fait élire. Pourquoi ? Tout simplement parce que les perspectives et les points de vue varient selon les changements de situation. En d'autres termes, un nouveau président de la République ne peut conserver la même vision d'ensemble que celle qu'il s'était fabriquée du temps où il n'était que candidat : aussi savant et perspicace soit-il, il ne fait souvent, une fois en fonction, que découvrir et mesurer la complexité d'un réel en incessante mutation. En France, toute bonne volonté réformatrice se heurte de surcroît à une multitude de blocages de minorités attachées à des privilèges obsolètes et à des pesanteurs administratives en tous genres. Réformer, c'est s'exposer aux pires cabales, aux vilenies les plus inouïes.

Dans ces conditions, n'en déplaise à ses plus enthousiastes partisans et à ses plus irréductibles adversaires, Emmanuel Macron n'est ni Jupiter ni Atlas. Il ne siège pas sur l'Olympe parmi les dieux. Mais Hallier lui aurait peut-être reconnu ce mérite : il semble inspiré. Il rêve, et parfois de manière un peu démesurée au point d'avoir un drôle de rapport avec la réalité. Pour autant, il ne trébuche pas. Il tient tête à Donald Trump – ce qui n'est pas une mince affaire –, parle d'égal à égal avec Vladimir Poutine – ce qui ne l'est pas non plus, même si l'un comme l'autre ont été initiés à la musique et à l'art du doigté. Il entend fonder une autre Europe et lancer un nouveau monde… Plus personne ne se souvient qu'avant son élection, ce même homme était taxé à qui mieux mieux de juvénile immaturité. À croire que tout le monde s'est rangé à l'avis de Confucius quand il affirme que l'expérience n'est rien de plus qu'une lanterne attachée dans le dos, qui n'éclaire que le chemin parcouru…

Il faut bien l'admettre : la France a une chance extraordinaire, celle d'avoir un président intelligent, brillant, plutôt courageux, avenant et beau parleur, que la planète entière lui envie. Ce n'est pas par hasard si les « éditorialistes » de pacotille et autres spécialistes vieillissants des échanges verbeux autour de la prédiction de la météo politique de la veille, font souvent une fixation sur lui : il a la jeunesse et l'intelligence qu'ils n'ont pas. Les voir transpirer la naphtaline à faire des ménages sur les plateaux de chaînes de divertissement en continu suffit à mesurer la dérision de leur cas… et le triomphe à plate couture du chef de l'État.

Emmanuel Macron a lui aussi une chance extraordinaire. Si, face aux embûches et autres chausse-trappes – du Sénat aux « gilets jaunes » en passant par Benalla ou de Rugy –, il ne trébuche pas. Il le doit en partie au fait que l'opposition qui l'environne, à de rares exceptions près, dont celle de Guillaume Larrivé, ne semble plus qu'aspirer à figurer dans *Le Livre Guinness des records* pour sa bêtise et son extrême médiocrité. Avec pour programme une même obsession, « ôte-toi de là que je m'y mette ou m'y remette » et une seule idée en tête : venir à bout de Macron à n'importe quel prix, y compris celui d'une guerre civile.

Au lieu de se remettre en question et de se dispenser de cracher leur haine qui n'est, pour reprendre une formulation de Philippe Tesson, que « l'expression d'une ambition personnelle contrariée », les « têtes de file » du parti LR – MM. Wauquiez, Jacob, Ciotti et Retailleau notamment – sont apparus comme des hommes sans vision ni principes qui aimeraient bien que la politique ne soit que le moyen de diriger des êtres sans mémoire. Se montrant incapables de s'associer à Emmanuel Macron, ils ont même appelé au meurtre de sa politique de réformes... C'est là une faute, ou plutôt un crime inadmissible, qui ne peut que provoquer un « effet boomerang » tellurique et qui signe sinon leur propre arrêt de mort du moins leur éclipsement durable.

Quant au Rassemblement national, il s'impose comme principal parti d'opposition. Mais il a dans ses rangs fort peu de cadres de réelle qualité, et son programme souffre d'autant plus d'un défaut de crédibilité qu'il paraît passablement « daté ». Si sa présidente, Marine Le Pen, sait parfois se montrer habile dans sa communication, il lui est très difficile d'être la fille de son père et la tante de sa nièce !

Emmanuel Macron peut s'en réjouir. Il a de surcroît le privilège d'avoir pour prédécesseur un président surnommé « le Corniaud de Tulle », sympathique mais nullissime [3], qui, en mai 2019, regrettait de ne pas s'être représenté à l'élection de 2017 et entendait donner des leçons à son successeur, y compris des leçons d'humanité... Entre les deux hommes, il n'y a pas comparaison. Plutôt contraste. L'un, fan de Bob Marley, fait partie, comme M. Raffarin, fan de Johnny [4], des notables de chef-lieu de canton, parfaits pour animer les bals enfiévrés du samedi soir dans les maisons de retraite corréziennes ou pictaves. L'autre relève du niveau international.

Pendant des décennies, la France est apparue comme un pays gouverné par l'esprit de démission et de lâcheté. Le chef de l'État le sait fort bien. Les députés de La République en marche, également. En novembre 2018, l'un d'eux, Nicolas Turquois [5], avait raison d'en rappeler les graves conséquences : « Les renoncements d'hier contribuent grandement aux difficultés d'aujourd'hui, soulignait-il dans le quotidien *Centre-Presse*. Et à chaque fois que nous reculons, les décisions seront encore plus difficiles à prendre à l'avenir ! »

Comme il est, à juste titre, convaincu que les Français « se sont installés, depuis des années, dans un déni flagrant de la vérité » et que leur territoire a un besoin crucial de réformes pour affronter les défis du XXIe siècle, le chef de l'État a toute latitude pour marquer sa différence et imprimer son style. Il ne se contente pas de dire devant les parlementaires réunis en Congrès à Versailles le 9 juillet 2018 : « Je n'aime ni les castes, ni les rentes, ni les privilèges. » Plutôt que regarder la télévision et faire des commentaires d'actualité, il travaille et ferraille. N'étant pas, de son propre aveu, « de tempérament à esquiver quoi que ce soit », il lutte contre des groupes de pression qui souvent ne cherchent qu'à être protégés contre le changement et empêchent d'évoluer. Il s'efforce de faire ce qu'il a annoncé et ce pour quoi il a été élu. Depuis quarante ans, du jamais vu. D'autant qu'il n'y a guère de relâche puisqu'« il n'y a pas de jour férié quand on est président » et, soit dit en passant, qu'il n'y en a pas davantage quand on est un auteur véritable et que l'on s'appelle Jean-Edern Hallier…

Les nombreux problèmes que ses prédécesseurs avaient commis la faute lourde de laisser en suspens des décennies durant, Emmanuel Macron s'est bien gardé de les laisser lui aussi en plan : il les a, en peu de temps, d'ores et déjà résolus… De Notre-Dame-des-Landes à la suppression de la taxe d'habitation, en passant par l'instauration du prélèvement fiscal à la source, le plan pauvreté, la nouvelle législation du travail, la fin du tirage au sort à l'université, la refonte d'un baccalauréat devenu archaïque, la fin du *numerus clausus* [6] et la rénovation des études médicales, le plan « reste à charge zéro » pour les soins dentaires, auditifs et optiques fondamentaux, progressivement mis en place d'ici à 2021, la suppression partielle de l'ISF (impôt sur la fortune) [7], la réforme de la SNCF, la modernisation de Bercy, qui va de pair avec la numérisation et une réduction du nombre de postes... À la différence de ses prédécesseurs, il a retenu le principe einsteinien qui veut qu'« on ne résout pas un problème avec les modes de pensée qui l'ont engendré ». Ni avec les mêmes responsables, arc-boutés sur des modèles dépassés depuis au moins quarante ans.

S'il parvient, avec le soutien des députés, à mener à bien toutes les réformes nécessaires, et en particulier les plus structurelles, profondes et institutionnelles, il réussira un tour de force qui constituera une première sous la Ve République. Mais deux mandats lui seront sans doute nécessaires pour qu'il se sente architecte, qu'il puisse bâtir une constitution, une nation, un avenir... Un temps minimal au regard de l'ampleur de la tâche à accomplir et des remous ou des tempêtes à affronter.

Alors, aujourd'hui, il ne s'agit plus de savoir si Emmanuel Macron est le président des super-riches. S'il est détestable car ancien banquier, de provenance Rothschild. S'il n'est qu'un simple « produit » que le « système » aurait mis en avant pour éviter un naufrage. S'il n'est que le gardien des trop nombreux et coûteux privilèges d'une classe politique issue des partis LR-UDI/PS et d'une technocratie qui ont failli... Ou encore s'il a eu raison d'ordonner en mai 2019 l'opération militaire qui a permis la libération de deux otages français au Bénin [8].

Il ne s'agit plus non plus de se délecter du « buzz » médiatico-politico-cabalistique autour d'une ou de plusieurs éventuelles erreurs d'appréciation de tel ou tel allié de La République en marche et de s'étonner que le train de vie de l'hôtel de Lassay ne soit pas – et ne puisse pas être – celui de la sous-préfecture de Vervins, Commercy ou Châtellerault [9].

Il ne s'agit pas davantage de vouer aux gémonies l'ENA (École nationale d'administration) et Sciences-Po [10], même si elles font sans doute partie des « matrices » des malheurs français et ont pu mériter – ô combien ! – d'être dénoncées.

Il s'agit simplement de savoir si les Français veulent reculer à force de rester enkystés dans l'immobilisme, le nihilisme ou la nostalgie absurde d'un passé à la fois embelli et révolu. Ou s'ils aspirent à avancer, à faire preuve de curiosité et à s'ouvrir au monde. Quitte à commettre, de-ci de-là, des erreurs et même des bêtises… Mais qu'importe. Grâce à Michel Audiard et Darry Cowl, nul n'ignore que des imbéciles qui marchent vont plus loin que des intellectuels assis… et que l'esprit humain a ceci de commun avec un parapluie : il fonctionne mieux lorsqu'il est ouvert !

Le chef de l'État se veut volontariste et optimiste. Résolument. « Rien n'incite tant au pessimisme que le nihilisme qui partout menace, et qui conduit au cynisme, à l'absence de tout désir, de toute ambition », écrivait-il dans un texte paru en mai 2018 dans la *Nouvelle Revue française,* avant de préciser en ces mots que Hallier aurait sans doute approuvés : « Paradoxalement, ce qui me rend optimiste, c'est que l'histoire que nous vivons en Europe redevient tragique. L'Europe ne sera plus protégée comme elle l'a été depuis la fin de la Seconde Guerre mondiale. Ce Vieux Continent de petits-bourgeois se sentant à l'abri dans le confort matériel entre dans une nouvelle aventure où le tragique s'invite. Notre paysage familier est en train de changer profondément sous l'effet de phénomènes multiples, implacables, radicaux. Il y a beaucoup à réinventer. Et dans cette aventure, nous pouvons renouer avec un souffle plus profond dont la littérature ne saurait être absente. »

Musicien et aspirant littérateur, le chef de l'État se plaît donc à composer et à recomposer le paysage politique à sa guise. Droite et gauche sont anéanties. Merci, Macron ! Mais le pianiste qu'il est semble avoir eu le tort d'avoir un peu oublié que sa partition comporte clés de *sol* et de *fa*. Durant sa première année de mandat, il paraît s'être beaucoup plus « focalisé » sur l'une que sur l'autre... En d'autres termes, il a privilégié la mélodie internationale, en multipliant les déplacements à un rythme effréné. Avec son épouse, ils ont beaucoup œuvré, avec une efficacité remarquable, pour redorer le blason français auprès de nombreux chefs d'État et de l'opinion publique mondiale. Mais la clé de *fa*, celle de la main gauche et des sons les plus graves qui doit assurer les accords de base de la France profonde, l'accompagnement essentiel, a été, elle, un peu reléguée au second plan, alors que son importance ne peut être que fondamentale. Durant les premiers mois, des réformes ont bien été lancées et des mesures, prises. Cependant, leur ordonnancement aurait sans doute dû réserver davantage de place à certains « gestes forts ». Commencer par supprimer l'ISF (impôt sur la fortune) en maintenant l'ISFI (impôt sur la fortune immobilière) ? Pourquoi pas ? Simplement, ni l'organisation institutionnelle ni le train de vie de l'État[11] et de ses collectivités n'ont été en rien révisés. Plus de deux ans après l'élection présidentielle de 2017, ces aspects capitaux paraissent toujours au « point mort » : ils ne prennent au mieux que l'allure de vagues perspectives... Quand du haut, l'exemple ne vient pas, il ne faut pas s'étonner qu'il y ait de la colère et de la violence en bas.

En outre, le métronome a été négligé. Parfois le tempo s'est révélé un peu insuffisant, et surtout, les effets concrets des mesures officiellement prises n'ont pas toujours été perceptibles sur l'ensemble du territoire national. Peut-être le chef de l'État a-t-il cru que deux ou trois coups de pédale sous forme de franches remontrances ou de « piques » très acidulées, en mode jésuite, dans le concert hebdomadaire des ministres suffiraient à faire illusion... Mais la pédalisation est un art et n'a pas du tout pour vocation de masquer des insuffisances : elle les fait au contraire ressortir.

C'est d'autant plus dommage qu'à observer avec un peu de recul et sans esprit de « bashing » les premières années de mandat, le bilan mérite d'être analysé et considéré. N'en déplaise à leurs opposants que cette situation rend d'autant plus aigris, mortifiés et irréductibles, Emmanuel Macron et les gouvernements d'Édouard Philippe ont dès à présent fait plus et mieux que « droite » et « gauche » réunies depuis plusieurs décennies.

> « Le président de la République est gardien de la Constitution et pendant qu'il fait ça, il n'est pas au bistrot. »
>
> Attribué à Pierre Desproges

> « Il est toujours plus facile de se réfugier dans les attitudes radicales que de s'engager sur le périlleux chemin du juste milieu ! »
>
> Friedrich Nietzsche (1844-1900), dans une lettre à son grand ami de jeunesse, le baron von Gersdorff

> « Tous les grands hommes se sont crus plus ou moins inspirés. »
>
> Joseph Joubert (1754-1824), *Pensées*

(1) *Journal du dimanche,* 19 mars 2017.

(2) Forme d'imposture qui sévit jusqu'en 2017 et conduisit à un pillage en règle du territoire, au triomphe de l'immobilisme, du parasitisme et du népotisme, et au profond discrédit d'au moins deux générations de politiciens. Ghislain de Diesbach la résuma, à sa manière, en une boutade : « Il existe en France actuellement deux grands partis de gauche dont l'un s'appelle la droite. »

(3) Avec, de-ci de-là, des « frasques » non négligeables en termes de conséquences. Cas notamment de son implication comme impayable et irresponsable trésorier d'une association bénéficiaire des fonds de la Mutuelle retraite de la fonction publique. Rattaché au complément de retraite de la fonction publique, le scandale aux doux sigles Cref-Corem-CIDS fit des milliers de victimes et se solda par la condamnation en 2011 de son ami René Teulade (1931-2014) à dix-huit mois de prison avec sursis par le tribunal correctionnel de Paris.

(4) Prénom de la vedette française de la chanson Johnny Hallyday (Jean-Philippe Smet, dit, 1943-2017).

(5) Député La République en marche-Modem de la Vienne.

(6) Un dispositif qui, durant près d'un demi-siècle, a entretenu, pour reprendre les mots d'Emmanuel Macron (dépêche de l'Agence Reuters, 18 septembre 2018), « une rareté artificielle » de praticiens et provoqué, entre autres graves et honteuses conséquences, un « gâchis qui concerne chaque année 25 000 étudiants »...

(7) Le « ruissellement » économico-financier qui devait en découler existe peut-être, mais il reste hypothétique aux yeux de dizaines de millions de Français qui observent l'évolution oligarchique de leur société, avec un écart grandissant, de plus en plus démesuré, entre quelques poignées d'ultra-riches et la masse des citoyens.

(8) En mai 2019, une polémique – dont Nathalie Loiseau a eu le mérite de dénoncer le caractère ignoble – a visé ces deux otages en les rendant responsables de la mort de deux soldats d'élite du commando Hubert de la marine française. En réalité, les deux Français en question se trouvaient au Bénin, dans une zone nullement interdite, ni même déclarée dangereuse, et dans le cadre d'un séjour organisé par des professionnels du tourisme. Réputé pour sa sécurité, le parc de la Pendjari où ils évoluaient n'avait pas connu le moindre incident auparavant. L'opération menée avec succès par les membres du Commando Hubert, sur ordre du chef de l'État français, a eu pour vertu de trancher avec les pratiques d'atermoiement antérieures et de constituer un « signal fort ». Désormais, les éventuels preneurs d'otages savent que le mot « France » a un sens et qu'il n'a plus du tout lieu de faire l'objet de la risée générale, comme cela pouvait être le cas, à la veillée, dans des camps d'entraînement terroristes en certaines parties du monde…

(9) Plusieurs articles publiés en juillet 2019 par le site d'actualités Mediapart ont mis en cause de manière tendancieuse le ministre d'État François de Rugy et son épouse, au sujet notamment de frais de réception à la présidence de l'Assemblée nationale entre juin 2017 et août 2018, de travaux dans un logement de fonction ministériel, de la location d'un appartement à Orvault, en Loire-Atlantique, et du non-assujettissement à l'impôt sur le revenu en 2015. François de Rugy, qui a été à l'origine de mesures de réduction significative des dépenses publiques – cas quasi unique parmi la douzaine de présidents de l'Assemblée nationale sous la Ve République –, s'est engagé à rembourser « tout euro contesté », avant de démissionner en regrettant d'avoir commis l'erreur de ne pas avoir tenté de mettre en œuvre une réforme structurelle radicale du « système » en vigueur au sein de l'hôtel de Lassay et de déposer une plainte pénale en diffamation, puis, comme la loi le prévoit, de retrouver son siège de député de la Loire-Atlantique. Le Premier ministre Édouard Philippe a, pour sa part, demandé au secrétariat général du gouvernement de « diligenter une inspection », afin que soient parfaitement respectés le principe d'exemplarité et la séparation stricte entre affaires de l'État et affaires personnelles, entre public et privé. Comme le voudrait la règle « Pas de confusion des caisses » que le général de Gaulle avait mis, en son temps, son point d'honneur à appliquer à ses proches et à lui-même.

(10) En 2019, la direction de l'Institut d'études politiques de Paris a pris la décision de réformer les procédures d'admission des élèves dans son établissement. Comme si elle avait fini par prendre conscience de la stérilité de son « entre-soi », hors sol et hors d'âge, et par constater l'existence non seulement d'une crise globale de la légitimité des « élites » françaises, mais encore d'un problème manifeste, à savoir que ses meilleurs « produits » semblent depuis de nombreuses années beaucoup plus s'illustrer à l'étranger qu'en France ou briller dans des domaines très

éloignés de la politique – et non dans les sphères politiciennes... À l'exemple de la comédienne Anne-Élisabeth Blateau (du moins jusqu'au milieu de l'été 2019), de la chanteuse lyrique Fabienne Conrad ou de la réalisatrice Coralie Fargeat.

(11) À l'exception notable des réformes initiées par François de Rugy quand il a accédé à la présidence de l'Assemblée nationale en juin 2017 et qui semblent lui avoir valu des inimitiés politiciennes de tous bords et des vengeances plus que carabinées, comme tout Français a pu le remarquer durant l'été 2019... Selon un rapport de la Cour des comptes, en un an (de juin 2017 à juin 2018), les frais de réception de l'hôtel de Lassay ont été réduits de plus de 13 %, les frais de déplacement de plus de 34 %, les coûts liés aux rémunérations du cabinet de près de 13 % et les frais de déplacement du cabinet de près de 40 %. Des coupes franches qui sont venues contrarier bien des habitudes, ancrées depuis les époques de Jacques Chaban-Delmas, Laurent Fabius ou Claude Bartolone, et sont sans doute restées en travers de certaines gorges...

Le dynamiteur du clivage
« gauche-droite »

« Créer, aimer, détruire… L'essentiel est d'épuiser sa force,
toute sa force avant de mourir. »

Jean-René Huguenin, *Le Feu à sa vie*

« Si la matière grise était plus rose, le monde aurait
moins les idées noires. »

Pierre Dac, *L'Os à moelle*

Ni rouge, ni brun, ni rouge-brun… Contrairement à ce qui a été souvent dit et écrit, Hallier n'avait de couleur que la sienne. Indéfinissable. Troublante. Personnelle et atypique. Il n'était donc ni jaune, ni marron, ni noir… Blanc bleu pas davantage. Il était Jean-Edern Hallier. Son nom donnait le ton. Il le portait en étendard, et ses fulgurances, il le savait, pouvaient avoir la luminosité incendiaire de l'éclair. « Il ne faut pas avoir peur de ses propres idées, ni peur de les exprimer, quand même elles vont à l'encontre des idées admises, surtout si elles vont à l'encontre des idées admises. » Ce précepte de Paul Léautaud dans son *Journal littéraire,* il se faisait un devoir de le mettre en pratique. D'autant qu'il était suffisamment intelligent pour être fou.

Son iconographie passait par La Closerie dont il appréciait les lilas imaginaires. Il était un arc-en-ciel onirique, au-dessus des rouges, des roses et des bruns avec lesquels il frayait et qui, le plus souvent, ne lui en ont guère témoigné de reconnaissance posthume.

En fait, le rouge et le bleu, c'était pour son côté Medrano, pour son chapiteau en mouvement où flottait toujours un parfum de scandale. Il était *homo circus* mélomane et poète prophète. Avec piano à queue, grand orchestre symphonique et fanfare des Beaux-Arts. En mode classico, barroco, rock, pop. Il y avait, chez lui, du Karajan, du David Bowie, du Chilly Gonzales, du Duran Duran et du Gypsy Kings. Déjanté. Foutraque. Visez le genre ! Avec lui, les sillons s'enchevêtraient, le music-hall était revisité et nul ne savait jamais sur quel pied danser. Inclassable. Irrécupérable. Irréductible. Un cas d'espèce. Au secours l'anthropologie ! Jean-Loup Amselle, l'anthropologue en chef, l'a parfaitement compris. Au micro de France Culture, en janvier 2019, il s'est bien gardé de tomber dans le piège de l'étiquetage, du rangement, du classement. Peut-être Jean-Edern serait-il aujourd'hui désigné comme conservateur souverainiste, voire réac de droite ? Ou apparaîtrait-il comme un sympathisant de La République en marche ? Celui qui fut à la fois un jeune écrivain surdoué et un marxiste révolutionnaire hétérodoxe au début des années 1970 est en vérité l'iconoclaste par excellence. Et un aristo comme les personnes qui ont de la branche voudraient être mais en sont incapables.

Prêchant pour un œcuménisme politique, il mettait le principe en pratique. Jusqu'au brouillage et à la confusion généralisée. Il pouvait dîner en compagnie aussi bien de Jean-Marie Le Pen que d'Henri Krasucki. S'il ne partageait pas les partis pris idéologiques du président du Front national, il savait qu'il était possible d'avoir une conversation avec cet homme très controversé mais loin d'être inculte. De même, s'il n'était pas un admirateur du secrétaire général de la CGT, il n'ignorait pas non plus que, sous son allure et son image médiatique de buse abrutie, il était un mélomane du genre averti, un mozartien passionné, un amateur sincère d'opéra et de théâtre... Donc de quoi exciter la curiosité du pamphlétaire acrobate funambule...

En certaines années de sa vie, Jean-Edern a marché sur une corde raide. Avec, d'un côté, des substances plus que pernicieuses de type cocaïne, de l'autre, de la vodka et des femmes en pâmoison, prêtes à tout ou presque pour faire partie de son « harem »... Il a avancé en prenant un peu ici et là, mais sans tomber, ni d'un côté ni de l'autre. Sans doute n'a-t-il jamais refusé une aventure ni, encore moins, une polémique, et c'est ainsi qu'il a forgé autour de lui une légende qui porte la signature de tout artiste, qu'il soit pop, rock, aristo-punk ou néo-tout, ce qu'il adviendra... C'est d'ailleurs ce qui lui vaut de faire partie, avec Oscar Wilde, Jean Cocteau, Sacha Guitry, Salvador Dalí et Andy Warhol, de ces personnalités dites « excentriques ».

Pour les uns, Hallier est *L'Idiot international,* le rédacteur en chef de ce journal. Pour d'autres, il est celui par qui le scandale arrive, l'auteur de *L'Honneur perdu de François Mitterrand,* le *sparring partner* de François Chalais, à l'occasion d'un échange titillant, sans prise de gant, ou le drôle de « poissonnier » qui jette des merlus dans le public du grand auditorium de Radio Aquitaine à Bordeaux [1], en référence aux « colins froids » qui gangrènent la culture d'une pensée trop rationaliste... Ici, son nom est associé à Mazarine. Là à MM. Tapie, Dumas ou Kiejman.

S'il était encore de ce monde, Jean-Edern pourrait raconter ses poussées d'adrénaline, ses descentes aux enfers avec ses démons, ses nuits blanches avec ses mygales et ses voyages avec ses amazones... Emblématique de la transition entre le monde classique de la littérature du XIXᵉ siècle, de Balzac, Hugo et Barbey d'Aurevilly, et celui de la télévision et de la publicité, il serait l'incarnation de la « société du spectacle ». Il ferait encore le *showman* auquel les producteurs-animateurs d'émissions de télévision auraient probablement du mal à arracher un sanglot de lamentation, un semblant de tristesse au sujet d'un passé à conjuguer au plus-que-parfait... Il préférerait se montrer prompt à sortir de ses gonds pour dénoncer telle nouvelle imposture ou telle nouvelle réglementation liberticide.

L'Histoire retiendra sans doute le rôle précurseur de Hallier dans le dynamitage du clivage « gauche-droite » et les efforts de constitution d'un pôle « Ni droite ni gauche ».

Sous le masque de l'amuseur public, qui se prenait parfois les pieds dans le PAF (paysage audiovisuel français), le « Sahel de l'intelligence » comme il appelait ce « procédé d'abrutissement français [2] », Jean-Edern avait une conception chevaleresque de la politique et ne supportait pas l'immobilisme, l'attentisme... Il considérait qu'assumer le risque d'être ridicule, c'était le premier commandement de l'écrivain. Surtout lorsqu'il s'agissait de faire passer un message de vérité et au risque de paraître faire preuve d'une énorme dose d'entêtement et même de fanatisme.

Entre les hommes publics qui amusent et ceux qui abusent, il avait choisi son camp. Il a toujours eu cette conviction intime que Florence Scovel Shinn a fort bien résumé dans *Le Jeu de la vie et comment le jouer* : « Il existe une place que vous devez occuper et que personne d'autre ne peut occuper, vous avez une tâche à faire que personne d'autre ne peut accomplir. »

À lui donc le rôle de don Quichotte des humiliés et des offensés.

À lui de prendre parti pour les opprimés et les exploités, et de partager leurs luttes. Y compris au volant d'une Ferrari ! À lui de refuser de se soumettre aux puissants et de rentrer dans les cases prédéfinies d'une société aseptisée. À lui enfin d'être le porte-parole de toutes les générations puisqu'il n'appartenait à aucune... S'il avait utilisé Twitter et s'il avait été invité à participer au « bla bla show » télévisuel en continu, sûr, il aurait épaté la galerie, le corsaire-pamphlétaire, indépendant et rebelle ! À l'occasion du mouvement social des « gilets jaunes », il se serait sans doute offert un petit tour de rond-point sans recevoir d'invectives... Il se levait aussi facilement du pied gauche que du droit : il ne faisait pas de politique mais de la poésie. Nuance. Et s'il revenait au monde, sûr, il recommencerait... Parce qu'il considérait, comme Édouard Limonov, que « le poète est l'individu le plus important qui soit au monde [3] », qu'il reprenait à son compte ce qu'avait dit Jean Cocteau, à savoir que « depuis Baudelaire, le public a, peu à peu, compris que la poésie était un des moyens les plus insolents de dire la vérité [4] », et qu'il voulait croire qu'« en France, les poètes ne meurent jamais [5] ».

En fait, il a toujours été là quand il y avait une partie à jouer, et toujours prêt à la mener comme éditeur ou auteur... Au lieu d'attendre, d'attendre, écœuré et marginalisé, le signal du réveil culturel de la nation, il se voulait, de son propre aveu, « l'hirondelle qui force le printemps [6] ». Il parlait couramment la vérité, mais peu de ses interlocuteurs le comprenaient car il apparaissait souvent comme une sorte d'extraterrestre usant d'une langue morte, héritée d'un monde à jamais englouti ou d'un idiome qui n'appartenait qu'à lui...

À vingt ans, il était un jeune homme plein d'énergie et d'espoir. Il voulait réformer le monde, ce « monde vieilli, où l'on nous condamne à vivre [7] ». S'il était devenu octogénaire, il voudrait encore le réformer, mais il saurait qu'il ne le pourrait pas...

Foncièrement, il aspirait à une démocratie où des gouvernants ne s'emparent pas du pouvoir simplement pour l'imposer aux citoyens ou l'utiliser contre eux. Non sans avoir conscience qu'un tel régime démocratique ne peut exister et fonctionner sans une population éduquée, avertie, apte à participer...

> « Les deux principes fondamentaux :
> Le peuple est indifférent à ce qu'il ignore.
> Le peuple tient pour vrai ce qu'on lui répète trois fois. »
>
> Heinrich von Kleist, « Manuel du journalisme français »,
> *Anecdotes et petits écrits*

> « Tout individu ne vaut un peu que par le sentiment de révolte qu'il porte en soi. »
>
> Paul Léautaud (1872-1956), *Le Petit ami*

---

(1) En 1979, le grand auditorium de Radio Aquitaine à Bordeaux avait en effet accueilli diverses personnalités du microcosme intellectuel comme Philippe Nemo, Alain de Benoist, Guy Hocquenghem et Jean-Edern Hallier dans le cadre d'une réunion-conférence. À l'issue d'une longue prise de parole de Philippe Nemo, le débat s'était électrisé et Hallier avait pris l'initiative « dalirante » de jeter du poisson à la volée parmi les spectateurs.

(2) *Carnets impudiques.*

(3) « La poésie et l'art : ce sont les deux activités les plus élevées auxquelles on puisse s'intéresser sur cette terre. Le poète est l'individu le plus important qui soit au monde. » Édouard Limonov, *Le Poète russe préfère les grands nègres,* 1976.

(4) Jean Cocteau, *Portraits-souvenir,* 1935.

(5) Phrase prononcée le 5 octobre 2018 par Emmanuel Macron lors de l'hommage national rendu à Charles Aznavour.

(6) Propos tenus dans un entretien accordé au quotidien *L'Humanité* et publié le 1er octobre 1990.

(7) *Bréviaire pour une jeunesse déracinée.* Par « monde vieilli », il faut entendre « monde vieilli des adultes » (par opposition au « vieux monde des enfants »).

L'honneur à jamais perdu
de M. Mitterrand

« François Mitterrand est tellement égocentrique que, quand
on ne parle pas de lui, il croit qu'il n'est pas là ! »

Pierre Desproges, *Fonds de tiroir*

« Il arrive que l'Histoire récompense ceux qui s'obstinent et qu'un
rocher bien placé corrige le cours d'un fleuve. »

Emmanuel Mounier (1905-1950), *Carnets de route*
(tome II : *Les Certitudes difficiles*)

« Celui qui vit après la mort de son ennemi, ne serait-ce
qu'un jour, a atteint le but désiré. »

« Histoire de Douce-Amie et d'Ali-Nour »,
Le Livre des mille nuits et une nuit
(traduction de Joseph-Charles Mardrus,
Éditions de la Revue Blanche)

Hallier avait une certaine idée de la Littérature. Avec une
majuscule s'il vous plaît. Son œil était dirigé par la passion qui,
illuminant l'objet de sa flamme, en intensifiait la visibilité. Cette
passion, Jean-Edern la porta constamment en lui. Du moins
durant les trois décennies les plus créatrices de sa vie.

Il offrit ainsi une déclaration d'amour incessante à ce qui fait,
de Diderot à Cocteau, la grandeur de la France : son esprit.
« Littérature-Esprit français, es-tu encore là ? » se demandait-il
tout haut...

Au tout début des années 1980, il ne recherchait pas, contrairement à ce qui a été dit et écrit, les milliers de francs mensuels attachés à une sinécure ou la gloriole d'un poste à l'intitulé ronflant. Quitte à devoir faire le Cocteau dans les cocktails, il avait la prétention – mais un brin de modestie chez un génie écrivain comme lui n'aurait-il pas été comme un zeste de passion chez une call-girl ? – d'être le héraut des artistes et le défenseur en chef de la langue française. Patriote sincère, il aspirait à servir, se montrer utile à la cause. Être sensible et sensuel, ce brillant lansquenet de la pensée était aussi un adepte inconditionnel du sens interdit comme de l'urgence irrépressible d'une spirituelle « saillie »... C'est-à-dire un tempérament aussi superbe qu'« ingérable ». Mot-couperet pour signifier qu'il ne répondait pas aux critères habituellement retenus dans l'univers politicien, mais mot-valise dans la sémantique d'un politicien-gangster chevronné.

Or, au lieu de veiller au « traitement personnalisé » du problème, M. Mitterrand, dans l'ivresse de son accès au pouvoir suprême après tant d'années d'arpentages de coulisses et de rencontres sans relief, a commis une erreur majeure : il n'a pas pris la peine d'inviter Hallier, de l'associer à un projet... alors qu'il lui aurait été relativement facile de l'amadouer et de trouver une solution. L'erreur s'est révélée d'autant plus lourde de conséquences que M. Mitterrand a par la suite commis l'irréparable et l'imprescriptible en devenant complice de génocide au Rwanda...

Hallier, ce drôle d'excentrique qui aimait à dire « être idiot, c'est être un prince annonciateur », l'a parfaitement pressenti. De là le titre de son livre *L'Honneur perdu de François Mitterrand.* Un honneur à jamais perdu.

« Il (Mitterrand) n'aura d'autre place dans l'Histoire que l'histoire d'une imposture », a-t-il prévenu dans le « prière d'insérer » de cet ouvrage qu'il avait tenu à rédiger et où il a écrit cette phrase qu'il n'a cessé de prononcer tout au long de sa vie : « La puissance de la littérature reste inégalable. » Jean-Edern avait vu juste. Au-delà même... Il avait subodoré l'énormité, l'extrême gravité de l'imposture. Son intuition, c'était, suivant la formule attribuée à Henri Bernstein, l'intelligence qui faisait un extraordinaire excès de vitesse... Pour un gain de temps de plusieurs décennies. Chapeau, l'artiste !

Il a perçu que Mitterrand ayant à plusieurs reprises passé les bornes au fil de son parcours tant public que privé, ne connaîtrait plus aucune limite et finirait dans l'abjection la plus totale du « crime des crimes » : la complicité de crime contre l'humanité. Comme l'a écrit Barbey d'Aurevilly dans *Une page d'Histoire*, « où les historiens s'arrêtent, ne sachant plus rien, les poètes apparaissent et devinent. Ils voient encore quand les historiens ne voient plus. C'est l'imagination des poètes qui perce l'épaisseur de la tapisserie historique ou qui la retourne pour regarder ce qu'il y a derrière, fascinante par ce qu'elle nous cache... »

M. Mitterrand n'était pas seulement un politicien menteur et tricheur. Avec ses manœuvres, ses opportunismes, son absence de scrupules, de sensibilité et d'éthique. Incarnant une des pires droites françaises capable de tromper une partie de la gauche jusqu'au bout du bout, il maîtrisait – sans être en aucune façon Chateaubriand – ce langage fourbe qui peut rendre vraisemblables les boniments les plus grossiers et respectables les petits meurtres de circonstance...

Qu'il ait été pétainiste [1], colonialiste, ministre de la Justice faisant tomber à pleins paniers les têtes de fellaga et autorisant torture et exécutions sommaires extrajudiciaires, promoteur d'un néolibéralisme sans limite et jouisseur sous toutes les formes, voilà qui ne saurait avoir rien de tabou : dans la perte des repères et la généralisation du relativisme, c'est presque bien vu. Qu'il ait été le fossoyeur de la notion même de gauche, le naufrageur d'un Parti socialiste qui, lentement mais sûrement, meurt par empoisonnement et contamination, l'homme dont le nom résonne avec Observatoire [2], Rainbow Warrior, Irlandais de Vincennes, écoutes de l'Élysée [3], Grossouvre [4], MNEF (Mutuelle nationale des étudiants de France) ou Angolagate, peut paraître à peine dérangeant... Mais que son comportement criminel de 1990 à 1994, avec des actes planifiés de sang-froid, fasse 1 million de cadavres, c'est, cela se conçoit, plus que difficile à lire ou à entendre, en particulier pour des personnes comme Mmes Cresson ou Guigou, MM. Védrine, Cazenave ou Lang...

Alors, le 6 janvier 2019, quand Raphaël Glucksmann a déclaré dans le quotidien *Le Monde :* « Le Rwanda est le plus grand scandale de la Ve République. Gauche et droite ont trempé dedans, même si c'est Mitterrand qui avait lancé cette politique et la portait de la manière la plus radicale et abjecte », 23 anciens ministres socialistes – dont Mmes Cresson et Guigou, MM. Védrine, Cazenave et Lang – ont toussé. D'autant plus qu'ils ne perdaient rien pour attendre. Le 6 avril 2019, lors d'un meeting, le jeune cofondateur du parti Place publique et tête de liste aux élections européennes [5] a salué le PS, « parti de Jaurès, Blum, Mendès et Rocard », en prenant bien soin de ne pas mentionner le nom de Mitterrand... En marge de cette réunion politique, il s'est justifié en déclarant que M. Mitterrand avait été « complice du génocide au Rwanda ». Les mêmes MM. et Mmes Cresson, Guigou, Cazenave, Lang et autres, se sont alors étranglés de rage et d'effroi. Vent debout, ils ont demandé au secrétaire du PS de « convaincre Raphaël Glucksmann de retirer ses insultes et accusations infondées » et, « en cas de refus », de trouver « les formes appropriées pour désavouer ses propos ». En vain. Ces derniers « gardiens du temple mitterrandien [6] » sont restés tout déconfits dans leur dévotion et n'ont plus qu'à aller se faire voir chez les Turcs, et plus précisément chez les vieux dignitaires turcs experts en négation du génocide arménien...

Soumis à la question par Jean-Jacques Bourdin sur RMC-BFM TV, Raphaël Glucksmann a tenu bon. Avec une dignité et une rigueur intellectuelle qui l'honorent et le rendent estimable, il a préféré la vérité à un parti... « On doit laisser la place à la vérité historique, a-t-il maintenu. Le fait est qu'il y a eu une erreur tragique, profonde, de la France. »

À la fin de sa vie, M. Mitterrand s'est, semble-t-il, beaucoup préoccupé du jugement que porterait la postérité à son sujet. Égocentrique, il était particulièrement bien placé pour savoir qu'il avait les meilleures raisons du monde de s'en inquiéter. Mais il était trop tard... En tout cas, son sort posthume paraît aujourd'hui scellé. Le personnage a trahi des hommes et des femmes de bonne volonté et de bonne foi, souillé le drapeau français, pas seulement par ses détournements de fonds publics à des fins privées, mais par le sang du million de morts qu'il a contribué à faire verser.

Pour la responsabilité qui lui incombe dans ce génocide au Rwanda et dont il ne peut se défausser ni sur d'autres ni sur l'ensemble de la communauté internationale, il fait partie du club sinistre des patronymes d'enfer du XXe siècle, de ces génocidaires qui sont synonymes d'abomination absolue.

Au risque de perturber « l'ordre moral » et la « bien-pensance », voici ce qui se dit au bistrot ou au McDo : le PS, c'est le parti des salauds, de la rose qui pue, des rackets et des plus immondes saloperies [7]... Pas de retour en Grasse possible pour cette rose-là et le changement de nom apparaît, n'en déplaise à certains apparatchiks et autres ultimes rentiers des urnes qui rêvent d'un miraculeux renversement de situation, comme la seule option. Depuis les élections européennes de mai 2019, elle est d'ailleurs sur la... Place publique.

La personne de l'actuel dirigeant du PS, dont le nom semble largement le dépasser et qui a tant de mal à se faire un prénom (n'est pas Edgar sans *d* qui veut...), n'est pas en cause. M. Faure n'est d'ailleurs pas du tout dépourvu d'intelligence politique : il a bien compris qu'il lui fallait déposer le bilan du quinquennat Hollande. Constat de flagrance. Mais il lui faut aussi couper les ponts avec M. Mitterrand. Constat d'impuissance. Aveu d'ignominie aussi. En mode noir sur blanc et à coup sûr difficile à assumer. Un million de cadavres, cela ne peut pas être sans importance ni relever d'une circonstance atténuante. Les Français – les électeurs et sympathisants socialistes sincères y compris – n'ont aucune honte à avoir à ce sujet. Ils ont été bernés et tenus dans l'ignorance. La responsabilité suprême relève de celui qui fut chef de l'État français. Qu'il ait eu des complices, impliqués à des degrés divers, ne change rien à la donne.

À l'évidence, il faut donc débaptiser tous les lieux qui portent le nom de Mitterrand, ce nom d'infamie. Dans *L'Évangile du fou*, Hallier compare les couvents à des maisons closes, des éros-center de la foi... Mais franchement, qui songerait à donner les noms de Dominique Strauss-Kahn à un monastère, de Pierre Bergé à un centre d'apprentissage pour adolescents ? Alors comment se fait-il que le nom Mitterrand puisse encore être attribué à une station de métro à Paris et à l'un des sites de la Bibliothèque nationale de France alors que la mise en cause de l'ex-chef de l'État français dans le génocide au Rwanda est, hors territoire français, notoire et accablante... Certes, le « procès de Nuremberg » africain n'a pas eu lieu. Mais les faits n'en sont pas moins aujourd'hui en grande partie établis et ont un caractère plus que nauséeux.

> « Les Noirs ont le rythme dans la peau, la peau sur les os et les os dans le nez. Peu doués pour la planche à voile, le ski de fond, le merchandising et la bourrée poitevine, le Noir moyen, à sa naissance, présente peu de chances de devenir un jour président des États-Unis. Pour l'y aider néanmoins, l'homme blanc, reprenant à son compte une vieille coutume appelée esclavage, l'envoya gratuitement en Amérique où il fit merveille dans les plantations de coton. Au début, les Américains ne virent dans l'homme noir qu'un grand enfant, mais, peu à peu, ils durent se rendre à l'évidence : c'était également un excellent appât pour la chasse à l'alligator. »
>
> Pierre Desproges, *Dictionnaire superflu à l'usage de l'élite et des biens nantis*

> « Amaraso arasama » (le sang finit toujours par éclabousser ceux qui l'ont versé)
> « Ukuri guca mu ziko ntihushye » (la vérité passe par le fourneau et ne brûle jamais)
>
> Proverbes rwandais

---

(1) Grand admirateur de Pétain et de la « Révolution nationale », il commença par se voir confier notamment la mission d'établir des fiches sur les opposants au régime de Vichy. Dans une lettre à sa sœur, datée du 13 mars 1942, il déclarait : « J'ai vu le maréchal au théâtre, [...] il est magnifique d'allure, son visage est celui d'une statue de marbre. » Peu après, dans une lettre à un ami, il défendait inconditionnellement le gouver-

nement Laval imposé par les Allemands. En avril 1943, il a reçu la Francisque des mains du maréchal Pétain, sous le numéro 2202, en récompense des « services rendus à l'État français ».

(2) Dans la nuit du 15 au 16 octobre 1959, M. Mitterrand a été « victime » d'un attentat, avenue de l'Observatoire à Paris. Par la suite, il apparaîtra qu'il avait lui-même commandité cet « attentat » afin de regagner les faveurs de l'opinion, tout en laissant accuser les partisans de l'Algérie française.

(3) Affaire d'écoutes téléphoniques illégales, dont M. Mitterrand fut, selon les attendus du tribunal correctionnel de Paris, « l'inspirateur et le décideur de l'essentiel » durant son premier mandat présidentiel, pour des raisons tenant à sa vie privée, à son état de santé et à son passé sous le régime de Vichy.

(4) Nom d'un proche collaborateur de M. Mitterrand et parrain de Mazarine Pingeot, retrouvé mort le 7 avril 1994, officiellement par une balle de revolver Manurhin MR-73 de calibre 357, dans son bureau du palais de l'Élysée.

(5) Né en 1979, Raphaël Glucksmann est le fils de l'essayiste André Glucksmann (1937-2015). Il est l'auteur de plusieurs ouvrages et le coréalisateur, avec David Hazan et Pierre Mezerette, du documentaire « Tuez-les tous ! Rwanda : histoire d'un génocide "sans importance" » que la chaîne de télévision France 3 a diffusé en novembre 2004. Après avoir été, fin 2018, le cofondateur du parti politique Place publique, puis le « numéro un » de la liste « Envie d'Europe » aux élections européennes de 2019 qui a réuni Place publique, le Parti socialiste et Nouvelle Donne, le mouvement lancé par Pierre Larrouturou, il est devenu député européen. Ayant recueilli 6,19 % des suffrages, la liste « Envie d'Europe » a obtenu deux sièges au Parlement européen.

(6) Jean-Edern Hallier, *Les Puissances du mal.*

(7) Durant les mandats de M. Mitterrand, le PS a pratiqué le racket des entreprises, les fausses factures, le trafic d'influence, la corruption… Cf. le témoignage de Josua Giustiniani : « Nous avons racketté les entreprises françaises aux quatre coins du territoire, dans les Bouches-du-Rhône, à Paris, en Eure-et-Loir, dans la Drôme et le Vaucluse, dans les départements et territoires d'outre-mer… Jusqu'à Nevers et Châtellerault, les villes de Pierre Bérégovoy et Édith Cresson. » (*Lettre ouverte d'un « chien » à François Mitterrand au nom de la liberté d'aboyer*, Jean Montaldo, collection « Lettre ouverte », Éditions Albin Michel, 1993).

Jean-Edern, cet enfant
qui voulait voir la mer...

« Enfance jeunesse et Edernité
S'ouvriraient comme autant d'arbres charmants
Dans les nuits d'un autre printemps
Et nous sidéreraient d'amour. »

Adapté d'Allen Ginsberg (1926-1997), *Howl et autres poèmes*

« L'avenir n'appartient pas aux morts, mais à ceux qui font
parler les morts, qui expliquent pourquoi ils sont morts.
C'est-à-dire quelles étaient leurs raisons de vivre. »

Jean-Edern Hallier, *Bréviaire pour une jeunesse déracinée*

« Mais la lune est un cristal de bonheur
Et l'enfant se souvient d'un grand désordre clair. »

Georges Schehadé (1905-1989), *Poésies II*

L'intellectuel doit être un homme seul et le dernier mot, revenir aux acharnés solitaires. Jean-Edern fut effroyablement solitaire et a payé son obstination très cher. Peut-être ne serait-il pas aujourd'hui surpris de constater que M. Tapie, ce grand débiteur [1], corrupteur et tricheur, qui a causé un immense préjudice au personnel politique, à la magistrature et aux médias, puisse continuer à fissurer la confiance des Français dans leurs institutions et qu'il ne se soit trouvé que deux témoins, Bruno Bézard, ex-directeur de l'Agence des participations de l'État, et Jean Peyrelevade, ex-patron du Crédit Lyonnais, pour tenir bon et venir à la rescousse de l'accusation dans son procès devant le tribunal correctionnel de Paris en 2019 [2].

« Tapie ayant servi de ballon de football aux médias, pas étonnant que sa biographie soit à rebondissements », écrivait-il déjà, il y a plus de vingt ans, dans *Les Puissances du mal.*

Longtemps membre éminent du clan des protégés et autres serviteurs de M. Mitterrand, M. Tapie a été condamné à de la prison ferme pour « corruption » et « subornation de témoins » dans l'affaire VA-OM (ou OM-Valenciennes, Olympique de Marseille-Union sportive Valenciennes-Anzin), pour « fraude fiscale » dans l'affaire du Phocéa, à de la prison avec sursis et une interdiction de gérer pour « abus de biens sociaux » dans l'affaire Testut, pour « faux, usage et recel de faux, abus de confiance et de biens sociaux » dans l'affaire des comptes de l'OM, et au remboursement à l'État français de plus de 400 millions d'euros indûment perçus dans le cadre de l'affaire Tapie-Crédit Lyonnais. Mis en examen pour « escroquerie en bande organisée » et « détournement de fonds publics » dans cette dernière affaire, il a été relaxé en juillet 2019, à l'occasion d'un « blanchissement » général de six prévenus, à caractère définitif (sur le plan pénal s'entend), puisque la ministre française de la Justice Nicole Belloubet a cru bon de s'immiscer dans le dossier en s'opposant à un appel du parquet, pourtant quasi automatique quand le ou les prévenus sont des gueux ou *a fortiori* des « sans-dents » du Haut ou du Bas-Poitou, et que l'un des relaxés de complicité d'escroquerie n'est autre que le beau-père du fils de M. Rémy Heitz, procureur de la République de Paris ! Âmes sensibles, passez votre chemin ! Inutile de vous émouvoir ! À l'évidence, la justice terrestre a ceci de commun avec la religion qu'elle relève d'une question de foi ou de crédulité, qu'elle est une entreprise humaine et qu'elle a donc des limites très vite atteintes… surtout quand certains os sont rongés jusqu'à la moelle.

Cependant, comment oublier qu'au début des années 1990, c'était bien cette justice française couchée, aux ordres du pouvoir en place, qui condamnait Hallier à verser à M. Tapie des sommes colossales – démesurées au regard des infractions commises – pour avoir publié son casier judiciaire dans *L'Idiot international* et l'avoir diffamé. Et c'était bien ce même M. Tapie qui, après avoir pris une hypothèque sur un bien immobilier personnel de Jean-Edern, fut à un doigt de parvenir à le faire vendre à la bougie, comme le rappelle le témoignage d'Isabelle Coutant-Peyre dans cet ouvrage.

Mais qu'importe après tout que de nos jours encore, de-ci de-là, « l'abjection règne »... M. Tapie ne sera bientôt plus que poussière d'escroc [3]. Même s'il arrive quelquefois que Dieu sache réserver aux êtres les plus maléfiques, bonimenteurs et maîtres chanteurs, une mort qui traîne en longueur, assortie des préliminaires de l'enfer sans appel ni fin qui, selon toute vraisemblance, les attend.

Peut-être Jean-Edern serait-il heureux de découvrir qu'il n'a pas, lui, enduré des tourments moraux pour rien ni démultiplié ses efforts en pure perte puisqu'en parfaite conformité avec ce qu'il a souvent pensé et eut l'apparente outrecuidance de claironner, il n'est pas près de tomber dans l'oubli. Face à des individus et à un pouvoir politique ignominieux, sa force hors du commun fut d'avoir su conserver une capacité de surprise, de réceptivité et d'enchantement. En privé ou en petit comité du moins. Et il était toujours frappant d'observer une telle juvénile capacité d'émerveillement, qui le rendait très attachant.

Jean-Edern ressemblait à un enfant qui voulait, comme dans la chanson [4], voir la mer. Le soir, cet Edernel jeune garçon aux cheveux verts partait en voyage sur des voiliers jaune soleil, le jour, il mettait en images les rêves qui berçaient son sommeil.

Il prenait les fleurs pour coquillages et les pavés pour des galets. Il était toujours dans un autre univers, parti dans un royaume de corail… où intarissable Pierrot lunaire, entouré de sirènes, il parle encore et souvent de notre Terre.

« La lune peignait ses cheveux avec un démêloir d'ébène qui argentait d'une pluie de vers luisants les collines, les prés et les bois. (…) Comme ricana le fou qui vague chaque nuit, par la cité déserte, un œil à la lune et l'autre – crevé ! Foin de la lune ! grommela-t-il, ramassant les jetons du diable, j'achèterai le pilori pour m'y chauffer au soleil. »

Aloysius Bertrand, « Le fou », *Gaspard de la nuit*

« À mesure qu'il parlait, l'ombre descendait des grands arbres, et le clair de lune naissant tombait sur lui seul, isolé de notre cercle attentif. Il se tut, et personne n'osa rompre le silence. La pelouse était couverte de faibles vapeurs condensées, qui déroulaient leurs blancs flocons sur les pointes des herbes. Nous pensions être en paradis. »

Adapté librement de Gérard de Nerval, *Sylvie*

---

(1) De plus de 1 demi-milliard d'euros (principal et intérêts), au 1ᵉʳ août 2019, auprès du CDR (Consortium de réalisation), structure publique de défaisance du Crédit Lyonnais placée sous la tutelle du ministère français de l'Économie et des Finances.

(2) « Au procès Tapie, deux témoins à la rescousse de l'accusation », Pascale Robert-Diard, *Le Monde,* 29 mars 2019.

(3) « Connaissez-vous la définition du mot "escroc" dans le Dalloz ? lance Hallier dans *Les Puissances du mal,* avant de fournir la réponse : "Elle dit tout : malfaiteur des apparences." »

(4) Chanson intitulée « Un enfant qui voulait voir la mer », paroles de Jean-Pax Méfret, interprétée par Betty Mars (Yvette Baheux, dite, 1944-1989).

La voix de l'océan

« Il faut que j'aille ; car je suis l'algue
arrachée au rocher, sur l'écume de l'Océan qui vogue
partout où la hougue se gonfle, où souffle la tempête. »

« Still must I on; for I am as a weed
Flug from the rock, on Ocean's foam, to sail
Where'er the surge may sweep, or tempest's breath prevail. »

Lord Byron, *Childe Harold's Pilgrimage,* Chant III

« Et la mer au matin comme une présomption de l'esprit. »

Saint-John Perse (Alexis Léger, dit, 1887-1975), *Anabase*

Jean-Edern Hallier n'aimait pas la mer : il l'adorait. À tout âge
et en toutes saisons, il a éprouvé pour elle une vraie passion.
C'est d'ailleurs tout près d'elle qu'il est mort, à Deauville, un
12 janvier, et ce n'est pas sans raison. Que ce soit sur les côtes
bretonnes, normandes ou autres, il a toujours adoré, comme
Flaubert, regarder « les vagues mousser l'une sur l'autre, la
lame se briser en écume, s'étendre sur la plage et crier en se
retirant sur les cailloux et les coquilles [1] ». Car il se rappelait
toujours, tendres et délicieux souvenirs, avoir lui aussi couru
sur les rochers, pris le sable en le laissant s'écouler au vent
entre ses doigts, et aspiré à pleine poitrine cet air salé et frais
de l'océan « qui vous pénètre l'âme de tant d'énergie, de poétiques et larges pensées ». Il pouvait ainsi discerner l'immen-
sité, l'espace, l'infini, afin que son âme finisse par s'abîmer
devant un horizon sans bornes... Comment rester insensible,

à dire vrai, aux « sillages recouverts », aux « routes liquides »,
à cet « horizon à la mesure d'une aspiration d'homme, un
espace aussi grand que son audace [2] » ?

Ce qui est sûr en tout cas, c'est que Jean-Edern avait retenu la
leçon de Cocteau qui explique si bien dans *Le Secret professionnel* pourquoi il aime mieux la mer que la montagne : « La vraie
montagne m'impose des formes toutes faites. Elle me conseille.
Elle me limite. Elle donne à mon esprit un moule dont il a toute
la peine du monde à sortir. La mer ne me force en rien. Elle ne
m'enferme pas. Sa masse est sans opinion. C'est un dictionnaire ; ce n'est pas un choix, un monument. »

Alors nul ne saurait s'étonner qu'il puisse proclamer, en suivant
son propre corbillard au Panthéon dans une « mise en scène »
à l'occasion d'un tournage dix ans avant sa mort, que « le haut
de son corps sera enterré face à l'océan Atlantique sur la pointe
du Raz, en Bretagne », et qu'il lègue « ses tibias, ses cuisses, ses
hanches, ses pieds et le reste, cette fonction génitale superbe
pour ensemencer l'avenir de l'humanité ». Son Panthéon à lui,
cela ne peut qu'être enterré debout là où il est vraiment né,
dans les bras de l'océan, regard vers le large, bouche gorgée de
salive celtique contre la bouche humide de la vénérable Arvor,
la mer en breton. Pour les siècles des siècles… Et pour que ses
filles et son fils, se référant à Shakespeare, puissent peut-être
se dire :

« Ci-gît ton père
Par cinq brasses de mer profonde.
Ses os sont maintenant des rameaux de corail.
Des perles de nacre habitant l'orbe de ses yeux
Rien ne s'estompe en lui que la mer ne transmute
En quelque chose d'étrange et de précieux [3]. »

Comment, dans ces conditions, être surpris que la prose hallierienne fleure si souvent le « gwemon [(4)] », avec ses sables plus ou moins mouvants, ses môles plus ou moins protecteurs et ses envols de « gwelans [(5)] », qui semblent vouloir emmener à l'autre bout de l'océan, entraîner vers des réflexions mystiques et inviter à songer aux archéo dieux paléo-celtiques, si longtemps présents dans le Finistère et le Morbihan [(6)].

Avec Jean-Edern, qui donne si souvent l'impression de lever ou de jeter l'ancre quand il écrit, il y a en permanence de la plume de mouette transatlantique dans l'encrier et de la voile de dundee [(7)] dans les sillages, à moins qu'il ne s'agisse du bruit de moteur d'un gros caboteur capable d'affronter les pires remous d'Irlande ou d'Écosse… « Mer, je suis comme toi, plein de voix machinées » semble dire, à la manière d'Apollinaire, Hallier dont les vaisseaux chantants se nomment les années et qui a ce goût edernel de l'écume, cette « neige que les mouettes ont rapportée de voyages lointains [(8)] ». Alors, chaque paysage a beau être un état d'âme, qu'il émigre à Eden-Roc, le prestigieux pavillon de l'hôtel du cap d'Antibes, l'un des lieux, comme chacun se doit de savoir les plus « selects » de la planète jet-set, dans une autre *place to be* [(9)] pour *beautifull people,* à Deauville, au Normandy, ou à La Balagne, le village du bleu outremer, près de Calvi, après une virée chez Tao [(10)] ou chez une amie, il a toujours son style à lui. Edern roc, toujours et encore… *Beautifully.*

Sur l'île de Beauté, il aime travailler jour après jour, jusqu'à ce que les derniers rayons du soleil se couchent sur Munio, le village qui domine la baie de Calvi et dont le nom signifie « lumière » en corse… Bien sûr, après son grave accident oculaire, ses réveils au petit matin ne seront pas toujours ce qu'il espère. En particulier durant l'année 1993 où, devenu très mal voyant, il aura la terrible « impression d'être mis à la casse, comme une vieille voiture ». « J'enrage sans pouvoir rien faire, confie-t-il alors [11], prisonnier d'un palais de cristal où seuls les lointains – les crêtes des montagnes de la Haute-Corse ou les îles Sanguinaires – me sont proches. Ma vue perce et gagne par instants jusqu'aux neiges éternelles du monte Cinto, à 3 000 mètres d'altitude, mais, la plupart du temps, je n'arrête pas de ne rien voir et de tout perdre : mes lunettes, mon marker, mes cahiers, ma loupe, mes petits carnets, mon mouchoir, ma lime à ongles... »

À la différence d'un Kessel, du moins à en croire Colette, il n'a jamais prétendu « travailler dans le Midi, en plein air, assommé par la lumière, taraudé par les mouches, dispersé par le mistral et assailli dans son labeur par une "vue" impitoyable de mer, de ciel, de couchant... » Il n'a pas « l'outrecuidance de se mesurer à un panorama tout nu, lardé d'aiguillons, de mandibules et de suçons [12] ». Mais il ne s'en cache pas, il raffole d'entrevoir des bateaux se balancer au rythme de la respiration de la mer, cette « mer aussi bleue que sur les aquarelles [13] », avec un yacht blanc sur la ligne d'horizon et un glisseur qui fait des ronds en bourdonnant comme un frelon...

Qu'il soit ou non l'inventeur du célèbre slogan « sous les pavés, la plage » au tableau noir du grand amphithéâtre Richelieu, à la Sorbonne, en mai 1968, comme il l'assure dans son *Bréviaire pour une jeunesse déracinée,* qu'importe. Le rivage des Syrtes, cher à Julien Gracq, il connaît. À son « pas dérisoire d'homme libre, sans horde ni tribus », isolé de tout mais fort de sensations qui le mettent à l'abri des tics nerveux citadins, il ne fait pas qu'avancer sur la plage enfin conquise et déserte. Sur ou sans la célèbre musique de Debussy [14], il sait danser comme un bouchon sur un océan de vagues sages ou folles, avec ou sans ses reflets d'argent chers à Charles Trenet [15]. Même s'il chute et va au fond des flots pour y vivre seul avec ses mots, selon la suggestion de Virginia Woolf [16], il ne regrettera rien. Il aura joué, il aura perdu. En apparence du moins. C'est dans l'ordre de son activité de poète-écrivain. Mais, tout de même, il aura respiré « le vent de la mer » cher à Saint-Exupéry dans *Terre des hommes.* Ce vent qui fait vibrer et inspire... Invitation naturelle à voyager et à écrire, sans vraiment savoir ce qu'il adviendra en chemin. Au gré des flots, au fil des mots... Comme prévient Antonio Machado dans *Champs de Castille :*

> « Tout passe
> et tout demeure
> Mais notre affaire est de passer
> De passer en traçant
> Des chemins
> Des chemins sur la mer. »

Quitte à ce que les livres, ces épaves du naufrage d'une vie, soient comme des pavés gisant dans les profondeurs des océans, jusqu'à ce qu'un jour, peut-être, des plongeurs sous-marins ne viennent les libérer de leur gangue de vase et les faire resurgir en pleine lumière.

L'homme Jean-Edern Hallier n'avait pas l'œil bleu, « l'œil bleu droit » de l'acteur Jean Poiret qui hésite entre lapis et aigue-marine [17]. Nenni, nenni. La couleur saphir pour prendre la mesure du vaste horizon côtier ne lui fut pas octroyée. Il avait l'œil sombre, le cheveu volontiers broussailleux et la démarche peu chaloupée... Il a eu beau retenir volontiers l'attention, sur les planches de Deauville ou le long du littoral d'Essaouira, jadis Mogador, cette perle de sable et de pourpre posée sur la côte marocaine [18], il n'a peut-être fait que passer parmi nous.

Mais à coup sûr, comme dirait le poète [19], l'Edernité a la voix de la mer.

> « Bonjour le Siècle,
> Je suis fils de l'Océan.
> Je suis fils de la colère et de la vague, de l'humour et du jeu, de la grandeur sombre de mes rivages intérieurs, et de la dérision, qui déferle, sur la force de mon jeune âge.
> Je suis fils du goémon, du varech et du sable gris, de la fiente du cormoran et de la mouette, né d'une plage battue par les grandes marées, je me suis fécondé moi-même au ressac des flots verdâtres, au picotement de l'air iodé et aux hurlements des vents du désir. »

Jean-Edern Hallier, *Chaque matin qui se lève est une leçon de courage*

> « J'ai pris la mer,
> Navigatrice en solitaire
> (…)
> J'ai suivi les sirènes et leur chant qui appelle,
> Jeté tous mes bagages au fond de l'océan, découpé des images, accroché des modèles,
> Rassemblé des reflets pour ressembler à celle
> Qui ne serait pas moi mais que je voudrais être,
> Ne plus penser qu'à ça et ne jamais suffire. »

Véronique Soufflet, « J'irai courir avec les louves »
(paroles de Véronique Soufflet, musique de Jean-Luc Kandyoti)

> « Le dit de la mer
> N'insistez pas
> N'insistez pas
> N'insistez pas, dit la mer,
> Je me retire. »

Michel Monnereau, *Les Zhumoristiques*

(1) Gustave Flaubert, *Mémoires d'un fou.*

(2) Albert Camus, *Journaux de voyage.*

(3) « Full fathom five thy father lies
Of his bones are coral made
Those are pearls that were his eyes
Nothing of him that doth fade
But doth suffer a sea change
Into something rich and strange. »
William Shakespeare, *The Tempest*

(4) Goémon, en bas breton.

(5) Goéland ou mouettes, en bas breton.

(6) « Petite mer » en breton.

(7) Navire à voiles à deux mâts. Le mot « dundee » étant, à en croire le dictionnaire Robert, une « altération de l'anglais dandy », d'après Dundee, port d'Écosse.

(8) Chantal Danjou, « Genèse », *Les Consonnes de sel.*

(9) L'endroit où il faut être, en langue jet-set.

(10) Piano-bar réputé et « incontournable » près de la Citadelle de Calvi, en Corse.

(11) *Journal d'outre-tombe.*

(12) Colette, *L'Étoile Vesper : souvenirs.*

(13) Georges Simenon, *L'Improbable M. Owen.*

(14) « La Mer », dans la version d'André Caplet.

(15) Évoqué dans *Je rends heureux.*

(16) « On devrait sombrer tout au fond de la mer et vivre seul avec ses mots », Virginia Woolf, dans une lettre à George Brenan publiée dans le recueil intitulé *Ce que je suis en réalité demeure inconnu* et écrite en 1925, soit une quinzaine d'années avant son suicide, à l'âge de cinquante-neuf ans, en remplissant ses poches de pierres et en se jetant dans une rivière, près de Monk's House, son cottage.

(17) Cf. les propos de Jean Poiret (1926-1992) dans l'émission « Microfilms » n° 31, entretien avec Serge Daney diffusé sur France Culture en 1986 : « ... Remarquez, quand on s'approche de mon œil bleu, je précise bien bleu droit, comme ça devient subitement debussyste, comme on pense à la mer... »

(18) Hallier y a notamment séjourné en février 1986, à l'hôtel des Îles où il écrivait *L'Évangile du fou.* À cette occasion, il y déclama devant Marguerite Yourcenar ces deux vers d'un poème de Philippe Desportes, « Le ciel fut son désir, la mer sa sépulture / Est-il plus beau dessein ou plus riche tombeau ? »

(19) Michel Monnereau, « L'Éternité a la voix de la mer », dans son recueil intitulé *Je suis passé parmi vous.*

— C'est plus fort que moi : quand il apparaît, la tête me tourne.

Dessin de Jean Effel (1908-1982), extrait de son premier album intitulé *Au temps où les bêtes parlaient.*

Roi-Soleil

« Je le crois timonier d'un vaisseau de poètes
et s'il connaît par cœur les voix des océans
c'est qu'il les écouta lorsqu'il était enfant
sur les rochers d'automne au bord de la tempête.
Le voilà. Il est seul. Arlequin lui sourit
et lui tend ses deux mains par-delà les coulisses :
il faut aux dieux du soir pour que tout s'accomplisse
Un rayon de soleil venu du Paradis. »

Louis Amade [1] (1915-1992), *Les Métairies lointaines*

« Il faut marcher pour que la terre tourne tout autour du soleil. »

Pierre Reverdy (1889-1960), « Piéton », *Les Jockeys camouflés*

« Accueillez le soleil levant
Tendez vos mains dans le ciel immense
Vous pouvez toucher le soleil qui se lève
Sentir la nouvelle journée entrer dans votre vie. »
« Reach up for the sunrise
Put your hands into the big sky
You can touch the sunrise
Fell the new day enter your life. »

Simon Le Bon, « (Reach Up For The) Sunrise » (chanson du groupe
Duran Duran, Nick Rhodes, Simon Le Bon, John, Roger et Andy Taylor)

Jean-Edern Hallier a-t-il été le Roi-Soleil de la Littérature ?
Quiconque a eu le privilège à la fin des années 1970 ou au
début des années 1980 de le rencontrer, de s'entretenir seul à
seul avec lui ou en compagnie, de pénétrer dans le majestueux
appartement où il résidait place des Vosges à Paris, ne saurait

en douter. Non qu'il se disait le seul soleil du monde ou qu'il usait du « Ôte-toi de mon soleil », la célèbre répartie de Diogène à Alexandre qui lui demandait ce qu'il pourrait bien faire pour lui être agréable... Non que le personnage menait le train de vie exubérant d'un vrai-faux oligarque russe, et qu'il déployait les signes extérieurs d'une richesse tapageuse et offshore. En aucune façon. Il n'avait ni gardes du corps en version plantigrade des steppes ni Bentley tout nouveau modèle avec moteur à 12 cylindres en V et boîte automatique à double embrayage et huit rapports... Sa force se voulait d'abord spirituelle, et sa puissance avant tout, immatérielle.

À lui seul, il trahissait de l'énergie à revendre et sa lave sémantique était un volcan. Profondément atypique et composite, il était un être à la fois singulier et pluriel, à la fois attachant et distant. Rugueux en apparence parfois et toujours hypersensible au fond. Précurseur des réseaux sociaux – il représentait à coup sûr le plus impressionnant réseau social à deux jambes de la capitale française – et prêt à tout moment et bien avant l'heure pour un « selfie »... Il était mirobolant comme un poitrail de chambellan, pour reprendre l'image de Jules Laforgue, dans ses *Complaintes.* Il inspirait. Les journaleux, les bas-bleus comme les envieux... Il rayonnait. Tous azimuts, à un degré parfois fulgurant. Pas seulement parce que certains de ses ouvrages faisaient l'objet de traductions en allemand ou en espagnol. Pas seulement non plus parce qu'il était l'épicentre de nombreuses et impressionnantes « retombées » médiatiques... Mais peut-être en partie parce qu'il paraissait comme imprégné de la nostalgie d'une enfance ou d'une adolescence mythique où le soleil est roi... Son génie, c'était cette enfance retrouvée à volonté. Il faisait un peu songer à ce qu'écrivait Robert Sabatier dans *Les Fêtes solaires,* son premier recueil de poèmes :

« Je dis l'arbre, l'enfant, je dis soleil, planètes,
Et tout devient clair, écoutez immortels,
Les mots de mon amour. »

Ou encore

« Peuple de ce temps dur, il te faut réapprendre
La langue du soleil, il te faut décimer
Les démons de la nuit. En soufflant sur la cendre
Tu peux faire jaillir un grand arbre de mai. »

Hallier était hanté par ses souvenirs. En particulier des arbres du parc de la propriété familiale de La Boissière à Edern, des plates-bandes de fraisiers ensoleillées du temps de ses jeunes années, mais aussi de la végétation olfactive, dans le Midi de la France, au Maroc ou en quelque autre contrée méridionale. Bourgeons de cassis, feuilles de figuier, musc... Dès qu'il sentait ces parfums de garrigue, de calanque, il était dans un petit paradis terrestre, son jardin secret. Entre mer et soleil. Il se trouvait bien. Ressourcé, vivifié, lové dans l'été. Bien sûr, sa prime jeunesse relevait du passé ainsi que le printemps. Mais « Ô Soleil », comme s'enchante le poète, c'était « le temps de la raison ardente [2] ».

Comme tout Français de sa génération, il pouvait chanter :

« Je te donnerai
Tous les bateaux,
Tous les oiseaux, tous les soleils,
Toutes les roses,
Toutes les choses qui t'émerveillent
Petite fille de ma rue [3]. »

De nos jours, peut-être fredonnerait-il la chanson
de McSolaar,
« Le jour se lève, ça, c'est le soleil
Rayon dans l'œil, ça, c'est le soleil
Le gel est mort, ça, c'est le soleil
Le désert avance, ça, c'est le Sahel
(...)
Regarde comme la vie est belle
Quand elle danse sous le soleil
(...)
Journée de rêve, ça, c'est le soleil
Rayon dans l'œil, ça, c'est le soleil
Le gel est mort, ça, c'est le soleil
Le désert avance, ça, c'est le Sahel [4]. »

Ce qui est sûr en tout cas, c'est que Hallier éprouva un amour
sincère et inconditionnel pour le territoire français qui, avec
sa métropole et son outre-mer, peut s'enorgueillir d'être l'un
des plus grands domaines maritimes de la planète et sans
doute l'un des seuls au monde où le soleil ne se couche
jamais [5]...

Il aimait qu'il fît beau derrière les persiennes quand « le soleil
en fusion en sort tout laminé », pour reprendre les mots de
Raymond Queneau siestant à Sienne, cette « ville d'Italie où
l'on a très chaud l'été [6] ». Mais il appréciait également les
rayons de lumière en hiver et au printemps, qui, perçant sous
les nuages noirs et gris, ne répandent pas en un bain de vapeurs
célestes une chaleur tropicale comme dans *Fin de siècle* et
éclairent sans chauffer... Surtout s'il venait à croiser les yeux
– et les seins généreux – d'une jeune femme, ce « pacte du soleil
d'été et du soleil d'automne » cher à Octavio Paz, cet astre si
beau des chaudes soirées baudelairo-halleriennes, plus ou

moins vodkaïques, cette irrésistible promesse de « soleil de nuit, lune de jour, étoiles de l'après-midi, battements de cœur, avant l'amour, pendant l'amour, après l'amour [7] ».

Durant les dernières années de sa vie, les mers, d'une transparence de cristal ou pas, avaient cessé de boire les faisceaux de lumière jusqu'en leurs profondeurs : elles n'étaient plus que les volières de sa mémoire, comme dit si bien Jules Laforgue dans ses *Complaintes,* et en raison de son infirmité, il était de plus en plus frappé, même si certains matins, le dieu soleil se remettait à briller, par l'inutilité de son existence... Comme le *Desdichado* de Nerval, il devint parfois le ténébreux – le veuf –, l'inconsolé, le prince de Bretagne à la tour abolie, sa seule étoile était morte – et son luth constellé de poète fatigué portait le soleil de la mélancolie... Il savait alors, sans avoir besoin de lire ou de relire *Le Pêcheur d'éponges,* de Panaït Istrati, combien, à Deauville comme à Essaouira ou à Venise, les plus beaux rayons ne se font mieux valoir que sous un ciel couvert, et que de toute façon, il ne les voyait quasiment plus... Durant son dernier séjour vénitien, il avait occupé la chambre de George Sand, à l'hôtel Danieli. « Il plut toute la journée, se rappelait-il. Le lendemain, la brume se déchira. Dans une lumière étincelante, inoubliable et dorée, la plus belle lumière dont il me soit désormais donné de me souvenir (...). Regarde, dis-je à ma compagne au soir tombant, dans le bateau qui me ramenait à l'aéroport. Oui, regarde, mon Alice ! lui répétais-je en désignant le gros disque rouge qui s'engloutissait au-dessus de Mestre, on dirait que c'est la dernière fois que le soleil se couche sur le monde. »

Pour lui, ce fut bel et bien l'ultime fois... Mais après tout, ne faut-il pas, histoire de donner raison à William Blake et à ses inoubliables *Chants d'innocence,* que cet astre décline et que les jeux se terminent ? À dire vrai, quelle importance, puisque, par-delà les doutes qui le taraudaient, l'auteur du *Premier qui dort réveille l'autre* a toujours cru dans la lumière vivante qu'il portait en lui et conservé l'espoir qu'une fois exclu du cercle des passagers de la vie, au centre de son œuvre rayonnerait le soleil inépuisable de la gloire.

« Les femmes sont lascives au soleil redouté. »

Jacques Brel (1929-1978), « Les Marquises »

« Et seul un doigt sur la bouche
Un ang' beau comme un éclair
Jett' quand le soleil se couche
Des pétales sur la mer. »

« Le Marin et la Rose », chanson interprétée par Colette Renard
(Colette Raget, dite, 1924-2010) et par Gribouille
(Marie-France Gaite, dite, 1941-1968), paroles de Jean-Marie Huard
(dans le prolongement du poème de Maurice Carême,
« La Rose et le Marin ») et musique de Claude-Henri Pingault

« L'Edernité
Elle est retrouvée.
Quoi ? – L'Edernité.
C'est la mer alliée
Avec le soleil. »

D'après Arthur Rimbaud, « L'Éternité » (mai 1872)

---

(1) Connu pour avoir été le talentueux parolier d'Édith Piaf et de Gilbert Bécaud, Louis Amade l'est beaucoup moins pour la lugubre « zone d'ombre » de son curriculum vitae durant la Seconde Guerre mondiale. Jeune et brillant haut fonctionnaire, licencié en droit et ès lettres, diplômé d'études criminelles, de médecine légale et de médecine mentale, il

intégra en septembre 1940 la préfecture de l'Isère, où il fut chef de cabinet du préfet et sous-préfet. Si dans ses écrits autobiographiques publiés dans les années 1970, il se vante d'avoir été un sauveur de Juifs, il paraît aujourd'hui impossible de le croire... sur parole. Des travaux d'historiens ont en effet établi que de janvier 1941 à mars 1943, il prit une part très active à la politique antisémite du régime de Vichy.

(2) Guillaume Apollinaire, « La Jolie Rousse ».

(3) « Tous les bateaux, tous les oiseaux », chanson interprétée par Michel Polnareff, paroles de Jean-Loup Dabadie, musique de Paul de Senneville.

(4) « Aiwa », chanson interprétée par McSolaar (Claude Honoré M'Barali, dit), paroles de M'Barali, Alain J. Etchart et Louis Couka, musique d'Alain J. Etchart et Louis Couka.

(5) Les Français n'en ont pas toujours conscience mais c'est une réalité : quand le soleil s'endort dans la citadelle de Villefranche ou en Nouvelle-Calédonie, il se lève en Guyane, puis à Tahiti, tout en réchauffant Menton et la vallée des Merveilles...

(6) Raymond Queneau, « En avril ne te découvre que d'un soleil » (*Sonnets,* Éditions Hautefeuille, 1958).

(7) Jacques Prévert, « Lumières d'homme », *Soleil de nuit.*

Le goût de l'Amour

« Et la mer et l'amour ont l'amour pour partage,
Et la mer est amère, et l'amour est amer,
L'on s'abîme en l'amour aussi bien qu'en la mer,
Car la mer et l'amour ne sont point sans orage.
(…)
Si l'eau pouvait éteindre un brasier amoureux,
Ton amour qui me brûle est si fort douloureux,
Que j'eusse éteint son feu de la mer de mes larmes. »

Pierre de Marbeuf (1596-1645), « Et la mer et l'amour »

« Je suis obligé de constater, Madame, que votre éclat rendrait
jaloux le soleil lui-même… La France a toujours su apprécier les
jolies femmes. Et puis, hier soir, un certain sourire… »

Paul Meurisse à Gaia Germani (Giovanna Giordina, dite), dans
L'Œil du monocle, film de Georges Lautner (dialogues de
Jacques Robert), tourné à Bonifacio, en Corse du Sud

« Comme le dit Jean-Edern Hallier, sans fondement,
il n'y a pas d'amour possible. »

Pierre Desproges, dans son « Réquisitoire contre Jean-Edern Hallier »,
au cours de l'émission « Le Tribunal des flagrants délires »,
diffusée sur France Inter le 9 février 1981

Amoureux de l'amour, Jean-Edern Hallier l'était. Incontestablement et pas seulement dans le discours… « Oui, confiait-il
à l'antenne d'une radio parisienne au tout début des années
1980, l'amour, le sacrifice absolu, je crois à cela. C'est comme
ce qu'on appelle le gambit aux échecs. Se sacrifier soi-même…

L'amour, c'est un des sentiments les plus forts et les plus sacrés... Alors il faut réinventer l'amour... [1] »

Plus qu'ambitieuse, l'entreprise ! Tout bonnement divine ! Mais il n'y a pas lieu d'être surpris. Jean-Edern, pour le dire à la manière du poète Jean Cassou dans *La Clef des songes*, c'était un idéaliste : il n'a jamais aimé que le tabac, l'amour et la vodka. Sans trop de modération dans les trois cas de figure et pour le meilleur comme pour le pire, avec la bénédiction ou plutôt le « passe-droit » de l'illustre Beaumarchais : « Boire sans soif et faire l'amour en tout temps (...), il n'y a que ça qui nous distingue des autres bêtes [2]. »

Toute son enfance ne fut, il s'est plu à le confier dans *Fin de siècle*, qu'un « chant d'amour, frustré, meurtri » et toute son existence d'adulte le vit « à la recherche incertaine et toujours bafouée » de ce fameux amour... « l'unique sortilège contre la mort, la vieillesse, la vie [3] ».

Que Jean-Edern fut un grand amateur de jeu de dames, en mode haremique revisité, il ne s'en est jamais caché. Tant s'en fallait. Les femmes – certaines d'entre elles du moins – étaient les soleils de sa vie. Ses corps célestes à lui, ses GPS (Global Positioning Systems) avant l'heure, gardiennes de sa position et de sa sérénité retrouvée. Encore mieux quand, tout près, se profilaient une plage immense et l'infini inouï d'une mer sans ride. Quitte à ce que sous la lumière et sur le sable, ses « mygales », comme il les appelait, ne fussent plus que lutteuses endormies, chères à Mallarmé aussi... Elles ne représentaient plus pour lui une préférence, un choix. Mélangées à son existence, elles étaient le centre de son équilibre. Aimer était, selon la formule d'Henri Jeanson, un verbe irréfléchi. « Sans les femmes, je ne serais rien, confiait-il dans ses *Carnets impudiques*. Je suis rassuré de l'entendre. – Jean-Edern, viens,

viens... Je suis venu, et en me redressant je suis allé me regarder dans la glace du cabinet de toilette, les cheveux hirsutes, le poil dru sur le menton, entre des plaques espacées de peau douce, qui sont toujours restées imberbes depuis mes blessures d'enfance, lors du siège de Budapest, en 1945. J'ai les paupières lourdes, les cernes sous les yeux, rimmelisé d'épuisement, acteur et unique spectateur de mon théâtre intime, je deviens à la fois Auguste le clown, et Auguste l'empereur, dont Suétone racontait qu'au dernier jour de sa vie, réclamant un miroir, il demandait à ses proches "s'il avait bien joué jusqu'au bout la face de sa vie". »

Comme le Calendal d'Alphonse Daudet dans les *Lettres de mon moulin,* Hallier était prêt, pour gagner le cœur de sa mie, la belle Esterelle du moment, et entendre « viens, viens, donne-moi la main » comme dans la chanson « Melocoton » de Colette Magny, à entreprendre « des choses miraculeuses », et les 12 travaux d'Hercule n'étaient rien à côté des siens.

L'amour pouvait en faire un héros, un troubadour, un voyageur au long cours... Ah! Que c'est joli la mer au sable fin des jours quand on a au cœur un peu d'amour [4] et que l'on est en compagnie du corps avide d'une groupie à la poitrine avantageuse, d'une « décoinceuse du sexe », selon l'expression chère à Jean-Edern, qui n'était pas du genre à apprécier les dames laides et autres maritornes... Ah! Qu'elle est bienvenue l'aube quand elle se lève derrière les hanches joliment dessinées d'une pulpeuse sosie ou doublure d'actrice en vue.

L'homme avait soif d'amour. « Love me, please love me [5] »... chanson bien connue. S'il ne se jetait pas pour autant sur la première gourde venue, il n'était pas non plus du genre à se priver d'une pulsion érotique passagère, d'un épisode aventureux plus ou moins déraisonnable, quitte à faire semblant parfois d'avoir une relation amoureuse… Édith Piaf n'y aurait guère trouvé à y redire. « Quand on raisonne en amour, confiait-elle, c'est comme si on le pesait, l'amour n'a pas de limite sinon ce n'est pas de l'amour [6] ! » À l'insu de son entourage, il était tout à fait capable d'effectuer un long périple parisien pour aller sonner à la porte d'une jolie fille, fort à son goût, qu'il avait pour la première fois rencontrée peu auparavant, lui parler et la contempler sans rien obtenir d'elle, avant de s'en retourner comme il était venu et ne plus lui donner signe de vie [7]… « Tout ce que l'on apprend dans le regard des femmes, assure le poète, ni le fer ni le feu n'y pourront jamais rien. Car l'amour – et lui seul – survit parmi les flammes [8]. »

Durant des années, il a également donné raison à Gentil-Bernard, l'auteur de ces vers :

« Vous qu'un fol amour inspire,
Connaissez mieux le plaisir,
Vous n'aimez que pour le dire,
Nous n'aimons que pour jouir [9]. »

Est-ce la raison pour laquelle il y avait souvent chez lui, jusqu'au début des années 1980 du moins, une très soutenable légèreté de l'écrit qui cachait une conception dandy chromosome XX, touchante et enfantine, de l'amour et allait de pair avec un besoin de liberté de ton et de vie qu'il aura, après le milieu des années 1980, de plus en plus de mal à combler ?

S'il mettait l'amour au-dessus de tout – conformément à l'un des grands principes de l'edernisme –, il avait tendance à le prendre infiniment plus au tragique qu'au sérieux et « aimer » se montrait, à la vérité, un verbe difficile à conjuguer. Pour reprendre les mots lumineux de Jean Cocteau qu'il avait rencontré à l'adolescence, son passé n'était pas simple, son présent n'était qu'indicatif et son futur était toujours conditionnel... Ainsi, l'amour ne pouvait être qu'« une chandelle qui se consume par les deux bouts [10] », et « l'amour vrai », qu'« un effet de la mémoire [11] ».

« Il faut aimer l'amour, confirme ce grand connaisseur de Guitry, parce qu'aimer l'amour, c'est aimer la vie... Il faut la dévorer la vie. Il faut aimer les fleurs, les parfums, les bijoux... [12] »

Car demain, bientôt, on ne pourra plus dire je t'aime. Comme dans la chanson de Jacques Higelin...

« Je ne peux plus dire je t'aime
Ne me demande pas pourquoi
Je ne ressens ni joie ni peine
Quand tes yeux se posent sur moi
Si la solitude te pèse
Quand tu viens à passer par là
Et qu'un ami t'a oubliée
Tu peux toujours compter sur moi [13]. »

Cette situation de « neutralité » sentimentale, Jean-Edern l'a vécue. « Depuis bien longtemps, je n'aimais plus, raconte-t-il dans *L'Évangile du fou,* j'avais oublié mon corps, occupé que j'étais à me sauver d'abord l'esprit dans le seul travail. J'ignorais que j'allais me perdre dans l'amour. Il me ferait perdre encore plus de temps que mes démêlés avec le pouvoir. (...) Pourtant, je me croyais à l'abri : ça m'arrangeait d'avoir désappris l'amour. Je n'avais plus que des relations sexuelles, la baise. Quand l'amour entra – que dis-je, fit irruption –, il me mena par surprise (de la même surprise où me plongea le chagrin de la mort de ma mère) à un paroxysme de sentiments, et à un débordement des sens dont je ne me serais plus cru capable. »

En réalité, Jean-Edern ne dérogeait pas à la règle générale et ancestrale. Vous avez beau parler toutes les langues de la terre et du ciel, s'il vous manque l'amour, ce gage d'immortalité, vous n'êtes « qu'un cuivre qui résonne, une cymbale retentissante [14] »...

Jean-René Huguenin, son « jumeau stellaire », l'avait d'ailleurs doublement prévenu. Non seulement « l'amour est, écrivait-il dans son *Journal,* nécessaire à la plupart des êtres parce qu'il est un des rares moyens qui leur permette d'oublier cette réalité douloureuse : je vis », mais encore, « il suffit d'aimer un seul être pour faire d'un seul coup l'expérience de toute la charité, de toute la compassion, de toute la douleur et de toute l'impuissance du monde ».

À déclarer d'utilité publique donc, l'Amour, avec une majuscule et fissa, ce « mirage de la mer sous la lune [15] » qui soutient les êtres jusqu'à leur mort, par une espérance confuse et prodigieuse, face aux petites mesquineries et à la ronde populiste des âmes malveillantes, tant il est vrai que seules certaines femmes – et certains hommes – rendent l'humanité fréquentable...

« Dans des bras qu'on adore et qu'on hait tour à tour », ce n'était peut-être qu'un rêve, mais c'est alors « bien mieux que l'amour [16] ! »

Quitte à ce que cela fasse de nous des « imbéciles heureux – et le plus souvent malheureux [17] ».

Ad vitam aeternam, par-delà les maîtresses plus ou moins attitrées dont les prénoms – Isabelle, Élisabeth, Alice, Clara... – font impression dans les livres, les « kamasutriennes » et autres « polissonnes du septième ciel [18] », trois femmes sont parvenues à avoir leurs noms gravés dans le marbre du curriculum vitae hallierien : Bernadette Szapiro, Anna-Devoto-Falk et Marie-Christine Cappelle. Deux d'entre elles ont été ses épouses, et de chacune de ces unions est né un enfant : Béatrice, en 1958, Ariane, en 1967, et Frédéric-Charles, en 1981.

S'il revenait parmi nous, Jean-Edern, ce gastronome de l'amour, saurait-il se montrer sinon intarissable du moins philosophe ? Peut-être ferait-il le sage en tirant de l'oubli *Les Tablettes,* de Pierre Matthieu :

« La vie est une table, où pour jouer ensemble
On voit quatre joueurs : le Temps tient le haut bout,
Et dit passe, l'Amour fait de son reste et tremble,
L'homme fait bonne mine, et la Mort tire tout [19]. »

À moins qu'il nous incite à :

« Aimer jusqu'à la déchirure.
Aimer, même trop, même mal.
Tenter, sans force et sans armure,
D'atteindre l'inaccessible étoile [20]. »

Avec lui, c'est sûr, aucun doute à ce sujet, il aurait à cœur de le prouver, encore et encore, et de nous le faire dire en chœur : il n'y a pas d'âge pour parler d'amour...

« Quand tes cheveux s'étalent
Comme un soleil d'été
Et que ton oreiller
Ressemble aux champs de blé
Quand l'ombre et la lumière
Dessinent sur ton corps
Des montagnes, des forêts
Et des îles aux trésors. »

« Que je t'aime » (chanson interprétée par Johnny Hallyday,
paroles de Gilles Thibaut, musique de Jean Renard)

« Les écrivains sont de drôles de zigs… Et ont parfois de drôles de zobs. »

Roger Peyrefitte, à la fin de l'émission « Apostrophes »,
diffusée sur Antenne 2, le 28 mai 1982

« Le plus triste, hélas, de toutes les vieillesses,
c'est la vieillesse de l'amour. »

Jules Barbey d'Aurevilly, *Pensées détachées* (1889)

---

(1) *Les Cahiers du journalisme* n° 4, janvier 1998, entretien avec Jérôme Hesse réalisé fin 1981 et diffusé à l'antenne d'une radio locale privée parisienne.

(2) Beaumarchais, *Le Mariage de Figaro*.

(3) Anaïs Nin, *Journal 1944-1947*.

(4) « C'est joli la mer », parole de Hubert Hitier, musique de Manos Hajudakis, chanson interprétée notamment par Jacqueline Boyer, Jean-Claude Pascal, Nana Mouskouri et Michèle Torr.

(5) « Love me, please love me », chanson interprétée par Michel Polnareff, paroles de Frank Gérald (Gérald Biesel, dit, 1928-2015), musique de Michel Polnareff.

(6) Édith Piaf, *Mon amour bleu*.

(7) Confidences féminines recueillies par l'auteur de cet ouvrage.

(8) Bernard Dimey, « L'Amour et la Guerre », chanson mise en musique et interprétée par Charles Aznavour.

(9) Gentil-Bernard (Pierre-Auguste Bernard, dit, 1708-1775), « L'Amant discret ».

(10) Jean-Edern Hallier, *Fin de siècle*.

(11) Jean-Edern Hallier, *Les Puissances du mal*.

(12) Sacha Guitry, incarnant le personnage de Talleyrand dans le film *Le Diable boiteux*, face à Lana Marconi. Quand on lui demandait « Comment voyez-vous la vie amoureuse ? », ce même Guitry rétorquait : « C'est très simple : on se veut et on s'enlace ; puis on s'en lasse et on s'en veut. »

(13) Jacques Higelin, « Je ne peux plus dire je t'aime ».

(14) Première lettre de saint Paul Apôtre aux Corinthiens, 1, Cor. 12 : 31, 13 : 8a.

(15) « Mirage de la mer sous la lune, ô l'Amour !
Toi qui déçois, toi qui parais pour disparaître,
Et pour mentir et pour mourir et pour renaître,
Toi qui crains le regard juste et sage du jour ! »
Renée Vivien, *Dans un coin de violettes*, édition posthume.

(16) Jules Barbey d'Aurevilly, « Oh ! Les yeux adorés », *Poussières*.

(17) Jean-Edern Hallier, *L'Évangile du fou*.

(18) Expressions utilisées par Hallier dans *Les Puissances du mal*.

(19) Pierre Matthieu (1563-1621), *Les Tablettes de la vie et de la mort*.

(20) Jacques Brel, « L'homme de la Mancha », « La Quête ».

Fin de siècle, joyau baroque et psychédélique

Diamants noirs, Rolls blanche et eau de Javel…

« Il faut que l'esprit séjourne dans une lecture pour bien connaître un auteur. »

Joseph Joubert, *Carnets,* tome I, 22 février 1799

« Une mélodie s'élevait du haut-parleur d'un tourne-disque sophistiqué : "Shine on your crazy diamond" : Souvenez-vous quand vous étiez jeune, vous brilliez comme le soleil. Brillez donc sur votre diamant fou… »

Jean-Edern Hallier, *Fin de siècle*

« La littérature contient les composantes de la foi : le sérieux, l'intériorité, la musique, et le contact avec les contenus enfouis dans l'âme. »

Aharon Appelfeld (1932-2018), *Histoire d'une vie*

Fin de siècle est le type même du livre qui provoque l'interrogation, l'incompréhension, la détestation, l'exécration, l'admiration, la fascination… Il est aussi une somme de points de suspension. Un texte très électro-rock and folk, punk ou néopunk, breiz-déjanté, libertaire et vodkaïque. Étourdissant, très déconcertant, surtout au moment de sa parution en 1980, comme en attestent diverses parutions de presse [1], cet aérolithe littéraire sera peut-être perçu dans toute sa dimension dans quarante ou cinquante ans. Mais dès à présent, il paraît clair que l'auteur semble avoir pris un malin plaisir à brouiller les pistes, à pratiquer un jeu incessant entre ce qui est réel et ce qui ne l'est pas, au point de provoquer la perplexité du lecteur. Comme se plaisait à prévenir Claude Roy, « la bonne littérature a toujours cette infériorité sur la mauvaise, c'est qu'elle n'est pas simple [2] ».

Le récit s'amorce par l'évocation d'une collision aérienne – d'ampleur pour le moins singulière – survenue en Asie du Sud-Est, à l'aéroport de Bangkok, entre un avion rempli de médicaments de première nécessité, en provenance d'Irlande, et un jumbo de 300 Vietnamiens en partance pour l'Europe qui périssent tous carbonisés... « N'importe quoi, raconte le narrateur, devenait vrai, sauf que la vérité était encore plus cruelle, tandis que l'impassibilité des moines à crâne rasé et à robe jaune safran contrastait avec le brouhaha de marches et contremarches incohérentes. Emporté par la foule, je me retrouvai au bord de la piste au béton brûlant, recouvert sur une vaste superficie d'une sorte de boue, un mélange de kérosène, de bagages éventrés, de papiers, de verre pilé, de gélules bizarres, multicolores, et de quelques gilets de sauvetage, à mesure que de nouvelles déflagrations venaient projeter alentour des objets hétéroclites. »

Pourtant, il ne s'agit là que du début du parcours riche en péripéties d'un archéologue et chasseur de statuettes religieuses locales, dénommé Falchu'un, qui est à la poursuite obsessionnelle et enfiévrée d'une Lisa, femme plus ou moins onirique, elle-même objet de troubles compulsifs, affligée de pertes

Fin de siècle, joyau baroque et psychédélique

hémorragiques et obsédée par ses excréments, avant d'être irrémédiablement rongée par les « métastases sournoises » d'un cancer qui choisit le cerveau « pour porter sa plus dure attaque ».

À travers cette quête tumultueuse, le lecteur est entraîné dans un tourbillon passionnel torride et sulfureux où le narrateur vit et revit très intensément à la fois le présent et le passé, et où l'auteur, volontiers fantasque et épris de fantastique, profite des circonstances pour écrire le « roman de nos modernités » et tenter de décrypter le sens de notre humaine destinée...

Avec en toile de fond Bangkok, le Cambodge et l'Irlande, se tisse ainsi une fresque riche en métaphores cinglantes, en « rayons de soleil fuligineux, perçant sous les nuages noirs et gris, répandant en un bain de vapeurs célestes leur chaleur tropicale ». Il s'agit pour Hallier, comme il l'a confié en postface de son œuvre, « à l'heure où les boat people traversent encore la mer de Chine », de réussir « son impossible gageure », c'est-à-dire de parvenir à « halluciner l'histoire immédiate ». Or, le pouvoir de *Fin de siècle,* c'est précisément de transformer le réel, de rendre à l'actualité les dimensions du mythe et d'attirer à lui les âmes diaphanes.

Qu'importe que cette œuvre métaphysique au cynisme plus ou moins aimable et au lyrisme souvent exacerbé ne tienne pas forcément toutes ses promesses, qu'elle comporte des outrances, et qu'elle incite parfois à se demander si son auteur est un pitre génial ou un génie faisant le guignol. Qu'importe aussi que la démonstration de la responsabilité des tenants du néocolonialisme dans la déstructuration du tiers-monde puisse ne pas convaincre. Qu'importe enfin qu'il y ait de la prétention, de la vanité, de l'arrogance, et une part de mégalomanie dans cette entreprise à la Chateaubriand *new age.*

Hallier, c'est, par essence et par art, l'imparfait du subjectif. Mais il faut savoir gré au pamphlétaire réputé lunatique d'avoir en janvier 1980 embarqué pour l'Irlande afin d'y écrire ce maître-livre où se côtoient et se heurtent les cultures, les mentalités et les mythologies, et où il est si bien rappelé que « pour Zénon d'Élée, dans la mouvance universelle du temps, rien n'est immobile, sauf la flèche en plein vol »… Au fil des pages serties de diamants noirs littéraires s'enchaînent les récurrences – cas de la main en particulier – à grands coups d'effets de style qui n'excluent ni la découverte du mot rare ni une recherche un peu annunzienne de l'expression poétique la plus raffinée.

Alors, puisque le piano de la mémoire sur lequel Hallier joue d'un doigt est bel et bien fêlé et que l'Histoire est cette « lèpre qui refuse de dire son nom », cherchons avec lui le remède pour effacer le passé et le présent, montons à bord de la Rolls blanche de *Fin de siècle,* toutes vitres teintées et conduite par un chauffeur noir, et laissons-nous emporter vers l'avenir… Seul havre, n'est-ce pas Falchu'un ? Oui, toi, Falchu'un, qui, « face au vent » n'est rien, « fétu [3] de plume, rien, trois fois rien, que l'arpenteur d'un chant humain vacant, lentement dévasté par la disparition des mythes (…) ces engrais naturels des peuples ». Bien sûr, il faudra goûter une référence très *vintage* quand ce personnage principal du roman dira : « j'entrai dans une auberge pour téléphoner : pas de ligne », et supporter en sa compagnie l'odeur de l'eau de Javel. Bien sûr, il y aura également le risque d'être quelquefois confronté à un certain ésotérisme ou de ne pas pouvoir se fier à une seule interprétation… Est-ce un risque ? Il suffira de toujours se souvenir que longtemps après qu'il eut écrit *Le Cimetière marin* et qu'il recevait d'universitaires du monde entier des lettres disant : « Voilà à mon avis ce que vous avez voulu dire dans ce poème », un certain Paul Valéry répondait invariablement : « Quand je l'ai écrit, seul Dieu et moi savions ce que cela signifiait. Désormais, il n'y a plus que Dieu. » Et surtout, oui surtout, au terme d'une lecture en forme de jeu de cache-cache où soudain, un chêne, « entrevu dans l'écartement léger des rideaux », sera venu « tarauder l'air de ses moignons noirs et luisants », il y aura le privilège de découvrir la soixantaine d'ultimes pages, admirables, où, pour reprendre les mots de Victor Hugo dans ses *Odes et ballades,* « le style est comme le cristal et sa pureté fait son éclat ».

N'en déplaise à un petit milieu parisien, que Hallier désignait volontiers sous le vocable de « mafia germanopratine », *Fin de siècle* ne saurait être considéré comme une épave du naufrage de la vie d'un romancier. Il est un joyau littéraire, baroque et psychédélique. À lire et à relire. À des années voire des décennies d'intervalle. Pour amateurs de sommets, de haut rock plutôt *hot,* qui apprécient écouter du Pink Floyd et sa musique répandant d'hallucinatoires effluves, à moins qu'ils ne préfèrent du David Bowie, et qui savent se surprendre à siroter, avec modération bien sûr, conformément à la législation, un cognac *extra old* d'excellente provenance, tout en songeant à ce que disait Talleyrand l'aristocrate à propos d'un verre du précieux alcool quand il apprenait à Fouché le Plébéien comment le déguster : un livre comme *Fin de siècle,* on le prend, on le hume, on le repose et on en parle !

> « Le ciel coule sur mes mains
> Ça ne tient pas debout
> Sous mes pieds le ciel revient »
> « Dandy un peu maudit, un peu vieilli
> Dans ce luxe qui s´effondre
> Te souviens-tu quand je chantais
> Dans les caves de Londres ?

Un peu noyé dans la fumée
Ce rock sophistiqué. »

Chris (Héloïse Letissier, dite Christine and the Queens, puis dite),
« Christine » et « Paradis perdus »

« De la merde, tu auras toute la merde de la terre, mon
amour, balbutiai-je. Tu seras riche, tu auras ton tas.
– Et puis, je veux aussi de la merde philanthropique !
Des crottes de cette vieille bique de Mère Teresa, des chapelets
de dragées de la charité, tu me promets, n'est-ce pas ? »
Une odeur nauséabonde emplit la pièce, que je reconnus :
Lisa venait de déféquer au lit, apaisée, elle souriait aux anges… »

Jean-Edern Hallier, *Fin de siècle*

« Il convient donc de se former à cet art de la lecture, celui de laisser
infuser le sens : loin du pointage impérieux du discours
(démonstratif) et de tous ses marquages insistants, laisser
dissoudre librement en soi tout le sens possible, se prêter à
ses sollicitations secrètes et s'engager ainsi dans un
itinéraire qui se renouvelle toujours, à l'infini. »

François Jullien, *Éloge de la fadeur*

---

(1) En particulier dans « Le Monde des livres », le supplément du journal
Le Monde daté du 13 novembre 1980, où la critique – dont le nom n'est
resté gravé, dans la meilleure des hypothèses, que sur sa pierre tombale –
ne se contente pas de manifester son refus de s'extasier devant Hallier et
« la force de sa pensée, qui virevolte à tout vent » : manifestement horri-
fiée par un « fatras » où se chevauchent « aventures à la Tintin, légendes
celtes, paroles bibliques, scènes pornographiques, pollutions nocturnes
d'un ado », elle juge « exécrable » le roman qu'elle dénonce comme du
« n'importe quoi » au pire « style décadent », du « rien du tout »…

(2) « Écrire pour faire se battre ou faire battre le cœur », *Défense de la
littérature*, Claude Roy, Éditions Gallimard, p. 82.

(3) Comme un écho aux mots qu'il avait déjà lancés à sa propre intention
dans son pamphlet *Lettre ouverte au colin froid* : « Edern, Edern, face au
vent, tu n'es rien, fétu de paille, rien, trois fois rien, que l'arpenteur d'un
chant vacant… »

Abécédaire hallierien

Les réflexions et aphorismes contenus dans cet abécédaire s'inscrivent dans le prolongement de deux premiers recueils, l'un publié en 2016 dans *Hallier, l'Edernel jeune homme,* et l'autre, en 2018, dans *Hallier ou l'Edernité en marche.*

Amour

« Personne n'a un plus grand amour que de donner sa vie pour ceux qu'il aime. »
(Bréviaire pour une jeunesse déracinée)

« On perd toujours dans la vie au Grand Prix de l'amour. – Buvons à notre échec ! »
(Je rends heureux)

« Seul le printemps d'amour est éternel. »
(Chagrin d'amour)

« Chacun tue ce qu'il aime. »
(La Cause des peuples)

« L'amour n'est pas seulement aveugle, il fait de nous des imbéciles heureux – et le plus souvent malheureux. »
(L'Évangile du fou)

« Sans ce qu'on appelle parfois l'amour, la vie serait une erreur. »
(L'Évangile du fou)

« Oui. L'amour, le sacrifice absolu, je crois à cela. C'est comme ce qu'on appelle le gambit aux échecs. Se sacrifier soi-même. On a craché sur tout. Sur les diseurs de vérité, dont je suis, et on a craché abominablement sur l'amour, au profit de la sexualité, alors que c'est un des sentiments les plus forts et les plus sacrés. Alors il faut réinventer l'amour. Et en plus, il a ceci de fantastique, et notamment l'amour physique, qu'il produit quelque chose qui n'est absolument pas socialisable. La jouissance n'est pas asservissable aux lois de la société. Elle est antisociale, elle a toujours permis au monde de ne pas crever sur son fumier raisonnable, économique et pseudo-égalitaire. L'amour, c'est aussi la beauté qu'il puisse y avoir en matière d'art. Mais il faut d'abord s'aimer soi-même, pour aimer les autres. »

(*Les Cahiers du journalisme* n° 4, janvier 1998, entretien avec Jérôme Hesse réalisé fin 1981 et diffusé à l'antenne d'une radio locale privée parisienne)

« L'écrivain est le seul voyageur de l'amour qui puisse revenir en racontant son périple nocturne dans le jardin secret de l'éternel féminin. »
(*Femme,* n° 22, février 1987)

« On a beau jeter un voile pudique sur les relations charnelles, c'est toujours quand elles cessent que commence le malheur d'aimer. Tel est l'indicible, il faut le dire. »
(*Femme,* n° 22, février 1987)

Antisémitisme

« L'antisémitisme m'a toujours fait horreur. (...) Si je hais l'antisémitisme, c'est à cause de sa connerie. Sa monumentale connerie, sa monstrueuse, sa dégoulinante et hideuse connerie. Quand j'entends parler les antisémites, j'assiste au brusque enlaidissement de leur visage. L'antisémitisme n'est pas du tout effrayant, il est seulement répugnant, pitoyable et con. Répugnant parce qu'il est dirigé contre le sang et non contre la personne, pitoyable parce qu'il est envieux alors qu'il vou-

drait être méprisant, con parce qu'il consolide ce qu'il veut détruire. L'antisémitisme est un piège où s'engouffre l'antisémite, la plus belle de toutes les inventions juives pour perpétuer la race. »
(L'Évangile du fou)

« Je hais le racisme et l'antisémitisme par toutes les fibres de mon corps – mais rien de plus laid, peut-être, que l'antisémitisme du sionisme... »
(L'Idiot international, 30 janvier 1991)

Aragon (Louis, 1897-1982)
« Ce paon argenté, au col d'astrakan et faisant la roue tout en (...) scrutant d'un regard perçant. (...) Vieux pitre (...) Aragon n'est pas de ceux que les petites lâchetés, les ralliements tardifs ou les trahisons imprévues gênent outre mesure. »
(La Cause des peuples)

Art
« Le narcissisme, c'est la maladie du siècle, et c'est le contraire de l'art. »

(Le Mauvais esprit)

« Tout grand art a une part de sacré qui le rend inaccessible au commun des mortels. »

(L'Évangile du fou)

Attali (Jacques)
« Attali n'a pas démissionné – manque de classe. Attali a plagié – mais parce qu'il manquait de style. »
(L'Honneur perdu de François Mitterrand)

« Regardez Attali, ce courtisan, ce bourgeois gentilhomme s'empatouillant dans ses révérences, ses léchages de cul, ses jabots de dentelle et ses chantages secrets. Ah! Qu'il a bon cœur aussi! Le voici qui s'occupe des pays pauvres. De qui se moque-t-on? Des riches des pays pauvres ou des pauvres des pays riches? »
(*L'Idiot international,* 26 juillet 1989)

Balzac (Honoré Balzac, dit de, 1799-1850)

« Balzac était réactionnaire, royaliste, mais c'était un grand écrivain. »
(Conversation au clair de lune)

« Je suis au fond comme Balzac. Je n'appartiens qu'à un seul parti, le plus grand de tous, "un parti d'opposition qui s'appelle la vie". »
(Le Dandy de grand chemin)

Bedos (Guy)

« Ce comique au talent sans génie. »
(*Télé 7 jours,* avril 1995)

« Cet homme de grande conscience de gauche, donneur de leçons de morale qui vire ses domestiques portugais. »
(dans l'émission « Jean-Edern's Club » diffusée sur la chaîne de télévision Paris Première, le 9 avril 1995)

« Pour redescendre dans la vulgarité ambiante, c'est l'ignoble cabot à moumoute, Guy Bedos, qui fait des tournées partout en répétant que, sous l'occupation allemande, j'aurais dénoncé Jean Moulin. Autant dire que je me serais dénoncé moi-même : je suis Jean Moulin. »
(L'Idiot international)

Bourgeoisie

« Mieux valait débuter dans la vie comme Œdipe, matricule d'une classe ! Les fautes n'en seraient que plus menaçantes d'imprécision, flottantes et innombrables. Toute l'emprise secrète de la société bourgeoise sur ses enfants réside là. Nés coupables, ils vivent honteux, dans une opulence honteuse, avec une cupidité et une sexualité honteuses, sous la réprimande éternelle de leur mère : tu n'as pas honte ? Mais de quelle faute rougir ? Dans ce labyrinthe des culpabilités, les prisons et la liberté sont également inconnus. »
(La Cause des peuples)

Bretagne

« Pauvre Bretagne dont on ne prend que les ministres de l'Intérieur et que l'on gouverne par préfet interposé... »

« Le nouveau drapeau des libertés, il est breton ! »
(propos tenus le 6 juin 1979 dans le cadre de la campagne officielle des élections européennes pour la liste Régions-Europe)

Campagne (électorale)

« À campagne nulle, une juste sanction : votre bulletin nul ! »
(propos tenus le 6 juin 1979 dans le cadre de la campagne officielle des élections européennes pour la liste Régions-Europe)

Camus (Albert, 1913-1960)

« À quinze ans, j'ai écrit mon premier roman, je l'avais intitulé *Les Marionnettes,* je l'avais adressé à Camus chez Gallimard qui ne m'avait pas répondu. Au bout de trois mois, j'ai réussi à prendre rendez-vous avec lui. Au bout de dix minutes de

banalités débitées avec suffisance, il s'est mis à remuer les tiroirs de son bureau, ce qui signifiait, je l'ai su ensuite, que l'entretien avait assez duré. Il y a eu encore cinq minutes de bruits de tiroirs en bois puis il m'a emmené sur sa petite terrasse. Il a regardé le ciel plombé rempli des pigeons de Paris. Avec sa pose affectée, il allait sûrement débiter une phrase profonde, définitive, que je n'oublierai jamais de ma vie entière et qui est enfin arrivée : "Jeune homme, faites de la culture physique !" J'étais stupéfait et furieux. Du ciel gris sont tombées des gouttelettes de pluie. Il se serait assis en cet instant, il aurait écrit : "Il pleut." Je vous jure que ça aurait été du n'importe qui, pas du Queneau, pas du Simenon, pas du Camus, du personne. D'ailleurs, c'était un homme quelconque, une sorte de voyou pompeux, un Espagnol d'Afrique du Nord épris de respectabilité, et complètement dépourvu d'humour. »
(Le Mauvais esprit)

Castro (Fidel)

« Je n'ai pas épargné à Fidel Castro les questions les plus rudes – celles que n'auraient jamais osé poser, de leur côté, Christine Ockrent et surtout Ivan Levaï, que j'aurais vu parfaitement dans les basses œuvres de la presse pétainiste, gaulliste, giscardienne… »
(L'Idiot international)

« Castro est une figure typiquement cubaine, dans la lignée des héros de l'indépendance. Le castrisme, au fond, c'est un cocktail local, le mojito, un mélange de rhum national, de citron vert pour agacer les gencives américaines, d'eau gazeuse – parce que ça gaze malgré tout – et de glaçons de la guerre froide en fin de dégel. »
(propos recueillis, *L'Humanité,* 23 juillet 1990)

Cavada (Jean-Marie)

« Si nul, si prétentieux, falsificateur, que même une radio africaine, même l'empereur Bokassa hésiteraient à l'employer... »
(propos tenus le 6 juin 1979 dans le cadre de la campagne officielle des élections européennes pour la liste Régions-Europe)

Centre de gravité

« C'est à sa poursuite que l'on marche toujours. Qui perd le sien tombe... »
(Fin de siècle)

Chef

« Un chef n'a pas d'enfance, il n'apprend pas, son autorité est innée : seul Plutarque dit le contraire. »
(La Cause des peuples)

Chef-d'œuvre

« Un chef-d'œuvre éternel de la littérature, ça ne se fabrique pas ! Quand bien même y met-on tous les ingrédients, il manque le seul qui fasse la différence, en un noyau infracassable d'illisibilité, le génie créateur – cette force de vérité de l'imaginaire. L'œuvre doit être édifiée avec un seul souci, celui de sa grandeur, pas pour être vendue au plus grand nombre. Si elle se vend de surcroît, c'est bien. (...) À long terme, seules les œuvres d'une grandeur véritable se vendent – et en fin de compte, elles se vendent aussi beaucoup plus. »
(L'Évangile du fou)

Christianisme

« L'intelligence du christianisme, c'est de ne jamais condamner ce qui n'arrive pas réellement, mais de le reléguer dans les débarras de l'onirisme domestique. »
(L'Évangile du fou)

Civilisations

« Les civilisations modernes, en un laps de temps d'une seconde, à supposer que l'évolution de l'espèce soit faite pour quarante millions d'années, en vingt-quatre heures, ont traversé trois grandes périodes : le paganisme, le christianisme et la période civique qui s'achève, celle des États et des nationalismes. »
(discours tenu dans *Fin de siècle* par Kohler, l'un des principaux personnages du roman)

« Oui, nous entrons, sans nous en apercevoir, dans la quatrième période de l'humanité. Ne nous laissons pas abuser, les trois premières ne reviendront plus. Les dieux grecs ont été absorbés par le christianisme, lequel a été absorbé à son tour par les nations modernes. Le débat monothéisme-polythéisme, c'est scolaire, dépassé ! Aujourd'hui, comme vous avez pu l'entrevoir ici, s'ouvre l'ère de la pharmacie… »
(discours tenu dans *Fin de siècle,* par Kohler, l'un des principaux personnages du roman)

Clown

« On peut dire que Jean Cocteau, Picasso, Dalí étaient des clowns… Je veux bien être un clown de ce niveau-là, parce que c'étaient quand même de grands génies. »
(entretien avec Thierry Ardisson, lors d'une émission de télévision diffusée sur France 2 en 1992)

Cohn-Bendit (Daniel)

« Le Till Eulenspiegel de Mai 1968. [1] »
(propos tenus au cours de l'émission de télévision
« Apostrophes » diffusée sur Antenne 2, le 23 avril 1982)

Confort

« Ne confondons pas les mots et ne détournons pas le langage.
"Confort" veut dire "consolation" et je n'ai pas besoin d'être
consolé, je reste un rebelle... Le confort, c'est la société sans
âme que j'ai toujours dénoncée. »
(Le Dandy de grand chemin)

Corps

« ... les politiques n'ont plus prise sur le monde, puisque ce
n'est plus l'esprit mais le corps qui commande. D'où la fin obli-
gatoire des idéologies. Alors, mettons-nous du côté du corps.
C'est la dernière propriété privée inaliénable. Le communisme
international n'y a aucune prise, même s'il vous envoie au gou-
lag. Le corps, c'est le capital et le fétiche de la société d'abondance occidentale. Demain, en l'investissant, au sens
économique et psychique, nous reprendrons le pouvoir. »
(discours tenu dans *Fin de siècle* par Kohler, l'un des principaux
personnages du roman)

Création

« Tout amant est un créateur, et Dieu a créé l'univers d'une
seule goutte de sperme. »
(Fin de siècle)

---

(1) Till l'Espiègle est un personnage de fiction, saltimbanque malicieux et
farceur de la littérature populaire du nord de l'Allemagne.

Critique (littéraire)

« La critique, comme dit Dostoïevski, c'est une mitrailleuse manœuvrée par un adjudant abruti qui tire sur tout ce qui bouge. »
(Le Mauvais esprit)

Cyclisme

« Le vélo, c'est comme la pensée… Elle ne supporte son déséquilibre que par la vitesse. »
(dans l'émission « Apostrophes » intitulée « Les intellectuels et la petite reine », animée par Bernard Pivot et diffusée sur la chaîne de télévision Antenne 2, le 14 juillet 1978. Hallier, qui fut coureur sur piste dans sa jeunesse, y confie qu'il « adore le vélo » et raconte ses deux saisons de compétition.)

Dalí (Salvador, 1904-1989)

« Je suis différent de Salvador Dalí. Dalí aimait l'argent, il le disait, et moi je ne l'aime pas. Dalí avait une vision américaine de l'argent. Moi, j'aime le luxe et je déteste le confort. »
(Le Dandy de grand chemin)

Dandysme

« Je suis entré en littérature par le dandysme. »
(Le Mauvais esprit)

« Moi, je suis comme le cheval des échecs, je saute d'une case noire à une case blanche. J'adore partir en cavale avec la réalité, procéder au détournement des faits, je suis un dandy de grands chemins, c'est là le vrai modernisme, parce que la mode du rétro est en train de passer. »
(Le Mauvais esprit)

Décadence

« Oui, devenir autonome, et se défendre sauvagement comme tel, est le seul recours viable aux tentations de la décadence. »
(préface de *Chaque matin qui se lève est une leçon de courage*)

Défauts

« J'ai tous les défauts, c'est ma principale qualité. »
(L'Idiot international)

Désir

« Entre la naissance du désir et sa fin, il n'y a qu'un rien – qu'un abîme imperceptible entre les actes – une rainure abyssale sur la vitre des apparences, où seul l'ongle d'un enfant laisserait une trace. »
(Fin de siècle)

Dieu

« Notre Dieu, c'est le Dieu de notre enfance, que nous tentons de retrouver après mille et un détours inféconds. »
(L'Évangile du fou)

Drogue

« Un véritable artiste ne peut vivre sous l'emprise d'un stupéfiant. »
(L'Évangile du fou)

« La drogue, c'est la mode des cons angoissés. »
(L'Évangile du fou)

Droite

« Ce qui est sûr, je suis un archaïque et un moderne. L'expression du mariage infernal de la vieille droite et du socialisme utopique français, le socialisme révolutionnaire. »
(propos tenus dans le cadre d'un entretien avec Jacques Paugam, journaliste à France Culture et retranscrits dans le livre *Génération perdue,* publié chez Robert Laffont en 1977)

« Voici une génération qu'avec véhémence et passion, je dis le contraire de ce que je pense. Voici des années interminables que je trompe les autres pour mieux me tromper moi-même. Oui, je suis un homme de droite, un vieux sous-marin rouillé du socialisme féodal – tel que le nommait Karl Marx dans les manifestes du communisme, pour définir la polémique aristocratique. C'est en réactionnaire chateaubrianesque que je suis devenu maoïste. C'est en conservateur à la mode anglaise, façon Gladstone ou Disraeli, que je me suis fait le compagnon de route du socialisme – et des classes moyennes que je haïssais pourtant. C'est comme Bernanos, ou même comme l'ignoble Léon Daudet – vous savez, le célèbre atrabilaire de l'Action française –, que j'ai cru rester de gauche en m'opposant à la guerre d'Irak, ou à l'Europe capitaliste de Maastricht. Pour un peu, j'aurais même été le dernier homme de gauche – à l'instar de ces socialistes qui, après avoir voté les pleins pouvoirs au maréchal Pétain, avaient changé notre carte départementale en mettant Laval à Vichy. Mon maréchal, nous voilà, c'était Mitterrand. (...) Je passe à droite, parce que j'ai perdu ma gauche – ou plutôt parce que la gauche a cessé d'être la gauche dans la pratique du pouvoir. À force d'être un mensonge qui dit la vérité – pour reprendre l'expression de Jean Cocteau –, j'étais devenu une vérité qui ne disait plus que des mensonges. »
(*L'Idiot international,* avril 1993)

« Jours pairs, nous sommes de gauche, jours impairs, nous sommes de droite. »
(propos attribués)

Droits humains

« Les droits de l'homme, c'est l'huile du gargarisme triomphant de la lâcheté de la presse ! »
(L'Évangile du fou)

Duhamel (Alain et Patrice)

« Les frères Duhamel, le régime en attend même un troisième pour la Noël. Des petits Jésus de la lèche éhontée. »
(propos tenus le 6 juin 1979 dans le cadre de la campagne officielle des élections européennes pour la liste Régions-Europe)

Duras (Marguerite, 1914-1996)

« Par ses erreurs de syntaxe – probablement moins volontaires qu'elle ne voudrait le faire croire – elle se donne un genre, à défaut d'un style. »
(L'Idiot international, décembre 1993, puis « Dictionnaire de la littérature française », *Le Refus ou la Leçon des ténèbres)*

Écriture

« Je dis n'importe quoi, mais, hélas ! quand je l'écris, cela devient vrai. »
(Le Mauvais esprit)

« J'ai beaucoup travaillé. J'ai inventé ma langue, le Jean-Edern Hallier. Pendant onze ans, j'ai fait mes gammes sur mon piano de mots. »
(Le Mauvais esprit)

« Écrire, c'est la meilleure manière de ne rien faire, tout en ne cessant de faire. »
(Je rends heureux)

« J'écris parfois comme on dérive. Je lâche les rames et je m'allonge au fond de ma barque pour mieux regarder le ciel. »
(Chaque matin qui se lève est une leçon de courage)

« Écrire, c'est la fusion à froid des hauts fourneaux de l'esprit. »
(L'Évangile du fou)

Écrivain

« L'écrivain vit en France avec cinquante ans de paternalisme. Il est escroqué, absolument, complètement, par les marchands du livre. La situation de l'écrivain en France est une honte. Je ne me bats pas d'une manière révolutionnaire, je me bats pour la reconquête de la dignité de l'écrivain dans ses rapports avec la production. »
(dans l'émission « Deux heures pour comprendre : les rapports éditeurs-auteurs », diffusée sur France Culture, le 11 décembre 1975, et rediffusée le 14 juin 2018)

« L'écrivain est celui qui conserve son enfant le plus longtemps possible dans les entrailles de son imaginaire. »
(Fulgurances)

« L'enfance d'un écrivain, cette mémoire ineffaçable d'un passé précis avec ses hauts lieux d'émotion et de ferveur, de découvertes et d'enchantement, est décisive pour son œuvre à venir. Un écrivain qui n'aurait jamais eu d'enfance ne deviendra jamais un écrivain. C'est ainsi. »
(L'Idiot international, avril 1993)

« L'intellectuel, l'écrivain, est quelqu'un qui doit dire non, je m'oppose, je suis un homme libre, je suis un contre-pouvoir. » (dans l'émission de télévision « Double jeu » diffusée en direct des Folies Bergère, le 19 septembre 1992 sur France 2)

« Depuis Voltaire et Victor Hugo, j'ai été l'écrivain le plus persécuté de France. (…) Depuis les procès intentés à Flaubert et à Baudelaire au XIXᵉ siècle par le procureur Pinard, il n'y a jamais eu d'attaque aussi scandaleuse contre un écrivain. »
(Fax d'outre-tombe)

« Qui seront les écrivains de demain ? Plus que jamais ils seront hors des sociétés littéraires réduites à quelques branloteurs sentimentaux, ou fantasmeurs exsangues. (…) De même que les plus grands tueurs ne fréquentent pas le milieu, les écrivains que j'annonce seront des êtres hybrides, nouveaux docteur Jekyll et mister Hyde, ce seront des dissimulateurs héroïques ! Des enterrés vivants implacables ! Des monstres au regard froid ! »
(L'Évangile du fou)

« Un écrivain est un journaliste du peuple. »
(propos attribués)

Édition

« L'anti-édition, c'est d'abord une remise en question des rapports de l'écrivain et de l'édition. »
(dans l'émission « Deux heures pour comprendre : les rapports éditeurs-auteurs », diffusée sur France Culture, le 11 décembre 1975, et rediffusée le 14 juin 2018)

« Personnellement, je pense qu'il n'y a plus de place aujourd'hui que pour les multinationales de la culture, d'un côté, et l'artisanat réinventé, de l'autre. (…) Les écrivains de moins grandes ventes que moi, les poètes, sont condamnés à terme à disparaître dans le naufrage de l'édition moyenne entreprise. Donc, nécessité absolue pour réinventer la littérature de retrouver l'édition artisanale, c'est-à-dire la réduction complète des frais généraux et le retour au travail véritablement manuel. C'est une bataille à la fois cirstercienne, d'une certaine manière, le retour à la terre, le retour au travail, et mahomiste, par la liaison du travail intellectuel et du travail manuel. » (dans l'émission « Deux heures pour comprendre : les rapports éditeurs-auteurs », diffusée sur France Culture, le 11 décembre 1975, et rediffusée le 14 juin 2018)

Elkabbach (Jean-Pierre)

« Elkabbach aux mains moites de frousse. » (propos tenus le 6 juin 1979 dans le cadre de la campagne officielle des élections européennes pour la liste Régions-Europe)

Empêcheur de tourner en rond

« L'empêcheur de tourner en rond, c'est quelqu'un qui pense par lui-même dans une société complètement conformiste où tout le monde dit la même chose, pense la même chose, salive de la même manière et obéit à la même publicité et à la même politique, c'est quelqu'un de différent, c'est un esprit libre. » (dans l'émission de télévision « Double jeu » diffusée en direct des Folies Bergère, le 19 septembre 1992 sur France 2)

Enfance

« L'enfance est seule contre tous. Je n'arrête pas de payer la mienne. Comme si j'avais fait bien pire que je n'ai fait réellement : on ne prête qu'aux riches. On m'a soupçonné, à juste titre, d'être immensément riche en enfance. » *(Fulgurances)*

« À quel âge commence-t-on ou cesse-t-on d'être grand ? Billevesées ! De quelles certitudes les parents se croient-ils investis ? »
(Le Premier qui dort réveille l'autre)

« Ici, je suis en la demeure des possessions obscures de mon enfance. Tout autour, il me faut la lande humide, le saule rampant, l'ajonc et le callune, le gémissement des violettes et le rire du serpolet, la palpitation des orties et l'envol des bruyères mauves dans l'archipel de verdure pour respirer enfin. »
(Fin de siècle)

Enfer

« Chacun recèle en lui un enfer culturalisé qu'il est incapable d'interpréter ou de rejeter dans ses moments de retour sur soi-même. »
(Chagrin d'amour)

Espérance

« L'espérance, c'est l'amphétamine des imbéciles. »
(L'Évangile du fou)

Essaouira (Mogador)

« Voir Essaouira, cette Bretagne au soleil, et mourir. Ô splendeur multiple du monde… Carrefour tourbillonnant, cocktail enivrant de vents épars, de nausées d'eaux mortes portuaires, et de houles de grand large. Essaouira – longtemps Mogador – fut jadis le *dead end* des hippies, la tête rejetée en arrière, les yeux acides aux pupilles rétrécies, muettes, sèches devant l'arabe, la langue des larmes. »
(L'Évangile du fou)

État

« Aujourd'hui, l'État peut tout, entend tout, voit tout... mais, heureusement, ne comprend rien. »
(Le Mauvais esprit)

Été

« L'été est la seule saison qui se conjugue au passé avec ses couleurs passées, ses parasols décolorés, sa terre battue, lasse de pas perdus, et ses brises pastellisées. »
(Je rends heureux)

Éternité

« Aujourd'hui, en mon train endiablé, quand je me retourne, je vois d'autres enfants qui me poursuivent, et se rapprochent. L'un me ressemble singulièrement, avec ses yeux verts, sa mèche noire. Il me fait plus peur que les autres, avec son air de farouche détermination. Lui est sans pitié. À sa moue dédaigneuse, à son regard perdu et fixe de voyant, je reconnais qui je fus – et qui je redeviens, quand je m'évade de la société des hommes pour travailler à l'un de mes livres. Ô solitudes enchantées ! Ma force d'oubli se déverse souvent en un havre de grâce, un vert paradis où le temps se gonfle, reprenant sa capillarité perdue, sa subjectivité, et ce rêve habité de réel. Elle est partie. Quoi ? L'éternité. La voici retrouvée. »
(Bréviaire pour une jeunesse déracinée)

« Depuis quand sommes-nous ici ?

– Un instant, un grain de blé d'éternité, m'entendis-je répondre à moi-même. »
(Fin de siècle)

« En ma vie outrepassée, s'étendant sur tout le siècle de cendres, après l'incendie du jour, je suis condamné à longer vos continents dérisoires, captif d'une barque d'éternité. »
(Fin de siècle)

Europe

« Pauvre Europe qu'aucun souffle nouveau ne vient rafraîchir... »
(propos tenus le 6 juin 1979 dans le cadre de la campagne officielle des élections européennes pour la liste Régions-Europe)

« Quand va-t-elle mourir enfin, cette chienne [d'Europe] couchée, cette dormante, cette mère efflanquée, ruinée par tant d'avortements ? »
(Chaque matin qui se lève est une leçon de courage)

Exceptions

« Il n'y a plus que des exceptions qui confirment la règle – et la règle ne veut que des exceptions pour maintenir les choses en l'état. Quand on découvre une petite saleté dans les écuries d'Augias, c'est l'écurie entière qui redevient soudain propre, comme par enchantement. (...) Tel est le miracle permanent : chercher la petite bête, cela protège les grosses. Écrasez la puce, vous sauverez l'éléphant. »
(Les Puissances du mal)

Exil

« L'exil est intérieur, l'exil est une nécessité psychique pour l'écrivain (...). L'exil ? Non, ce mot-là n'a plus de sens depuis l'invention du téléphone, du télégramme, du télex, des avions et de la vitesse rapetissante du globe terrestre. De plus,

personne n'est dupe, ni moi du mot exil que j'emploie pourtant, ni les autres qui restent prisonniers du langage du XIXe siècle, incapables de trouver mieux. Plus la terre se réduit, plus les perspectives deviennent immenses. »
(dans un texte intitulé « Journal d'exil » et publié en postface de la réédition de *Fin de siècle* en 1980 et en 2007)

Fax

« Il paraît que je vous insulte par fax. C'est un instrument littéraire qui permet ce jeu humoristique et qui rappelle la grande période des papillons surréalistes. »
(dans une lettre adressée par télécopie en 1992 à Claude Cherki, alors PDG des Éditions du Seuil)

Femme

« Toutes les femmes sont semblables et répondent à d'invisibles modèles, parsemant la nuit des temps : la fille-fleur, Guenièvre ou Yseult. J'ai aimé les mythes d'un amour charnel, réinvestissant en chacune de mes nouvelles conquêtes la souveraineté perdue, blessée, distante de celles dont je rêvais. »
(Fin de siècle)

Finistère

« Il me faut l'opale, le phosphate anhydre et les éboulis pétrifiés de quartz, de feldspath, sur les montagnes noires, où je m'adosse en plein Finistère, pour reconquérir, dur, tendre, la lèvre méprisante et l'âme sèche. »
(Fin de siècle)

Folie

« Je suis un fou socialement raisonnable. »
(dans l'émission « Apostrophes » intitulée « Faits divers », diffusée le 3 juin 1983 sur Antenne 2)

« Quand je vois, ou entends parler de la folie, pour moi qui la connais très bien, qui la conserve comme mon bien le plus précieux, le gage de ma liberté, je m'amuse bien. Grand singe, je vois d'autres singes qui me ressemblent. Singes malades, singes sains ? Que deviendra l'homme ? Sur quel arbre faudra-t-il monter, quelle nouvelle grimace faudra-t-il faire demain ? »
(propos recueillis, *Combat,* 20 décembre 1972)

France

« France, pauvre France dont la citoyenneté ne se réduit plus aujourd'hui, qu'à être un numéro d'immatriculation de la Sécurité sociale. »
(Conversation au clair de lune)

Freud (Sigmund, 1856-1939)

« Tout est paré pour l'agonie : la maladie mortelle de l'Occident a fabriqué sous nos yeux sa culture, et elle a même eu son idéologie – la psychanalyse. Avec son pape, Sigmund Cocaïne, le plus considérable trafiquant idéologique que la terre ait jamais portée. Toute la coke qu'il prenait, il l'évacua dans ses livres – les latrines de son anus cérébral hautement intoxiqué. Du chout aux chiottes à mots ! Ce Freud qui débarquait en Amérique en disant : "Ils ne savent pas que je leur apporte la peste." La peste, non ! Bien mieux, il a fourni la pensée confortable de la mort lente. »
(L'Évangile du fou)

Gauche

« Plus je me sens de gauche, plus je passe à l'opposition. »
(Le Mauvais esprit)

Génération

« Chacun prête à sa propre génération, celle d'hier, le bonheur d'avoir produit moins d'imbéciles. »
(Le Mauvais esprit)

« ... il y a des périodes historiques où toute une génération se trouve coincée entre deux temps, entre deux genres de vie, tant et si bien qu'elle en perd toute spontanéité, toute moralité, toute fraîcheur d'âme... »
(Fin de siècle)

Génie

« Toute parcelle de génie, même infime, vous rend infirme. »
(L'Évangile du fou)

Gicquel (Roger, 1933-2010) [1]

« À la tête de CRS en congé maladie. »
(propos tenus le 6 juin 1979 dans le cadre de la campagne officielle des élections européennes pour la liste Régions-Europe)

Giroud (Léa France Gourdji, dite Françoise, 1916-2003)

« Cheveux courts, idées courtes. »
(dans un entretien accordé à *L'Humanité* et publié le 1er octobre 1990)

---

[1] Dans la seconde moitié des années 1970, il fut un présentateur de journaux télévisés connu de tous les Français.

« Si le président avait pu l'étrangler, la Giroud, avec le cordon de l'ordre, il l'aurait fait ! Vous rendez-vous compte du spectacle ! Mieux que du Chaplin, ou du Mel Brooks, les véritables sketches de l'inconscient des êtres ! Comme il l'a décorée au titre des Arts et Lettres, ce devait être sûrement pour l'ensemble de son œuvre. À commencer par sa nouvelle *Désirée*, sa première œuvrette parue dans le journal de Berlin en français de la propaganda staffel de Goebbels, entre un discours de Hitler et un reportage sur la jeunesse aryenne à l'entraînement. »
(L'Honneur perdu de François Mitterrand)

Giscard d'Estaing (Valéry)

« De Gaulle avait au moins des ennemis, Cohn-Bendit ou Bastien-Thiry, de grands serviteurs passionnés. Giscard, lui, n'a que des valets, la basse-cour journalistique d'une France domestiquée, valets, oui, qui touchent à la fin du mois sur votre propre impôt, le salaire exorbitant, toute honte bue, de la collaboration. Les nouveaux collabos du pétainisme giscardien ripoliné d'économisme. Valets, ils sont de la même trempe que ceux qui dénonçaient les Juifs pendant la guerre. Ici, les goulags, le discours douceâtre du libéralisme éclairé. Aujourd'hui, les valets vous soumettent à un nouvel holocauste, celui de votre courage et de votre volonté. (...) Je tiens à dénoncer (...) la République des valets et des gilets rayés. »
(propos tenus le 6 juin 1979 dans le cadre de la campagne officielle des élections européennes pour la liste Régions-Europe)

Glucksmann (André, 1937-2015)

« Quel dommage qu'il écrive toujours aussi mal, sinon il serait des nôtres. »
(La Force d'âme)

Gracq (Julien, 1910-2007)

« Gracq est mon amitié littéraire la plus ancienne. C'est comme si je le connaissais depuis toujours. Il a été mon professeur d'histoire et géo au lycée Claude-Bernard. (…) Gracq, son vrai nom, c'est M. Poirier. On ne peut imaginer homme plus gris, plus terne, rasant les murs. Il est anonyme comme un espion russe. Il aurait pu faire des hold-up dans des bijouteries. Personne ne se serait souvenu de son visage. M. Poirier est à Julien Gracq ce que le docteur Jekyll est à mister Hyde. Le jour, il a l'air d'un contrôleur du gaz à la retraite, avec son gilet bordeaux et sa verrue au bord du nez. Le soir, des ailes lui poussent. »
(Le Mauvais esprit)

« La prose poétique de Gracq n'a qu'une seule faiblesse, mais essentielle : elle n'arrive pas à s'incarner. »
(Le Mauvais esprit)

« Ce n'est pas le moindre paradoxe de Gracq, il est complètement insensible à la beauté sauf quand elle se transforme en allégorie. (…) Il a gommé sa vie. Quant à sa langue, elle est le fruit d'un art somme toute très moyen, c'est la médiocrité dorée latine, mais repeinte en flamboyant et servie par un muscle exceptionnel, une sorte d'anomalie de foire : son style. C'est le double muscle de Tartarin. Il n'a pas fait exprès car autrement il ne serait qu'un écrivain régionaliste. »
(Le Mauvais esprit)

Haine

« Il faut aimer la haine pour ce qu'elle n'est pas : la réconciliation. »
(La Cause des peuples)

Harem

« La vie en harem a ceci de commode, c'est qu'au lieu de partir en week-end avec une fille à qui vous faites l'amour le temps qu'il faut, ensuite, vous vous regardez dans le blanc des yeux, vous ne savez pas quoi vous dire, vous reparlez, etc., etc. Alors que quand les femmes sont entre elles, il y a une espèce de gazouillement adorable, elles peuvent s'aimer physiquement, et vous restez tranquille… la vie avec plusieurs femmes vous permet de garder votre solitude de poète et d'écrivain d'anti-système, et c'est absolument merveilleux, si j'ose dire, vous n'avez pas le poids sentimental, mélo, chiant, de la relation seul à seul avec une fille, d'une part. Et d'autre part, mes capacités amoureuses, ce n'est pas à moi de les estimer, mais j'imagine que si elles sont avec moi, c'est que je ne les déçois pas trop… » (dans l'émission « Radioscopie » de Jacques Chancel, diffusée sur France Inter en avril 1988)

Hiérarchie

« Les hiérarchies intellectuelles n'ont rien à voir avec l'influence qu'on a pu avoir de son temps. »
(Le Mauvais esprit)

Histoire

« L'Histoire, la vraie, déraille toujours, et nous déverse sur les bas-côtés : 1789, 1830, 1848, 1870 – La Commune – 1917 ; qui prévint ? L'essentiel est de tenter. »
(Chagrin d'amour)

« Mais quelle est cette lèpre qui refuse de dire son nom, l'Histoire, dont les plaies ouvertes ou purulentes ne cessaient de s'écouler dans la boue des charniers universels ? »
(Fin de siècle)

« On ne refait pas l'Histoire… On ne répare pas non plus les accidents de l'Histoire. »

(dans le rôle d'Antoine Fouquier-Tinville, accusateur public du Tribunal révolutionnaire, lors de l'émission « Le Procès de Louis XVI : au nom du peuple français », dont Yves Mourousi était le maître d'œuvre, diffusée en direct sur TF1, en partenariat avec *Le Figaro magazine,* le 12 décembre 1988)

Homme

« Un homme souvent attaqué ne peut être que très bien. »
(Le Mauvais esprit)

Homosexualité

« Le S.S., le bel aryen bond – le garde des camps d'extermination de Juifs –, reste le fantasme le plus dur de l'homosexualité virile. »
(L'Évangile du fou)

Humeur

« Il n'est pas d'âge pour renoncer aux mauvaises humeurs. »
(Chagrin d'amour)

Humour

« L'humour matérialiste est pour moi indissociable de la pensée. »
(propos recueillis dans *Combat,* 20 décembre 1972)

Idiot international (L')

« Quelle idée ai-je eue de relancer le journal de mes vingt ans ? Déjà, j'avais été condamné lourdement. La défense de la politique morale, sœur ennemie de la politique politicienne, ne rapporte pas : je hais ce journal, je le hais de tout mon cœur. Qu'allais-je faire dans cette galère ? Mes excès de lassitude m'ont parfois agenouillé. Il fallait pourtant que ce foutu journal se fît. »

(*L'Idiot international,* mars 1992)

« *L'Idiot international* aura marqué son époque en tant qu'institution insurrectionnelle, inlassablement détruite et ressuscitée. »

(*L'Idiot international,* mars 1992)

Imbécillité

« L'imbécile est celui qui croit que s'asseoir devant un beau paysage lui donnera un poème aussi beau que le paysage lui-même ou qu'en restant six mois dans une île il en ramènera un chef-d'œuvre. »

(Le Mauvais esprit)

« Hélas, tout le monde n'a pas eu la chance d'être né imbécile. Or, en devenir un n'est pas à la portée du premier venu : c'est un travail forcené, qui demande une application hors du commun, une patience surhumaine... Oh ! Dures années d'apprentissage ! »

(Le Mauvais esprit)

Immortalité

« Il y a trois sortes d'immortalités possibles. L'immortalité supérieure : celle que vous confère la vie éternelle. L'immortalité moyenne : l'illusion que votre œuvre vous survivra éternellement. L'immortalité inférieure : celle des académiciens. On s'élève à la première ; et, faute d'accéder à la seconde, ou si rarement que je n'en vois guère plus de six ou sept exemples par siècle, on se rabat sur la troisième. »

(L'Évangile du fou)

« Chers immortels, merci d'être venus à la rescousse de ma solitude ! (...) Ce sont les immortels de tout le monde, de la graine de dieux : ils me reviennent de loin, ces rescapés de la mémoire, ces ressuscités des gouffres gracieux de l'enfance ! Chaque petit garçon a les siens, des enfants des cavernes à ceux des métropoles géantes qui font toc toc sur l'écran et font sortir de leurs télévisions leurs Goldorak, Superman, ou E.T. à eux, pour les enfermer et le retraiter dans des placards merveilleux où les parents n'ont jamais accès. »
(L'Évangile du fou)

Irlande

« L'Irlande sans saumon, c'est comme du café sans sucre. Vous visiterez un jour ce pays splendide où les quatre saisons passent en une seule journée. *A tear and a smile,* une larme et un sourire, comme disent les gens d'ici, un climat imprévisible qui ressemble aux enfants et aux femmes. »
(discours tenu dans *Fin de siècle* par Kohler, l'un des principaux personnages du roman)

Jeunesse

« C'est fou aujourd'hui ce que les vieux meurent vieux. Il n'y a que les jeunes qui meurent jeunes. Au train où ça va, bientôt, il n'y aura plus de jeunes, ils seront tous morts. »
(La Force d'âme)

« Les jeunes générations se ressemblent toutes, elles ne sont ni pires ni meilleures que celles qui les ont précédées. »
(Bréviaire pour une jeunesse déracinée)

« Je n'ai rien à demander aux jeunes, je n'ai rien de bon à attendre d'eux, et m'adresser à eux la bouche pleine de sou-

rires, et de paroles mielleuses, me paraîtrait une flatterie inutile et lâche. »
(Bréviaire pour une jeunesse déracinée)

« J'appelle jeune ce qui est éternel, et j'appelle nouveau ce qui est enraciné dans le passé. »
(propos attribués)

Joie

« La joie est contagieuse. La joie est généreuse. La joie donne et se donne. Elle est miraculeuse, parce qu'elle est désintéressée. C'est sa force – et en ce sens, elle est une offense permanente au bonheur des tristes, ce qu'on appelle le bien-être, la volupté tiédasse de ceux que l'ennui n'ennuie jamais. »
(Je rends heureux)

Jouissance

« Dans un monde si privé de jouissance, où le bonheur est devenu l'idée la plus triste dans l'Europe et le monde, je ramène la jouissance, c'est-à-dire la Révolution, je plante l'arbre de jouissance comme l'arbre de liberté, je suis l'instrument de la jouissance du peuple à tuer, tuer, tuer tout le temps Louis XVI. (...) Plutôt le tranchant de la guillotine que le rasoir grotesque des sondages et les belles chevelures de l'adolescence que les vieilles tondeuses pour les brebis et les moutons de Panurge. (...) Français, encore un effort, coupons Capet ! »
(dans le rôle d'Antoine Fouquier-Tinville, accusateur public du Tribunal révolutionnaire, lors de l'émission « Le procès de Louis XVI : au nom du peuple français », dont Yves Mourousi était le maître d'œuvre, diffusée en direct sur TF1, en partenariat avec *Le Figaro magazine,* le 12 décembre 1988)

Journalisme

« Il n'est pas de sot métier, assurément, mais s'il est un métier prédestiné pour les sots, c'est bien le journalisme. »
(Un barbare en Asie du Sud-Est)

« Être directeur de journal, c'est avoir le droit de dire n'importe quoi. Tel est mon testament politique, je n'ai jamais écrit que des foutaises. N'empêche que c'étaient d'étincelantes foutaises – des conneries fulgurantes, à faire se pâmer n'importe quel admirateur fervent de la langue française. C'est que la langue n'est ni de droite ni de gauche – et c'est bien là son drame. »
(*L'Idiot international,* avril 1993)

« Fini le canigou idéologique et le ronron journalistique ! »
(propos tenus en décembre 1982 à l'antenne d'Amplitude FFI, la « radio des forces françaises inquiètes », dont Hallier fut le très éphémère rédacteur en chef)

« C'est très bien, ça vous élève ! »
(en réplique à un journaliste qui lui disait : « Vos livres, je m'assois dessus », propos attribués)

July (Serge)

« July, c'est un vieux copain – un camarade de régiment gauchiste en quelque sorte. Comme il a éliminé par pesanteur d'apparatchik et forfaits mortuaires tous ceux qui pouvaient lui faire de l'ombre – je veux parler de Sartre, de moi ou de l'admirable Guy Hocquenghem, qui aurait fait de *Libération,* s'il avait vécu, le journal de l'adolescence éternelle –, il n'est plus que l'ombre de lui-même, visage plâtré, pesant masque de chirurgie esthétique après avoir percuté un bougnoule en Solex en rentrant d'une joyeuse nuit de Noël chez Marie-Colette de Mirbeck. (...) Pauvre Serge ! Il est le symbole de l'embourgeoisement de la jeunesse soixante-huitarde. Son drame, c'est

d'avoir été le miroir du renoncement collectif de toute une génération. C'est le type même de l'anarchiste pantouflard : on commence par vouloir poser des bombes et on finit par bomber le torse dans un bureau de cadre supérieur. »
(Les Puissances du mal)

Labro (Philippe)

« Philippe Labro, personne n'en dit du mal. C'est un bien absolu. C'est la vacuité totale. Alors, il y aurait la couverture Harlequin, ce serait la même chose... Philippe Labro est un homme très sympathique. Mais dans ce concert de louanges sans la moindre critique, je suis obligé de verser par-derrière moi, comme une vodka par les Russes, le livre de Labro ! »
(à l'antenne de la station de radio Europe 1 en 1994, à propos de la parution d'un nouveau roman de Philippe Labro intitulé *Un début à Paris*)

Lâcheté

« La force est contagieuse, la lâcheté ne l'est pas moins. »
(Bréviaire pour une jeunesse déracinée)

Lalonde (Brice)

« Heureusement pour lui qu'il est ministre, sinon il serait clochard. »
(La Force d'âme)

Lang (Jack)

« Lang ? Une anagramme de gland ! »
(La Force d'âme)

Le Lay (Patrick)

« Excellence suprême du saint Empire cathodique et apostasique… »
(dans un fax adressé le 1er septembre 1995 au président-directeur général de la chaîne de télévision TF1, *Fax d'outre-tombe : Voltaire tous les jours, 1992-1996*)

Lévy (Bernard-Henri)

« Pensée jetable. »
(l'expression est parfois attribuée à Hallier qui aurait été le premier à l'utiliser au sujet de BHL)

Liberté

« Je suis un des derniers esprits libres de ces temps de détresse. J'aurai combattu comme un fauve, toutes griffes dehors, pour que la liberté ne soit point lettre morte. Pour tout dire, j'aurai été un moraliste combattant, épris de justice jusqu'à la folie, et de vérité, sans jamais perdre l'ironie grand-bourgeoise. »
(dans la préface de *Chaque matin qui se lève est une leçon de courage*)

« Quand la liberté ne s'imagine pas, elle se sclérose. »
(propos recueillis, *Combat,* 20 décembre 1972)

Lindon (Jérôme, 1925-2001)

« Ça doit être terrible de redevenir poussière et d'avoir à se balayer soi-même tous les matins. »
(dans un fax adressé en 1994 à cet éditeur dont la maison, Les Éditions de Minuit, avait connu des jours meilleurs, *Fax d'outre-tombe*)

Littérature

« On ne fait pas de littérature avec de bons sentiments. »
(Le Mauvais esprit)

« Les grandes œuvres sont l'expression conjointe d'un professionnalisme absolu et des déchirures sentimentales de la maturité. »
(Le Mauvais esprit)

« Les œuvres sont comme les comètes. Il y a des époques où elles s'approchent de vous dans le ciel et d'autres où elles s'éloignent. »
(Le Mauvais esprit)

« La grandeur littéraire, c'est qui perd gagne. »
(Le Mauvais esprit)

« Attendre quelqu'un qui n'arrivera plus, c'est ça la littérature. »
(Je rends heureux)

« Quant à ma littérature, je ne savais pas si elle était bonne, mais je savais que c'était ma littérature, elle était ma petite musique à moi, elle était née de moi, autant dans sa substance, que dans ses attaques en rase-mottes contre l'idéalisation – qui guettait le moment où je me fracasserais contre quelque château en Espagne bâti sur le sable des plages corses. »
(L'Évangile du fou)

« À l'heure de l'uniformisation, des dégoûtantes Sibéries en rose de l'Occident, du rictus givré des photos mensongères de familles unies, du tout le monde il est beau, il est gentil, à en vomir, le seul avenir de la littérature est de revenir à ses sources. Alors son pouvoir redeviendra universel ! Tite-Live, Tacite, dont Victor Hugo disait admirativement qu'il était dangereux pour la société, des fouille-merde de grand style ! »
(L'Évangile du fou)

« Il n'y a pas le choix : ou bien la littérature se meurt, écrasée par les siècles de la communication, ou bien elle réinvente sa courroie de transmission avec la réalité, se remet à dire la vérité ; et alors, elle est de nouveau en mesure d'ébranler les régimes et les oligarchies, qui se tiennent la barbichette au-dessus de leur ventre mou de connivence, où il fait si bon planter la fourchette. À l'heure où chacun annonce la disparition de la littérature, jamais auparavant elle n'avait eu cette puissance potentielle. Je la lui promets, je trace la voie de la véritable modernité. Parce que le grand style de la vérité est l'arme abso-lue, et qu'il n'est point d'arme plus terrible au monde que le langage, on s'acharne à le reléguer dans les lointains des cultures archaïques. Or il n'a jamais été plus actuel – je veux dire nécessaire. Pas seulement de sa propre nécessité, il est nécessaire à la liberté humaine… »
(L'Évangile du fou)

« Mon chef-d'œuvre, c'est ma vie, parce que la littérature, c'est la vie elle-même – la vie absolue. »
(L'Idiot international, avril 1993)

Livre

« Les livres écrits sur vous de votre vivant, c'est de la foutaise. »
(Le Mauvais esprit)

« "Tiens, je vais écrire un livre !" C'est aberrant ! Décider d'un livre comme d'une lubie, alors que c'est aussi délicat, sinon plus, que de créer un véritable parfum ou un vin Nuit-Saint Georges. Ça implique une connaissance et un doigté qui ne s'inventent pas. »
(Le Dandy de grand chemin)

« Le livre n'appartient plus aux écrivains mais aux journalistes. »
(dans un entretien accordé à *L'Humanité*, publié le 1er octobre 1990)

Lois

« Les lois sont à l'image des hommes, elles vieillissent, elles deviennent arthritiques, elles n'avancent plus qu'en boitant. Atteintes de la maladie d'Alzheimer, elles deviennent gâteuses – pour tout dire imbéciles, *imbekuleim* en grec ancien. C'est-à-dire qu'elles ont besoin de béquilles pour marcher, puisque les hommes ne s'appuient dessus que lorsqu'ils sont devenus infirmes. Une longue chaîne invisible relie les handicapés moteurs aux handicapés de l'esprit et aux handicapés de la justice, qui sont les mêmes. »
(Les Puissances du mal)

Lune

« La lune est-elle une pièce d'or qui ne tombe jamais ? »
(Chagrin d'amour)

Luxe

« Le luxe, c'est cette échelle invisible qui commence au bon ouvrier, au menuisier, à l'orfèvre, à l'artisan qui aime le bon ouvrage, jusqu'au seigneur qui, comme moi, habite place des Vosges – le plus haut lieu de Paris – qui possédera le tableau le plus rare, le plus recherché, qui tentera de réaliser la meilleure traduction du quatrième chant de *L'Énéide* de Virgile. »
(Le Dandy de grand chemin)

« Le *nec plus ultra* du luxe, c'est la réévaluation fulgurante de ce qui nous paraissait jadis le plus commun. »
(Les Puissances du mal)

Maroc

« Le Maroc, c'est la France – et c'était toute la France, aveugle, l'oligarchie des bons sentiments, qui se déplaçait aussi au bord de la piscine de La Mamounia. »
(Les Puissances du mal)

Martyrs

« L'encre des savants est plus précieuse que le sang des martyrs. »
(Fulgurances, reprise « adaptée » d'une citation de Mahomet ou d'une autre phrase)

Maturité

« Il est une heure dont on ne peut revenir, celle de la maturité. Elle ne sonne jamais. Mais si, par inadvertance, vous vous retournez sur le chemin parcouru, jonché de tant d'enfantillages, il se peut que vous découvriez, avec un serrement de cœur, qu'elle est passée depuis longtemps. Alors, vous courez sur ce chemin, poursuivant des gens, des choses qui ne se rattraperont plus. »
(Chagrin d'amour)

Mazarine (Mazarine Pingeot, dite)

« Elle a déjà son nom de rue, la gamine, la rue Mazarine ; mais elle, personne ne la connaît, comme il sied à cette petite princesse inconnue. Cette rue est parallèle à la rue Dauphine, comme le destin de cette petite aurait dû être celui d'une dauphine. Elle se prolonge aussi par la rue de l'Ancienne-Comédie, la comédie mitterrandouteuse. »
(L'Honneur perdu de François Mitterrand)

Médias

« Le charme des médias, c'est la puissance de vous engloutir dans les miasmes de l'oubli coupable. »
(Je rends heureux)

Mer

« Enfant, aimez-vous la mer ? Moi, je l'aimais d'autant plus passionnément, en Bretagne, qu'habitant l'intérieur des terres, elle ne s'étendait pas derrière nos vastes fenêtres à croisillons. »
(Fin de siècle)

Métaphore

« La métaphore est celle de toute la littérature. Là où les autres ne voient rien, il faut introduire le réalisme comme une nouvelle dimension de l'imaginaire. »
(propos recueillis, « Jean-Edern Hallier tel qu'en lui-même », *Le Monde,* 10 au 11 décembre 1976)

Métaphysique

« Ce autour de quoi j'ai toujours rôdé, ce chien efflanqué de la métaphysique. »
(Fulgurances)

Miroir

« Pour voir clair dans un miroir... qui est continuellement brouillé par notre respiration, il faut donc avoir cessé de vivre. »
(Chaque matin qui se lève est une leçon de courage)

Mitterrand (François, 1916-1996)

« Un mélange de sous-préfet au champ lamartinien et de M. Perrichon contemplant la mer de glace du haut de la roche de Solutré. »
(Le Mauvais esprit)

« Mitterrand était un arbre. La preuve, il n'a pas arrêté de se planter. »
(Fulgurances)

« Mitterrand devrait m'être reconnaissant, j'en fais un personnage vivant. Je le fais même revivre. »
(L'Honneur perdu de François Mitterrand)

« – Surtout, ne croyez pas queue se justifiait déjà Tonton [1].

Le Q prolongé, le E interminable ! Eueuh ! Une manière bien à lui d'insister sur la cheville syntaxique, pour masquer son irritation.

– Queue…

Les oreilles et la queue ! »
(L'Honneur perdu de François Mitterrand)

« Mitterrand répète toujours, selon un même processus mental, la même supercherie. Sa seule finalité : se faire valoir. »
(L'Honneur perdu de François Mitterrand)

« Il croyait qu'il ne serait pas élu, parce qu'il était inéligible.

Étant le premier à savoir qu'un président de la République ne peut se permettre ce qu'un homme privé a tout loisir de faire, il n'a pas hésité à enfreindre la règle qui veut notamment que le chef de l'État soit un modèle familial, ce que ni lui, ni son épouse Danielle, dont il vit séparé depuis dix-sept ans, ne peuvent se targuer d'être.

---

[1] Surnom donné par *Le Canard enchaîné* à M. Mitterrand quand il était au pouvoir.

Il était inéligible parce que si nos prétendues élites sont libre-échangistes, la moralité publique, elle, ne l'est pas.

On connaît tout de la vie privée des acteurs, la plupart s'étalent au grand jour. Pourquoi n'aurait-on pas le droit de se pencher sur celle de ces cabots de seconde zone, les politiciens ? Puisqu'ils ne cessent de donner des leçons de morale, qu'ils commencent par eux-mêmes. Si on ne les contrariait pas, tellement ils se tiennent entre eux, la théorie de Popper s'en trouverait confirmée.

À savoir : l'habit ne fait pas plus le moine que la fonction ne crée l'organe. »
(L'Honneur perdu de François Mitterrand)

« En vérité, ne mérite le nom sacré de Résistant que celui qui a pris les armes avant 1942 – Jean Moulin, Manouchian, de Gaulle, plus les lycéens du 10 novembre 1940, avec Pierre Daix, sur la place de l'Étoile, alors que tout paraissait perdu. Comme la plupart des Français, Mitterrand se serait parfaitement accommodé de l'Occupation. "J'ai le poumon écologiste, je sais d'où vient le vent", dit-il. Ce n'est pas si sûr. Tout démontre même le contraire, il n'a jamais ramassé les fruits du temps quand ils étaient mûrs mais à terre et pourris. Il n'a pas été dans l'éternel camp des héros mais dans celui des profiteurs. Il s'est aligné dans la grande rafle des prébendes résistantialistes et des postes à pourvoir : c'est pourquoi il n'a résisté activement que dans les cinq derniers mois de l'Occupation. »
(L'Honneur perdu de François Mitterrand)

« Le malentendu entre Mitterrand et moi, c'est qu'il ne comprend pas les lois secrètes de la littérature. »
(Le Mauvais esprit)

« Je suis son épine dans le pied : plus il me marche dessus, plus je l'empoisonne. »
(Le Mauvais esprit)

« Mitterrand se baladait toujours avec son mur des lamentations portatif : Elie Wiesel. »
(propos attribués)

« Qu'y puis-je si je dis avec style que le président de la République, autoproclamé nombril du monde, n'est qu'un gros poussah gélatineux dont le ventre ballonné, orné de cet orifice disgracieux, ressemble à un gros œil lubrique qui lorgnerait sur un peuple de grenouilles déférentes. »
(La Force d'âme)

« La postérité se souviendra que Mitterrand était président de la République sous Jean-Edern Hallier. »
(L'Honneur perdu de François Mitterrand)

Monde

« Et comment aurait-on pu, après la paix de Genève, en 1975, penser que l'Asie du Sud-Est intéresserait encore ? Las, les conséquences de la fin de la guerre du Vietnam et de la défaite des Américains auront été incalculables : tout un sous-continent, en proie à l'érosion interne et à un formidable glissement de terrain, est en train de s'effondrer comme une falaise d'où nous contemplerions paisiblement l'océan, assis tout en haut, tandis que les vagues invisibles la minent implacablement en dessous. Boat people, pirates, réfugiés, famine au Cambodge, colonie de peuplement, nouveau capitalisme sauvage chinois, montée de l'Islam sont autant d'intersignes – termes désignant dans les légendes de la mort de Basse-Bretagne les mauvais présages – de ce prochain changement

de la carte du monde, sur de vastes territoires, qu'aucun traité de Yalta n'aura fixé... »
(Un barbare en Asie du Sud-Est)

Mort

« Il faut faire trembler le temps qui nous reste à vivre, en épuiser tout le possible, puisque la mort, cette inconnue, cette redoutée, surgit au-dedans : désormais, je suis pressé. »
(Chagrin d'amour)

« De mort véritable, d'agonie au grand jour, il n'y en a presque plus jamais. Pas plus qu'on ne rencontre de vraie vie dans nos sociétés domestiquées, anesthésiées, miradorisées par la communication qui plante ses aiguilles lobotomiques dans le cerveau, bizarres antennes de fourmis électriques sur les toits qui constituent aujourd'hui les fils de fer barbelé d'un immense camp d'autoconcentration hertzien. Tous des zombies sous contrôle ! Où sont les vivants ? Je ne vois autour de moi, à perte de vue, que le pullulement de moribonds atteints de longévité. Même pas malades ! On ne supporte pas plus la maladie que la mort : on envoie à l'hôpital, ou on évacue discrètement les cadavres. »
(L'Évangile du fou)

« Mort, je t'attends. Mort, tu t'annonces en une flamboyante fin d'hiver. Pourtant, tu n'arrives pas. Quand ce temps ruisselle et s'attarde, moi, au moins, je sais qu'il ne me reste plus longtemps à vivre. Or cette durée s'est raréfiée, je suis en mesure de l'éterniser ; les derniers feux du soleil, le feuillage vert-de-gris effleurant au cuivre roux des frondaisons, la confusion du hier et du demain, l'inversion soudain effervescente du temps qui passe émoussent les sens en donnant l'illusion au contraire qu'elles affirment – comme ces drogues dont, à force d'en avoir abusé, nous autres, vivants de trop de saisons, l'effet n'est plus

que d'une accoutumance exacerbée, un surentraînement à la beauté qui vous en détache lentement. »
(Fin de siècle)

« Chaque homme meurt toujours seul, dans son Sahara intime : mais s'il en sort, s'il arrive de l'autre côté du vent, il est le plus grand. »
(L'Évangile du fou)

Mots

« Les mots ont parfois plus de résonance que les actions les plus explosives. »
(Le Mauvais esprit)

Mougeotte (Étienne)

« Ce faux derche revenu de toutes les gauches. »
(propos tenus le 6 juin 1979 dans le cadre de la campagne officielle des élections européennes pour la liste Régions-Europe)

Mythes

« Ces engrais naturels des peuples. »
(Fin de siècle)

« Hélas ! L'érosion a ravagé les doux plissements hercyniens de nos contrées européennes. La terre vive s'en est écoulée, la dénudation est presque achevée. Bref, plus personne ne pense durement ce qu'il pense, tout se liquéfie, plus rien ne retient à rien, ni la racine au roc ni les parapets penchés de rotin au sable face à l'avancée de la mer. Partout on se laisse défaire. Or les mythes sont les cônes durs, les tertres noirs, ces sides du pays de Galles, ces points obscurs d'ancrage de nos cultures qui les forcent à se ressouvenir, dans les périodes difficiles, de

ce qu'hier elles furent et demain elles devront être pour se perpétuer. Dur labeur que d'avancer à contre-courant, avec la pente même des idées générales des contemporains, alanguies et molles, dévastées par les sous-cultures et vous dévalant sur le torse, s'écoulant dans le grand enfoncement du thalweg occidental. »
(Fin de siècle)

Nabab

« Le nabab, c'est d'abord un débauché de l'imaginaire qui en rêve toujours beaucoup plus qu'il n'en fait, mais à qui l'on en prête bien plus, comme à tous les riches, en or du temps... »
(L'Évangile du fou)

Obéissance

« L'obéissance, cette valeur de l'idiotie aristocratique. »
(L'Évangile du fou)

Oubli

« Qu'est-ce qui résiste à l'eau de l'oubli ? Il en est des civilisations comme de la mémoire humaine : tout signe devient indéchiffrable dès lors que monte hors de son lit le fleuve indécis, cyclique, du temps. »
(Fin de siècle)

Pascal (Blaise, 1623-1662)

« Pascal n'était au fond qu'un grand avocat. Il plaide une cause. Il cherche à convaincre un jury d'incroyants, pas à le convertir. Il innocente Dieu aux yeux de la justice raisonnable des hommes. La foi de l'adulte, c'est toujours un peu le pari pascalien. Il rassure les athées en bourrant la religion de doutes au

détriment de la foi elle-même qui passe au second plan, cette chose incroyable que de croire en un seul Dieu créateur du monde passe dès lors pour un calcul de la raison. Pour l'enfant, rien de tel. L'enfant est un petit croyant. On peut lui faire avaler n'importe quoi. Il croit à tout. »
(L'Évangile du fou)

Pastiche

« Presque tous les écrivains médiocres sont des pastichouilleurs impavides, délétères et involontaires des influences qu'ils reflètent malgré eux, parce qu'ils n'ont pas pu les dominer en les approfondissant consciemment. Un artiste ne devient grand qu'après avoir pastiché en toute connaissance de cause les maîtres qu'il admire. (…) Si vous n'êtes pas capable de faire du Chateaubriand le lundi, du Racine le mardi, du Céline le mercredi – encore que pour celui-ci, c'est presque trop facile, tellement les procédés sont énormes… –, du Lamartine le jeudi, et du Bossuet le Vendredi saint, vous n'arriverez jamais au dimanche de votre vie – votre jour du seigneur des lettres. »
(L'Idiot international, avril 1993)

Pavlov (Ivan, 1849-1936)

« Le grand penseur du siècle n'est ni Marx ni Freud, mais Pavlov avec ses chiens salivant à la cloche de la consommation et de la nouveauté. »
(L'Idiot international)

Peuple

« Le peuple français est un peuple emmerdeur. Vive le peuple ! »
(dans l'émission de télévision « Double jeu » diffusée en direct des Folies Bergère, le 19 septembre 1992 sur France 2)

« Certes, l'oligarchie politico-journalistique française est libre-échangiste, mais le peuple ne l'est pas, et veut savoir pour qui il vote, et à qui il paye ses impôts. »
(L'Honneur perdu de François Mitterrand)

Picasso (Pablo, 1881-1973)

« L'œuvre de Picasso, c'est nous tous qui l'avons faite. C'est un précipité, au sens chimique du terme, au moment même de la transformation des horreurs et des beautés du monde moderne. Sa cohérence nous échappe, parce que c'est une lenteur qui passe trop vite – une suite de spectacles immobiles qui file à la vitesse de la lumière d'un trompe-la-mort pour nous autres, pauvres humains. Picasso, c'est un train d'enfer entre deux vertes prairies. C'est le contraire de la vulgarité journalistique, l'œil de vache de l'objectivité. »
(Les Puissances du mal)

Poésie

« La force de toute poésie véritable, c'est qu'elle est irréductible à la marchandise. »
(Journal d'outre-tombe)

Poète

« Le jour allait tomber. Je redevenais ce que je n'aurais jamais dû cesser d'être, un poète des ténèbres. Qui m'entendrait ? Des idiots ou des génies. »
(Fin de siècle)

« J'ai sucé le sang de l'immense corps social en vampire impavide, mais des blessures que m'a infligées l'époque, s'est toujours écoulé le sang d'un poète. »
(L'Idiot international, avril 1993)

Politiciens

« La stupéfiante bêtise des politiciens m'a toujours ravi. Aucune espérance ! Pas le moindre souffle de l'esprit ! La civilisation française n'est plus qu'un souvenir écrasant. »
(Les Puissances du mal)

« Les gens qui nous gouvernent, si on gratte un peu, ce sont des tartufes ; une bourgeoise avortée. »
(Le Mauvais esprit)

« Les politiciens, ce qu'ils ne supportent pas, c'est l'humour. L'oppresseur, de droite ou de gauche, ne compose jamais avec le rire : c'est l'hommage qu'il rend à sa puissance. »
(Le Mauvais esprit)

« Les politiciens, dès qu'ils s'emparent des choses, elles perdent leur contenu. Ce sont de vieux singes avec qui les cacahuètes sont toujours vides. »
(Le Mauvais esprit)

« Les politiciens sont les derniers à s'apercevoir que le monde change. »
(Le Mauvais esprit)

Politique

« La politique (...) ça ressemble au jeu de l'oie : l'intelligence est toujours banalisée, remise huit cases en arrière. »
(Le Mauvais esprit)

Pompidou (Georges, 1911-1974)

« Pompidou : enterrement en toute simplicité, chant grégorien et poutres apparentes ; la platitude des parvenus qui affectent le naturel. Car si ce président vola, ce fut toujours assez bas et vulgairement, plus grossier que méchant, plus viveur que

vivant. Sa longue maladie ne fut jamais que le pléonasme de sa vie : le pourrissement. »
(Chagrin d'amour)

Poniatowski (Michel, 1922-2002)

« Poniatowski, un prince ? Même pas, non plus. Nous irions de désillusions en désillusions : ce bâtard n'avait pu reprendre le titre que quinze mois après la disparition de la famille. Un usurpateur de plus. Dans son rôle de ministre de l'Intérieur, il s'installerait au centre de tous les circuits électriques de la machine. Un prince, désormais, ne gouvernerait pas la France secrètement, mais un Polonais ! Vive la Pologne et les Polonais ! Vive les titres, surtout quand les seuls vrais titres que détiennent ces gens sont déposés dans les coffres-forts de voleurs de la nation, dans les caves blindées des banques. »
(Chagrin d'amour)

Postérité

« Seules les âmes excessives, les grands rapaces d'eux-mêmes, ont quelque chance de laisser les empreintes de leurs griffes dans le champ des hommes. »
(L'Évangile du fou)

« Il faut toujours jouer à qui perd gagne. C'est que j'ai une vilaine chienne qui ne cesse de me mordiller les mollets. Elle est pelée, sale, fourbe. J'ai beau lui flanquer des grands coups de pied pour la faire fuir, elle s'accroche toujours à mes basques. La vie m'a rendu inséparable de cette chienne de ma vie. Elle a un nom : Postérité. »
(L'Idiot international, mars 1992)

« Vous pouvez me tuer, mon œuvre me survivra, elle vivra toujours ! »

(propos attribués, réputés tenus un pistolet sur la gorge, dans le cadre d'une agression commise fin janvier 1989 par plusieurs individus armés, en présence de M. Tapie, dans une chambre de l'hôtel Concorde Prado à Marseille, et cités par Christopher Vadot dans *Tapie de a à z*, paru chez Albin Michel)

Pouvoir

« Tout pouvoir a besoin de s'inventer une légitimité. »
(Le Mauvais esprit)

Presse

« La presse, je l'aime d'un bel amour déçu. Plus je lis les journaux, plus je suis fou de n'y point trouver ce que j'attends, et plus je deviens mélancolique d'une autre presse, à inventer avant qu'il ne soit trop tard. »
(Un barbare en Asie du Sud-Est)

« Toute entreprise de presse est fiction. »
(Chagrin d'amour)

Prison

« Je ne demande pas mieux que d'aller en prison pour mes romans : je me laisserai pousser la barbe pour avoir la peau plus fraîche au bout de huit jours. La prison, c'est la santé ! Je me ferai envoyer des petites gâteries, je travaillerai sans être dérangé par le téléphone. Et puis, ce sera un peu un contrat de solidarité avec le gouvernement sur mon silence. »
(Le Mauvais esprit)

Provocation

« Un provocateur, c'était un mot merveilleux autrefois, quand on faisait de la vraie provocation... Le mot a perdu une partie de son poids. »
(dans l'émission de télévision « Double jeu » diffusée en direct des Folies Bergère, le 19 septembre 1992 sur France 2)

« La provocation n'est intéressante que si elle s'inscrit dans le cadre de la vérité, de dire la vérité contre le mensonge. »
(citation attribuée et rapportée par le site d'information Breizh-Info)

Prost (Alain)

« Le *nec plus ultra* du chic, c'est de se faire raccompagner en voiture par Alain Prost. (...) Prost se cherche une seconde vie, il s'ennuie, il a l'impression d'être une potiche. Il y a une droiture en lui qui me plaît – et qui ne ressemble en rien à son image médiatique. Le quadruple champion du monde me raconte comment il dînait seul avec son grand rival Ayrton Senna, et qu'ils se disaient tous les deux qu'ils étaient les meilleurs. »
(*Journal d'outre-tombe,* 22 avril 1995)

Racines

« Par mon hameau que je n'ai point perdu, par les trois fontaines, le petit bois, les ormes gris, l'allée de châtaigniers, le lac du rire, la petite chapelle, par tous les décors familiers, je revendique mes racines aux fibres de chênes et les revers ténébreux de mes ramures européennes. À l'heure où les noms perdus de la présence humaine s'en vont aussi, vers les arbres dormants du grand jardin, personne ne sait si votre corps n'est pas une plante que la terre a faite pour donner un nom au désir. »

(Fin de siècle)

Radio

« On sera une radio de la provocation. Et j'en donnerai des leçons... Les trois vecteurs seront colère, poème et contre-information. Contre la créativité et pour les créateurs. Contre l'animation culturelle et pour la culture. Une radio de parti pris, tous les partis, pourvu qu'ils soient bien pris... »

(propos tenus le 30 août 1982 lors de la conférence de presse organisée à Paris à l'occasion de la création d'une « radio libre », Amplitude FFI, « radio des forces françaises inquiètes », rebaptisée à sa demande, après des débuts amorcés en 1981 à l'Institut supérieur de gestion sous le nom d'Amplitude 8. Dès décembre 1982, une assemblée des animateurs mettra fin, en l'absence de Jean-Edern et à l'unanimité, à ses fonctions de rédacteur en chef. N'ayant pas été autorisée par la Haute Autorité, la station cessera toute émission le 28 août 1983, après avoir fait l'objet d'une saisie.)

Religion

« Je ne suis pas pour la religion catholique, mais je suis pour la religion catholique dans la mesure où elle est la mienne ; je suis pour toutes les religions comme je suis pour toutes les valeurs : je suis pour l'hindouisme, je suis pour le judaïsme, je suis pour l'islam, je suis pour toutes les religions, pourvu qu'on croie, qu'on recommence à vouloir croire, qu'on recommence à vouloir dire "oui". »

(propos tenus lors d'un entretien avec Jean-Louis Servan-Schreiber, dans l'émission « Questionnaire », diffusée le 4 novembre 1981 sur TF1)

République

« Rejetez la République des valets ! »
(propos tenus le 6 juin 1979 dans le cadre de la campagne officielle des élections européennes pour la liste Régions-Europe)

Rêve

« Jetons-nous dans le champ d'épandage du songe, en éboueurs de l'irréel, même s'il n'y a rien à y chercher, rien à y trouver. Les rêveurs sont des imbéciles qui croient avoir de l'imagination. Un rêve, ça ne s'interprète pas : c'est une régression du réel. Il n'y a pas de symbolique dedans, sauf pour les charlatans. »
(Je rends heureux)

« Jamais je ne rêve. C'est le poids de mes nuits qui déverse dans mes livres des rêves dont je ne me souviens plus au matin. Plus je dors, plus ces rêves sont incommensurables, et plus je me jette sur la page blanche pour déverser le monde inconnu que j'ai dans la tête. »
(L'Évangile du fou)

Révolutionnaire

« Un révolutionnaire, c'est toujours l'unanimité contre lui. »
(au cours d'un entretien avec Thierry Ardisson, dans l'émission « Lunettes noires pour nuits blanches », diffusée le 7 janvier 1989 sur Antenne 2)

Rinaldi (Angelo)

« Un tueur-critique corse – autrement surnommé, à cause de sa petite taille, au sens propre comme au sens figuré, Tom Proust. »
(Carnets impudiques)

Rolland (Romain, 1866-1944)

« C'est beau ce qu'il a écrit, ses livres sur la musique. C'était un pacifiste. »
(Conversation au clair de lune)

Roman

« C'est après avoir dépassé la quarantaine que l'on peut écrire de grands romans. C'est avec le tanin de la mémoire, quand il finit par se déposer au fond de la bouteille du temps perdu que l'on crée, il faut faire cuver, il faut avoir souffert aussi, avoir été dépossédé de tous ses héritages pour entreprendre cette reconquête chimérique, une reprise de possession fictive des choses, une maison perdue, une société défunte, ou une patrie effacée. Joseph Conrad, James, Dostoïevski, Proust, de la vieille société bostonienne à la vieille société perdue du faubourg Saint-Germain, c'est toujours cette dimension fantomatique qui fait le grand roman. »
(Le Mauvais esprit)

« La substance même du roman, c'est la femme, le levain dont on fait le chef-d'œuvre. Pas de grand roman qui n'ait été traversé par une femme. »
(L'Évangile du fou)

« Mon roman, c'est le Don Quichotte français. »
(Conversation au clair de lune)

Saint Bris (Gonzague, 1948-2017)

« Gonzague, c'est Freud à minuit et Proust le jour retrouvé, Alfred de Musset toute l'année durant, le tout revu par Barnum pour les cirques crépusculaires de notre fin de siècle. C'est mon ami, et un écrivain quand sous la manchette se tracent les mots de la main inlassable et magicienne. »
(dans le magazine *Il*)

Saint-Simon (Louis de Rouvroy, duc de, 1675-1755)

« *Les Mémoires* de Saint-Simon, un chef-d'œuvre de la plume d'oie trempée dans les pots de chambre de la cour de Versailles ! »
(L'Évangile du fou)

Sartre (Jean-Paul, 1905-1980)

« Quand il fait l'exégèse des grands écrivains, incapable de les appréhender dans leur essence, il se rabat platement sur l'explication psychanalytique : sa maman ne l'aimait pas (v. *Baudelaire, Saint Genet : comédien et martyr, L'Idiot de la famille*).

Son théâtre : un boulevard où l'idée remplace le caleçon des amants (v. *Huis clos*). En fait, il n'avait pas la puissance littéraire de ses idées. »
(L'Idiot international, décembre 1993, puis « Dictionnaire de la littérature française », *Le Refus ou la Leçon des ténèbres*)

Sécurité

« On nous rebat les oreilles avec la sécurité. Le pouvoir quel qu'il soit ne cherche au fond qu'une chose : trouver le moyen de mettre le peuple en sécurité. C'est-à-dire le séquestrer. »
(Le Mauvais esprit)

Sexe

« Mon couilliculum vitae est excellent. »
(L'Idiot international)

Simon (Claude, 1913-2005)

« …vieille baderne militaire fascinée par la cavalerie et Faulkner, dont il avait emprunté pour habiller sa prose le monologue intérieur et le participe présent. »
(*Paris Match,* 24 avril 1994)

Sincérité

« La sincérité, c'est le talent des gens qui n'ont pas de talent. »
(Le Refus ou la Leçon des ténèbres)

Socialistes

« À chaque fois que j'écris sur les socialistes, j'ai l'impression de me salir les mains. »
(La Force d'âme)

Société

« Nous vivons – fondamentalement – dans une société du spectacle, de l'immédiat, où il y a une sorte de bête du Gévaudan qui s'installe dans le cou des gens et qui bouffe actuellement toutes les causes. Je pense qu'être au centre d'une société, c'est pouvoir intervenir, c'est pouvoir être un homme seul, et faire effraction soudaine, irruption dans cette société du spectacle. Il est extrêmement désolant de voir aujourd'hui que les idées ne cheminent plus, ce que nous appelions du temps où nous étions marxistes, la vieille taupe… En mai 1968, nous parlions de lutte de classes. Puis nous avons commencé à parler de lutte de classes à la première personne. Puis nous avons commencé à parler d'individualisme. Et aujourd'hui, je parle du pouvoir aristocratique de certains individus d'intervenir dans la société. »

(« L'homme en question. Jean-Edern Hallier », émission de Pierre-André Boutang, réalisée par Jean-Daniel Verhaeghe et Jean Baronnet, et diffusée sur France 3, le 9 juillet 1978)

« C'est le combat permanent des vivants et des morts, des vivants d'aujourd'hui, et des faux vivants, c'est-à-dire des morts qui nous entourent. Les gens aliénés, les gens qui ont choisi les mille formes de servitude que propose la société. Moi, je suis un homme libre, c'est-à-dire un homme inutile. Je ne fonctionne pas dans le système du rendement que veut notre société actuelle. Je ne fais pas partie non plus de ce que j'appellerais le régime marchand et économiste. J'appartiens à la grande famille spirituelle. Je suis un maître à dépenser, à interpeller notre société. Et j'ai l'habitude de la haine, qui est de même nature que l'admiration, comme disait Freud. »
(*Les Cahiers du journalisme* nº 4, janvier 1998, entretien avec Jérôme Hesse, réalisé fin 1981, et diffusé à l'antenne d'une radio locale privée parisienne)

Société de consommation
« Les bouleversements qui se préparent en Europe dépassent tout ce que nous imaginons – et la fin du communisme ouvrira toutes grandes ses portes à l'envers du décor de la société de consommation, la misère du capitalisme. »
(L'Idiot international)

Sollers (Philippe)
« J'adore Sollers, très méconnu pour ce qu'il vaut réellement. C'est un immense critique : il parle admirablement bien de ce qui est meilleur que lui. La preuve : il a souvent écrit sur moi. »
(*Le Figaro littéraire,* 12 mars 1992)

Sud (Amérique du)

« Notre Grèce, pour les Byron du XXᵉ siècle… »
(Chaque matin qui se lève est une leçon de courage)

Suisse

« Terre de liberté intellectuelle dans tous les sens du terme. »
(propos recueillis en juin 1983, sur la terrasse de l'hôtel Hilton
à Genève, par Daniel Monnat, dans le cadre d'un entretien filmé
par la RTS – Radio-télévision suisse)

Supériorité

« … Comme Claudel et Valéry, Verlaine et Rimbaud, Blondin et
Nimier… C'est l'air raréfié des sommets, la conscience intime
d'une supériorité partagée, et la plus admirable des rivalités,
celle qui passe par le respect d'autrui, et qui devient conscience
spéculaire de soi-même. C'est tout le contraire du narcissisme.
On n'est jamais seul au-dessus du lot. La véritable supériorité,
c'est d'être deux à être seul. »
(Journal d'outre-tombe)

Tapie (Bernard)

« Quand je me souviens de son visage, j'ai envie de le dessiner,
ce taureau de l'imposture intégrée. Il ressemble à un tableau
de Picasso, avec ses yeux si écartés d'un bord à l'autre de la
tempe qu'on le voit de face et de profil simultanément. Taureau,
oui – mais plus encore le visage humain du buffle qui sent le
vent et va foncer sur le tireur. Contemplez ses naseaux, il en
sort quelques vapeurs postindustrielles ! – celles des grands
dépeceurs, des charognards d'entreprises. »
(Les Puissances du mal)

« Après avoir dévalorisé la politique, l'entreprise et le sport, c'est le métier d'acteur que Tapie dévalorise. »
(Les Puissances du mal)

« Tapie, c'est l'anti-Robin des Bois : l'un prenait aux riches pour distribuer aux pauvres, l'autre pique aux pauvres pour s'enrichir lui-même. Tapie volant, Tapie voleur... (...) Chanteur raté, industriel raté, maître chanteur raté, et bientôt homme politique raté, moi je ne te rate pas. Tu as voulu me braquer au revolver [1]. Moi je tire. Sauf que mes mots tuent. À ta Santé ! »
(L'Idiot international, mars 1989)

« Le Tapisky de la Canebière [2]. »
(L'Idiot international, mars 1992)

Tapis

« Des tapis, il y en avait plein d'autres dans le château. Des tapis pour s'essuyer les pieds, des tapis-brosses à dents, des carpettes pour les carpettes qui voudraient s'agenouiller devant nous, des peaux de bêtes, des tapis verts pour couper à trèfles, des tapis rouges pour accueillir les invités, des tapis volants immobilisés, des tapis persans percés, plus quelques vieux tapis d'Orient ramenés du Levant par des oncles coloniaux. Sans compter tous les autres tapis dont les motifs convenaient à nos jeux. »
(Je rends heureux)

---

(1) Allusion à une agression au pistolet gros calibre qui eut lieu en janvier 1989 à l'hôtel Concorde Prado à Marseille et à laquelle participèrent M. Tapie et divers autres individus.

(2) En référence à l'escroc Alexandre Stavisky (1886-1934), dit « le beau Sacha », retrouvé mort atteint de deux balles de revolver à Chamonix. Ce nom est associé à un scandale retentissant – la fameuse « affaire Stavisky » – qui contribua beaucoup à aggraver la crise d'un régime soupçonné de corruption, à provoquer la chute du deuxième gouvernement Camille Chautemps et à déclencher les émeutes antiparlementaires du 6 février 1934.

Temps

« Rien ne dure qu'à la fin on endure. »
(L'Évangile du fou)

« Pour les grands oiseaux de proie de notre espèce, vautours se rassasiant de la charogne des peuples, les temps présents auront été durs, je vous le dis. Plus de guerre, plus de révolution, plus de résistance ; un cortège de désillusions ininterrompues aura accompagné notre montée vers l'âge d'homme. »
(Chaque matin qui se lève est une leçon de courage)

Terrorisme

« Le terrorisme, il faut le combattre spirituellement : sinon il ne sert qu'à renforcer le pouvoir d'État. »
(Le Mauvais esprit)

« À qui profite le terrorisme ? Qui manipule qui ? Il faut dépasser ces analyses interminablement politiciennes, ou policières, ou l'insignifiance du moralisme public qui le condamne. (...) La coupure des adultes avec le monde enfantin n'a jamais été plus forte que de nos jours – et c'est la première considération inactuelle à laquelle le terrorisme m'incite, une société incapable de se pencher sur son enfance l'est aussi de produire les mythes régénérateurs de sa décadence. »
(propos recueillis, *Le Monde,* 10 au 11 décembre 1978)

« Où mène le terrorisme ? Les emplâtres idéologiques dont il se pare le coupent plus sûrement de l'opinion publique que sa nature même de violence organisée. Il eût fallu qu'il devienne plus gratuit, pure provocation esthétique, pour que, par la force sauvage de l'injustifiable, sa rupture avec la société en s'aggravant, en élargissant le fossé, rendu béant, infranchissable, revête un caractère d'exemplarité absolu... Mais dans les conditions actuelles, ce sont les signes annonciateurs des guerres

privées, les premiers balbutiements des affrontements à venir de la société civile, des individus contre l'État. Cet État multinational, cette hydre, qui ne cesse de se renforcer, déjà pourvu d'une police, se trouve aux prises avec deux adversaires irréductibles, les terroristes et les autres, à main nue, les défenseurs des Droits de l'homme. »
(propos recueillis, *Le Monde,* 10 au 11 décembre 1978)

Totalitarisme

« Le risque totalitaire, c'est quand la seule mémoire digne de confiance devient celle d'un parti officiel : c'est lui qui détient le dogme du passé. Il est toujours prêt à en offrir une version nouvelle au service du présent, à l'usage des ignares. »
(L'Honneur perdu de François Mitterrand)

Uniformisation

« Toutes les théories, quelles qu'elles soient, des plus connes aux plus trompeusement vraies, n'ont jamais tendu depuis trois siècles qu'à une seule finalité : la servitude envers l'uniformisation. La sous-culture journalistique est son instrument de façonnage industriel des esprits. Se prosterner devant une entité uniforme de soi-même et toute-puissante – l'anti-Dieu humanoïde massifié de la planète des singeurs. »
(L'Évangile du fou)

« Plus la société est uniformisée, plus elle est fragile, plus tout le monde dit la même chose, plus le courage de parler différemment devient redoutablement efficace. Il suffit d'un rien pour détruire une image, parce qu'elle repose sur un consensus, une goutte infime d'acide versée par un solitaire ! »
(L'Évangile du fou)

Université

« Restait la fac, la pire des hypothèses : une interminable salle d'attente de l'avenir, bondée de tire-au-flanc, de pauvres types qui seraient finalement récompensés, presque par charité publique, avec un diplôme qui ne servirait pas à trouver un métier. »

(Je rends heureux)

Urgence

« L'urgence ne saurait être remise aux lendemains de ce que l'on peut faire le jour même. »

(Bréviaire pour une jeunesse déracinée)

Verdure

« Derrière les fenêtres s'étendait le parc éclairé jusqu'en bordure de la route, les frondaisons des arbres se déployaient en dessous, en routes fluorescentes, parsemant la nuit. "Le mal se guérit par les feuilles", entendais-je encore. »

(Fin de siècle)

Vérité

« La vérité est toujours un outrage. »

(Fulgurances)

« En quête de tant de vérités pétillantes, j'ai fêté sans fin mon esprit, en faisant sauter les choses comme des bouchons de champagne. »

(Bréviaire pour une jeunesse déracinée)

« L'envers du décor, il n'y a que ça de vrai ! Nous avons besoin de vérité. »

(L'Évangile du fou)

« Je suis pour la vérité. Les vérités, aujourd'hui, sont aussi malades que les mensonges. Je pense qu'il faut remonter la vérité comme on remonte la nuit vers l'aube, que la vérité c'est le plus formidable imaginaire qu'ait inventé l'homme pour débusquer l'imposture. »
(propos tenus lors d'un entretien avec Jean-Louis Servan-Schreiber, dans l'émission « Questionnaire », diffusée le 4 novembre 1981 sur TF1)

Vie

« Inventer à mesure, c'est vivre. Vivre, c'est voir. »
(Chagrin d'amour)

« Mort, ou amour : la vie n'est qu'un jeu s'achevant en flammes et en cendres. »
(Fin de siècle)

« Pour le peu de temps qu'il me reste à vivre, je veux au moins essayer de refaire ma vie à zéro. »
(Fax d'outre-tombe)

Vieillesse

« Vieillir est encore ce que l'on a trouvé de mieux pour ne pas mourir. »
(Je rends heureux)

« Car il n'est pire vieillesse que celle de la pensée vieille – ce que j'appelle la résignation. »
(Je rends heureux)

« Je n'étais plus qu'un vieillard désenchanté. (...) L'affrontement réel n'était plus entre le bien et le mal, la gauche et la droite, le communisme et le capitalisme, les droits de l'homme et une

prétendue barbarie. Un seul combat mortel, celui des âges de la vie ! »
(Fin de siècle)

« ... aux deux versants de la vie, la même démence vous happe – soit qu'on l'appelle précoce, soit qu'on la prétende sénile quand ce n'est encore qu'un ultime retour du génie enfantin. »
(Fin de siècle)

Violence

« La seule manière de désarmer la violence du monde, c'est par la violence de la pensée. »
(Le Mauvais esprit)

« Tant que l'on aura plus peur des mots que des bombes, il y aura escalade de la violence. »
(propos attribués)

Volontarisme

« Le volontarisme est une semence qui ne touche jamais terre, graine desséchée de théoriciens sans racines et sans les bourgeons du désir. »
(Chagrin d'amour)

Zitrone (Léon, 1914-1995)

« Ce vieux larbin. »
(propos tenus le 6 juin 1979 dans le cadre de la campagne officielle des élections européennes pour la liste Régions-Europe)

Grand témoin

Isabelle Coutant-Peyre [1] :
« Jean-Edern, c'était la créativité incarnée, et s'il n'avait pas existé, il aurait fallu l'inventer [2] »

Ce n'est pas le métier d'avocat qui m'a mise en relation avec Jean-Edern Hallier. En fait, je l'ai connu bien avant d'exercer... Je m'étais mariée très jeune et mon époux était locataire d'une maison dans le quartier de La Muette, à Paris, qui appartenait à notre beau-frère, François de Negroni, époux de Dominique, l'une des sœurs de mon mari. François est sociologue et anthropologue, élève du philosophe Henri Lefebvre. Dominique était (elle est décédée) universitaire linguiste. Ce sont eux qui connaissaient Jean-Edern, mais je ne sais pas dans quel contexte ils s'étaient rencontrés, peut-être un cadre mondain ou universitaire... Aristocrate et héritier, François de Negroni était du genre fortuné. Lançant sans discontinuer des projets éditoriaux, Jean-Edern Hallier avait déjà des besoins financiers pressants, outre très certainement des intérêts intellectuels communs avec François.

Notre relation a donc débuté dans ce contexte, nous sommes en 1975, et je me souviens même du tout premier contact téléphonique avec Jean-Edern qui cherchait à joindre François de Negroni, d'urgence évidemment. Nous avions une ligne téléphonique, ce qui n'était pas encore le cas de François qui venait de s'installer dans l'immeuble et, à cette époque, il fallait de la patience et du temps pour obtenir l'installation d'une ligne téléphonique !

Pour ce qui me concerne, tout en poursuivant mes études de droit et faisant naître des enfants, je travaillais dans le domaine des procédures collectives, autrement dit des entreprises en difficulté financière, chez un mandataire judiciaire, Augustin Sagette, qui avait ses bureaux au 6, rue de Savoie, à Paris, un charmant immeuble où demeurait également Dora Maar. C'est lorsque le dossier de redressement judiciaire puis de liquidation des Éditions Hallier m'a été attribué que ma relation avec Jean-Edern et son épouse d'alors, Marie-Christine Cappelle-Hallier, a véritablement pris tournure. Ce dossier m'a permis de rencontrer d'intéressantes personnalités, en raison de la qualité du catalogue d'écrivains et de sa reprise proposée par les Éditions Albin Michel (qui devint effective sous le nom des Éditions Libres-Hallier)... Je me souviens aussi que Jean-Edern, en guerre contre les prix littéraires institutionnels, tout en en rêvant, avait créé un « vrai-faux » prix littéraire, le Prix anti-Goncourt, avec à la clé une somme qui devait en principe être attribuée au lauréat. L'ennui, c'est que ce paiement n'a pas eu lieu, que le lauréat existait bel et bien – il s'agissait de Jacques Thieuloy –, et qu'il réclamait avec force cris et gesticulations les sous promis, jusqu'à tambouriner aux portes de l'Étude Sagette, quasiment tous les jours... À qui voulait l'entendre, et bien sûr auprès de moi, puisque j'avais la charge d'effectuer des cessions de droits et que j'étais supposée disposer de quelques fonds. En réalité, rien n'était simple car il fallait obtenir les accords d'auteurs souvent dépités et les Éditions Hallier n'avaient pas déposé le bilan sans raison. Je garde un joyeux souvenir de cette période car se sont noués de vrais liens d'amitié et il m'en reste, parmi d'autres, des images tout à fait cocasses. François de Negroni avait hérité du Château de Tilloy, une demeure assez vaste, d'allure romantique où j'ai eu l'occasion de séjourner. J'y reverrai toujours Marie-Christine Cappelle-Hallier en train de pourchasser son mari, l'incorrigible Jean-Edern, qui lui avait fait l'affront de s'intéresser d'un peu trop près à une femme dotée d'avantages certains, et très à son goût... Jean-Edern abusait de tout. À un degré inimaginable puisque son imagination n'avait aucune limite, ni de morale, ni de raison, ni de matérialisme, et c'est cela qui en a fait une personne exceptionnelle et bien entendu, hors norme. Autrement dit, si Jean-Edern n'avait pas existé, il aurait fallu l'inventer! Il était l'improvisation fulgurante et permanente. Son cerveau fonctionnait plus que bien, sans relâche, une usine à production d'idées auxquelles personne n'a pensé. Chaque matin, la création du monde! Cette énergie créative, Jean-Edern l'a d'ailleurs démontrée tout au long de sa vie, y compris dans les deux ou trois dernières années, pourtant physiquement épuisé.

C'est en 1981 que j'ai concrètement commencé à pratiquer le métier d'avocat. Je me suis installée avec Jacques Vergès, rue Notre-Dame-des-Champs. En effet, même si j'avais prêté serment en 1979, j'avais choisi de poursuivre encore un temps mon activité chez Augustin Sagette. En cette année 1979, mes relations avec Jean-Edern et Christine étaient devenues amicales au point qu'ils m'avaient proposé de prendre en charge dans la journée, chez eux, rue de Birague, Gabriel, notre second fils né en septembre 1979, avec l'aide de Piedad, leur bonne, transformée en nourrice. Dans la foulée, si je puis dire, Marie-Christine Cappelle-Hallier que je trouvais souvent avec le bébé dans les bras quand je venais le rechercher en fin de journée, a donné naissance neuf mois plus tard à Frédéric-Charles.

En 1982, je suis donc installée avec Jacques Vergès depuis un an, et nous recevons Jean-Edern qui commence à subir les foudres de François Mitterrand et de son entourage, après avoir été adulé par les mêmes lorsqu'ils étaient dans l'opposition avant l'élection présidentielle de mai 1981. Il faut se souvenir que Jean-Edern, qui entretenait des relations amicales avec François Mitterrand, avait publié sa fameuse *Lettre ouverte au colin froid*, qui, ajoutée à l'histoire des diamants offerts par Bokassa, avait quand même bien tapé sur Giscard. Aussi s'attendait-il à des remerciements institutionnels et des marques de respect.

Déçu par ce qu'il a vécu comme une ingratitude, Jean-Edern a rapidement attaqué par la plume et la voix, mais le sommet de l'État a des moyens de représailles, et les procédures et saisies ont démarré pour le faire taire.

Avec Jacques Vergès, nous formions un vrai tandem, très soudé. Cependant, un beau jour, selon l'expression consacrée, Jacques a pris l'initiative d'introduire Francis Szpiner pour participer à la défense des intérêts de Jean-Edern. Ce qui était peut-être un calcul compte tenu des liens de Szpiner avec la barbouzerie et réseaux d'influence divers, y compris la Maçonnerie. Le résultat en a été que j'ai été mise à l'écart, ce que j'ai assez mal pris. Jacques Vergès faisait feu de tout bois et Jean-Edern, un peu embarrassé mais toujours opportuniste avant tout, n'a pas pris parti... Ainsi vont les affaires dans le monde des avocats. J'en avais déjà conscience et n'en ai pas éprouvé ce que l'on appelle la rancune, ce n'est pas dans ma nature. Mais je m'en suis souvenue !

D'aucuns pourraient peut-être s'étonner de l'attitude de Jean-Edern face à tout ce qui, de près ou de loin, relevait de la légalité, et il n'avait pas une vision de juriste mais au bout du compte, je ne pense pas que cela lui ait nui. Bien au contraire. Le droit, la loi, sont des carcans étouffants et la force de Jean-Edern, c'était d'être vraiment libre. S'il avait fait du « juridisme », il n'aurait, j'en suis persuadée, publié ni *L'Idiot international* – dont il m'a dit un jour que c'est François Maspero qui avait inventé ce titre – ni ses livres. Le comble, c'est que contrairement à une idée communément répandue, il s'est montré très correct dans les affaires en général, et dans le dossier de *L'Idiot* en particulier. Pour financer la publication, il s'était porté caution personnelle auprès de la Société Générale. Or les saisies-arrêts exécutées notamment par MM. Kiejman et Tapie, avec le soutien de l'Élysée, sur les comptes de ventes du journal, aux Nouvelles messageries de la presse parisienne (NMPP) ont creusé un trou dans les comptes du journal à la Société Générale, laquelle a mis en jeu la caution personnelle de Jean-Edern.

Pourtant, le journal avait un succès fou, qu'il méritait, faute d'équivalent dans la presse française, et les gens le guettaient dans les kiosques. Le compte du journal aux NMPP se montait en millions qui auraient dû revenir à l'éditeur, Jean-Edern, à travers la société d'édition de *L'Idiot*. Il a malheureusement dû cesser de paraître pendant un certain temps, étouffé par ces griffes venues du plus haut niveau de l'État, sans compter les tornades de condamnations personnelles de Jean-Edern puisqu'il en était le directeur de publication.

Il est vrai que Jean-Edern a attendu d'approcher le cap de la cinquantaine pour mettre un autre nom que le sien comme directeur de publication... Pierre Novat, l'un de ses avocats, le lui avait pourtant conseillé ! C'est donc seulement vers 1985-1986 que Jean-Edern a commencé à s'organiser un peu pour ne pas tout perdre et a demandé à Anthony Palou, apprenti philosophe et futur écrivain, qui faisait à l'occasion fonction de secrétaire particulier, et avait l'avantage d'être insolvable, d'assurer le poste de directeur de la publication avec les désagréments allant de pair. En définitive, sur le plan matériel s'entend, Jean-Edern n'en a pas moins tout perdu.

La note qui prend la mesure de la démesure…

En 1992, je suis partie m'installer aux États-Unis, mon mari avait été nommé pour occuper un poste à Los Angeles. À mon retour en France à l'été 1993, je n'avais plus de domicile et Jean-Edern m'a proposé de venir habiter dans le grand appartement de 160 m^2 dont il avait hérité avenue de la Grande-Armée, le fameux appartement sur lequel Georges Kiejman et Bernard Tapie, acharnés, avaient pris des hypothèques au prétexte de leurs créances judiciaires de diffamés et tenté de le faire vendre aux enchères publiques. Opération avortée grâce à l'immense carnet d'adresses de Jean-Edern, qu'il avait mobilisé pour envahir la salle des criées où avaient lieu les ventes à la bougie, et même la salle des pas perdus du Palais de justice, noire de monde. Le bruit médiatique m'était même parvenu jusqu'à Los Angeles où je me trouvais au moment de cette histoire.

J'ai dit banco, je vais faire garde du corps de l'appartement et conseil juridique et judiciaire en échange de l'hébergement.

Dès mon installation, Omar Foitih, qui stockait les papiers pour Jean-Edern, m'a aussitôt apporté une énorme pile de réclamations de créanciers, procédures et jugements dont la majeure partie des enveloppes n'avaient même pas été ouvertes.

Je me suis donc occupée de mettre de l'ordre et de faire le point pour toutes ses affaires judiciaires, en essayant en particulier d'aboutir à des accords avec les créanciers, ce que l'on appelle un tour de table. Pas facile, entre les diffamés en service commandé et les longs séjours au Crillon ou les repas quotidiens chez Lipp, la note avait forcément pris la mesure de la démesure et une allure un peu folle...

Cependant, compte tenu de mon expérience au sein d'un cabinet d'administrateur judiciaire, j'étais entraînée à ce type de négociations avec les créanciers et il y avait des chances d'aboutir à des accords.

Mis à part avec Georges Kiejman qui n'a pas hésité à me téléphoner pour me signifier sur un ton outré : « Comment osez-vous défendre une ordure pareille ? » Le personnage était d'ailleurs tellement furieux qu'il m'a fait porter une volumineuse documentation hostile à Jean-Edern. L'initiative, manifestement déplacée selon nos règles déontologiques, est évidemment demeurée vaine.

Quant à la Société Générale, dont le président était à l'époque Marc Viénot, elle ne le lâchait pas non plus. Pour négocier, Jean-Edern attaquait à sa manière. J'ai assisté dès le café du matin à la rédaction des missives « Scud » à Marc Viénot qu'il dictait d'un trait à Anthony Palou. Il y glissait quelques allusions sur certains aspects de la vie privée dudit président, et les faisait envoyer par fax au siège de la banque. Jean-Edern récupérait moult informations, sans que je n'eusse jamais su quelles étaient ses « sources ». Il n'empêche que nous avions quasiment réussi, directement mis en contact avec le grand chef des services contentieux de la banque, à troquer des dessins de lui, en échange du gros solde débiteur, engraissé de taux d'intérêt monstrueux.

Plus compliquée fut ma mission pour discuter les problèmes fiscaux. En effet, Jean-Edern avait aussi sur le dos le bras armé direct de l'État, les services fiscaux. Depuis qu'il s'était séparé de Christine, son épouse, il ne faisait plus de déclarations fiscales puisque c'était elle qui s'en chargeait... Résultat fatal : il faisait l'objet de taxations d'office énormes de la part de l'administration, là aussi sur instructions, l'occasion rêvée de prétendre que lesdites taxations d'office étaient légales et normales. Je me souviens avoir eu des échanges à ce sujet avec Brice Hortefeux, qui était le chef de cabinet de Nicolas Sarkozy, alors ministre du budget dans le gouvernement Chirac de cohabitation.

La discussion n'avait pas pour objet d'obtenir des passe-droits ou des privilèges mais simplement de ramener à la réalité les montants réclamés. Ce qui fut obtenu... au niveau du ministère. Mais la trésorerie elle-même ne l'entendait pas ainsi et faisant cavalier seul, ou alors recevant des instructions contraires de l'entourage de la présidence, poursuivait ses saisies systématiques sur le moindre sou que Jean-Edern encaissait. Un véritable cauchemar quotidien, obligeant à rappeler, à chaque fois, aux uns – le ministère – et aux autres – la trésorerie – que s'agissant de chiffres, il n'y a pas de place pour la schizophrénie.

Jean-Edern me faisait confiance car il avait toujours su que je suis sérieuse et loyale. Mais avec lui, c'était un travail de Sisyphe.

Un autre exemple. Jean-Edern était doué pour tout et notamment pour le dessin. La galerie Gérald Piltzer, alors implantée aux Champs-Élysées, avait décidé d'exposer une série de ses dessins, et j'ai donc rédigé des contrats entre Jean-Edern et Gérald Piltzer pour protéger les ventes des œuvres de Jean-Edern.

Et pourtant, malgré ces précautions, ça n'a pas tardé, Gérald Piltzer s'est trouvé inondé d'avis à tiers détenteur sur toutes les ventes des œuvres de Jean-Edern ! Jamais de répit, et pourtant il travaillait d'arrache-pied chaque jour pour créer les dessins destinés à la Galerie Piltzer.

Je le voyais réaliser ses dessins, à l'encre de chine, d'un geste sûr, avec l'aide d'un appareil qui fonctionnait comme une loupe agrandissant à 500 % ou même peut-être 1 000 %, je ne sais plus précisément. Quand il voulait y ajouter des traits de couleurs, c'est Alice Massat qui s'en chargeait sur ses indications. Il s'impliquait et s'appliquait beaucoup dans cette activité, avec une énergie quasi désespérée car le harcèlement démesuré qu'il subissait depuis des années aurait eu de quoi le décourager de la vie.

Je pense que tout un chacun est en mesure de comprendre que face à une telle pression, Jean-Edern Hallier ait pu à certaines époques abuser de la vodka et recourir à quelques autres substances. Mais sa santé et son hygiène de vie ont été mises à rude épreuve.

Masque à gaz et tête de mort

Jean-Edern pouvait se mettre dans de grandes colères homériques mais j'étais épargnée, et, avec moi, il était charmant. Il habitait au même étage dans un petit appartement et connaissant ses habitudes, levé à 5 heures du matin et cherchant des gens à qui parler, je lui avais dit dès le départ qu'il était hors de question qu'il vienne me voir à ce genre d'horaires, ce qu'il respectait, attendant que j'aille chez lui pour prendre un café ensemble et discuter des problèmes du jour ou d'autres sujets.

Un avatar personnel a en revanche entraîné des prolongements imprévisibles plutôt désagréables malgré leur côté rétrospectivement cocasse. La veille du jour de Noël 1993, j'ai fait une grave chute dans un escalier de la maison de mon père, à Draguignan. Au point d'avoir la moitié du corps fracturée et de ne pas savoir si je serais en mesure de remarcher... Or, peu avant, Jean-Edern s'était fait draguer par une admiratrice, une certaine Madame X, à la poitrine pigeonnante – ce qui avait tout lieu de lui plaire – et avec pour particularité – non moins intéressante pour lui, il faut bien l'avouer – d'être l'épouse d'un riche industriel du Nord de la France (et la mère de deux petites filles). Madame X, emballée, s'est mise à rêver de venir vivre avec son héros. Jean-Edern a sans doute pensé que c'était un bon plan, que si elle s'installait dans l'appartement que j'occupais, elle ferait réaliser des travaux d'embellissement et, pourrait, accessoirement, subvenir à ses besoins financiers quotidiens... Du coup, lorsqu'il m'a vue revenir en ambulance et sur un brancard à mon retour de l'hôpital, sous forme de statue de plâtre, il n'a pas eu le sourire ! D'autant moins qu'il éprouvait, je pense, un certain rejet du handicap, ce qu'au passage, je peux concevoir.

Ne pouvant décemment me demander de me débrouiller toute seule, il a eu l'idée de me loger dans un hôtel à côté en m'affirmant qu'il m'avait déjà réservé une chambre !

Je lui ai évidemment rétorqué qu'il n'en était pas question. Alors la situation l'a rendu un peu foldingue : il a carrément pété les plombs. Il a fait main basse sur mon fax-téléphone, si bien que je ne disposais plus que d'un « Be-Bop », un outil un peu dinosaurien, l'ancêtre du portable... Quelque temps plus tard, alors que j'étais toujours alitée, et que la personne qui s'occupait de moi était sortie, il est entré dans ma chambre, affublé d'un masque à gaz en brandissant un grand bidon sur lequel était collée une tête de mort. « Puisque tu ne veux pas partir, tu vas mourir ! » Il a alors versé tout le contenu du bidon sur le parquet de la pièce qu'il a quittée à toute vitesse. En quelques minutes, je ne pouvais plus respirer, envahie de vapeurs toxiques. J'ai tenté d'aller ouvrir la fenêtre avec mes plâtres et mes béquilles mais je n'ai pas dépassé le bord du lit, le parquet étant transformé en glue boueuse. C'était plutôt drôle mais la situation devenait périlleuse.

Le produit « danger de mort » était un dissolvant de vernis… selon une idée qu'avait eue Omar Foitih, tout dévoué à son maître !

Alors, avec mon Be-Bop que j'avais gardé caché sous mon oreiller, j'ai appelé la police, je n'avais pas le choix malgré ma prévention à mêler la police à cette histoire : « Il y a un type qui vient d'essayer de me tuer ! » Les policiers sont arrivés très vite, sirènes à fond. Ils ont ouvert dare-dare les fenêtres puis m'ont demandé où était le « type » qui avait fait ça… Je leur ai répondu sans rire le moins du monde, mais sans dire son nom : « Il habite sur le même palier dans l'appartement en face ! »

Peu après, les policiers qui ont évidemment parfaitement reconnu le célèbre Jean-Edern Hallier sont revenus me voir, me glissant aimablement : « Il paraît que vous êtes occupante sans titre. »

À ce stade, la situation devenait intenable puisque je ne pouvais pas me déplacer par mes propres moyens.

Laurent Hallier habitait dans le même immeuble familial, et malgré son infinie solidarité avec son frère, a trouvé qu'il avait dépassé les bornes avec moi, et, estimant à juste titre qu'il fallait trouver une solution qui ne soit pas une chambre d'hôtel, a eu la délicatesse de me proposer de m'installer dans son propre appartement. Il est même allé jusqu'à refuser d'ouvrir quand Jean-Edern est venu tambouriner à sa porte en criant : « Ouvre Laurent, je sais qu'elle est là ! » Jean-Edern tenait absolument à m'imposer son choix – la chambre d'hôtel – et ne supportait pas qu'on lui résiste.

La fameuse Madame X, que nous avions surnommée à juste titre « Madame Bovary », est alors venue s'installer avenue de la Grande-Armée dans l'appartement, avec ses deux gamines. Mais, pour la petite histoire, le riche époux de la dame n'a pas trouvé l'initiative à son goût et a immédiatement mis fin à son drôle de « sponsoring », en lui coupant les fonds… et Jean-Edern n'a pas mis longtemps à se lasser de cette situation et à inviter la dame à rentrer au bercail avec ses deux filles âgées d'une dizaine d'années. Elle est partie comme elle était venue. L'histoire est assez tordante, voire littéraire.

Par la suite, après une période de quarantaine, j'ai accepté de me réconcilier avec lui, ce que nombre d'amis communs qui avaient essayé de le raisonner m'ont reproché mais je le connaissais depuis si longtemps, ayant bien compris son côté Janus, qu'il n'y avait pas de place entre nous pour l'animosité.

En 1995, Jean-Edern obtient de réaliser une émission littéraire hebdomadaire à sa mesure qu'il baptise « Jean-Edern's Club », diffusée par la chaîne de télévision Paris Première, produite par Jean-Louis Remilleux et enregistrée dans les salons du très chic restaurant Le Laurent sur les Champs-Élysées.

Bonus, un contrat de travail en bonne et due forme avec la société de production de Jean-Louis Remilleux. L'émission rencontre un formidable succès, tant le paysage médiatique est pauvre en émissions littéraires, et Jean-Edern avec son immense culture et son sens de la formule, ajouté à son humour et ses provocations, fait un tabac dans le public.

Boum, à l'automne 1996, il m'appelle pour me demander de venir de toute urgence avec un huissier [3] pour faire constater que l'équipe de tournage n'est pas là pour l'enregistrement et que c'est une violation du contrat par Remilleux. En fait, Jean-

Louis Remilleux avait dû apprendre que Jean-Edern allait évoquer son livre *L'Honneur perdu de François Mitterrand* et vraisemblablement reçu des instructions... Et on ne discute pas ce genre d'ordres, même contre ses propres intérêts puisque cette production était une bonne affaire pour Remilleux, il s'était senti obligé d'appliquer la censure prescrite.

La suite de l'histoire se passe au conseil de prud'hommes de Paris, rue du Château-d'Eau car Jean-Edern m'a demandé d'engager une procédure contre la société de Remilleux pour rupture illégale de contrat.

Le jour de l'audience, Jean-Edern, arrive en voiture officielle de personnalité protégée par le ministère de l'Intérieur, avec gardes du corps mis à disposition par la République française. Il est vrai qu'il avait fait l'objet de plusieurs tentatives d'assassinat. Il fumait un de ces gros havanes offerts par Fidel Castro qui lui en envoyait – je les ai vues ! – des caisses. Il est donc entré dans la salle d'audience avec son havane entre les dents, moi, le guidant, et lui fumant comme une locomotive à charbon, puis s'est littéralement « vautré » sur la table des juges prud'homaux et de sa belle voix grave tonitruante a engagé le débat avec une originalité unique dans le genre : « Cela ne vous dérange pas que je fume mon cigare ? » Scène inénarrable bien sûr. J'étais morte de rire.

Cependant, je n'oublie pas non plus qu'en cette même fin d'année 1996, en décembre, Jean-Edern m'a téléphoné en pleurant car les saisies se poursuivaient sans répit, sans relâche, il était à bout, et c'est compréhensible. Alors de mon côté, j'ai à nouveau repris contact avec le ministère dont les instructions n'étaient pas respectées par la trésorerie, toujours cette mission sisyphienne. À la fin, le comportement de ces monstres sans visage ressortait d'une forme de tentative de meurtre, tant leur petit jeu avait de quoi tuer.

Remontant dans le temps, bien des années avant, je me souviens par exemple que lors d'une croisière en voilier autour de la Corse avec mon mari et des amis, faisant escale à Calvi au petit matin, nous sommes tombés, comme par enchantement, sur Jean-Edern attablé mais somnolent à la terrasse d'un café sur le port. Il ne s'était probablement pas couché de la nuit. Il me semble de mémoire qu'à l'époque il s'était installé quelque temps en Corse.

Mais c'était peut-être aussi le moment où il s'était lassé de cette escapade. Il a voulu venir voir notre bateau et toujours est-il que nous avons eu toutes les peines du monde à le convaincre qu'il ne pouvait pas repartir avec nous, ne l'imaginant pas cohabiter dans le carré et les bannettes du voilier, sans compter les manœuvres pour monter le spi !

Lucidement désespéré

J'ai croisé et connu toutes sortes de personnes extraordinaires, hors normes, sur plusieurs continents. Je reste persuadée que Jean-Edern Hallier a fait partie de ces êtres extraordinaires que j'ai eu la chance de rencontrer et qui ne relèvent pas d'une postérité officielle. La reconnaissance officielle dépend, il faut bien l'admettre, de conformité à l'air du temps, questions de mode, groupes d'influence ou accointances politiciennes, et n'est, hélas, pas – ou fort peu – lié à la qualité intrinsèque des personnes concernées et à leur dimension véritable.

Contrairement à ce qui a été prétendu, Jean-Edern n'était pas un anarchiste. Par son éducation, il s'inscrivait dans les institutions, il n'était pas non plus asocial, mais il était incontrôlable, imprévisible. Doté d'une intelligence exceptionnelle, stratégique et véloce, et tout à la fois pragmatique et fertile, il avait l'intelligence d'où surgissent les étincelles créatrices. Né lucidement désespéré – j'ai toujours connu Jean-Edern malheureux –, il a vécu avec l'idée qu'il n'y a rien à perdre, ce qui lui a donné, non seulement une grande liberté, mais aussi le goût de la provocation afin de nourrir des rapports dialectiques extrémistes avec les uns ou les autres et bien souvent les mettre hors d'eux-mêmes, voire, les terroriser… La frilosité et le confort des petits esprits étriqués, y compris dans les hautes sphères, activaient son inspiration pour mieux les débusquer. Il était – et reste – le panache, l'intelligence, la créativité incarnée… Créativité, voilà, à mon sens, le maître-mot qui doit être immédiatement associé à son nom et fait à la fois sa singularité, son mystère et son génie.

---

(1) Isabelle Coutant-Peyre est bien connue pour faire partie, en Europe ou ailleurs, du club très restreint des avocats qui acceptent de prendre en charge les dossiers les plus sulfureux, au risque de se mettre à dos non seulement les corps constitués mais encore l'opinion publique qui au XXIe siècle a encore du mal à admettre le droit de tout individu, quel qu'il soit, à avoir un avocat et à ne pas faire l'amalgame entre l'accusé et son défenseur… Dans la longue liste des figures « diaboliques » ou « diabolisées » qu'elle a défendues, figurent Bruno Bréguet, Magdalena Kopp, l'activiste de l'ultragauche allemande, Ilich Ramírez Sánchez, dit « Carlos » ou « Le Chacal », l'ancien communiste stalinien Roger Garaudy, Charles Sobhraj, dit « Le Serpent », Dieudonné (Dieudonné M'Bala M'Bala, dit) et sa compagne Noémie Montagne, le chef du « gang des barbares » Youssouf Fofana, le père de l'islamiste radicalisé Mohammed Merah, l'un des membres du réseau islamiste Forsane Alizza… et Jean-Edern Hallier. En 1998, cette ancienne secrétaire de la Conférence du Barreau de Paris s'est vu décerner en Italie le prix Toga Tosta de l'avocat

de l'année. Des missions importantes auprès de personnalités et d'États africains (Côte d'Ivoire, Cameroun, Ghana, Sénégal, Bénin, Tchad...), à des fins de gestion de contentieux, d'élaboration de conventions, de création de structures juridiques ou de mise en œuvre de procédures d'arbitrage, font également partie de ses nombreuses références professionnelles dans l'univers du droit international.

Après des études en pensionnat à Notre-Dame-des-Oiseaux et un mariage à vingt et un ans avec un haut fonctionnaire dans les ministères parisiens et élu local dans le département de la Manche, Isabelle Coutant-Peyre semblait pourtant, à l'origine, avoir toutes les caractéristiques du « produit » le plus « formaté », « hexagonal » et « rassurant » de la bonne vieille bourgeoisie catholique française...

Dans un livre de souvenirs intitulé *Libera me,* François Gibault brosse son portrait en quelques lignes très évocatrices : « Une taille de guêpe perchée sur deux allumettes, c'est comme ça que je vois Isabelle Coutant-Peyre et, quand je ne la vois pas, c'est comme cela que je l'imagine. Un corps d'oiseau, mais un tempérament de tigresse, prête à bouffer le monde entier, à commencer par les policiers et les magistrats, qu'elle goûte tout particulièrement. (...) C'est une pasionaria comme on n'en fait plus, une Rosa Luxemburg en pire. Moi, je l'ai toujours bien aimée et toujours défendue, même devant les tribunaux, pour injures à fonctionnaires publics. Bien sûr, elle avait tort, mais elle avait raison puisque l'on a toujours un peu raison quand on a tort (...). Isabelle a défendu quelques dictateurs, mais cela n'est plus très bien vu aujourd'hui d'être dictateur, il y a comme ça des modes, Isabelle Coutant-Peyre est, quant à elle, définitivement indémodable. »

(2) Propos recueillis le 25 janvier 2019 par l'auteur de cet ouvrage au Duke's Bar de l'Hôtel Westminster, rue de la Paix à Paris, où officiaient Emily Prat, Gérard Bouidghaghen, le « roi du shaker », et le pianiste Jean-Luc Kandyoti.

(3) Note de l'auteur : cette appellation n'est plus désormais qu'une simple survivance sémantique, depuis que la loi Macron promulguée en 2015 et l'ordonnance du 2 juin 2016 ont créé la profession de commissaire de justice, résultant de la fusion des huissiers de justice et commissaires-priseurs judiciaires.

LE GOURMET

Dessin de Jean Effel extrait d'*Au temps où les bêtes parlaient.*

« Des prix et des non-prix... [1] »

par Fernando Arrabal

Si des jurés donnent un prix : ils mentent ou se fourvoient. Leurs décisions révèlent leurs faiblesses.

À l'époque des yé-yé, Jean-Edern Hallier m'avait nommé « rédacteur » de *L'Idiot international* avec une demi-douzaine de personnes (occultées ou vivantes) aussi présentes que moi à la rédaction, par exemple Andy Warhol ; notamment Sapho, Francis Szpiner, Jean Baudrillard, Olivier Poivre d'Arvor, Édouard Limonov, Benoît Duteurtre... et même le roi Joseph d'Aragon. *L'Idiot international* était un journal fondé en octobre 1969. Je crois qu'il était patronné à ses débuts par Simone de Beauvoir et largement financé par le mécène Sylvina Boissonnas. Celui qui cesse d'inventer recule.

Hallier habitait place des Vosges. Il ne m'a convoqué chez lui pour affaire « très urgente » que trois fois. La première : il voulait que je l'accompagne en Afghanistan. Ou peut-être au Koweït. Sans suite. La troisième, pour créer le prix du roman « qui allait supplanter le Goncourt » : leur loi. J'étais ravi. Puisque j'avais une candidate. Déjà ? Oui ! Amélie Nothomb. Aucune loi n'est charmante ni cool.

En effet, le premier et dernier prix du roman de *L'Idiot international* lui a été attribué !

« Et je t'ai demandé si toi aussi tu mourrais.
Et tu m'as dit : "Oui."
Et je t'ai dit : "Que vais-je faire ?"
Et tu m'as dit qu'à ce moment je serai grand.
Et je t'ai dit : "Je ne vois pas le rapport."
Et tu m'as dit qu'il y en avait un.
Et je t'ai dit : "Bon."
Et tu m'as dit que tous nous devons mourir.
Et je t'ai demandé si c'était pour toujours.
Et tu m'as dit : "Oui." »

Fernando Arrabal, *Viva la muerte*

---

(1) Extrait du texte intitulé « Des prix et des non-prix du roi Joseph d'Aragon… et d'Amélie Nothomb », publié le 3 septembre 2018 sur le site Internet de la revue *La Règle du jeu*.

« Hallier Jean-Edern [(1)] »

par Philippe Bouvard

« Un peu fou comme son nom l'indique.

Zozo gauchiste qui incite périodiquement le prolétariat à descendre dans la rue, tandis qu'il monte dans les tourelles de son château familial en compagnie d'une des plus riches héritières d'Italie.

Son talent de plume, son sens de la publicité et sa souplesse en font un interlocuteur de choix. Prêt à tout pour trois minutes de télévision ou dix minutes de radio, il ne retrouve son agressivité qu'à partir du moment où on lui a donné satisfaction.

L'invite-t-on pour évoquer les emprisonnés au Chili (sa collecte de fonds à leur profit a été diversement appréciée) ? Il parle d'un de ses livres. Lui demande-t-on de présenter cet ouvrage ? Il se croit obligé de vanter les mérites d'un écrivain totalement inconnu, mais dont il s'est improvisé l'éditeur. Lui offre-t-on le micro de RTL ? Il règle un différend avec des collaborateurs d'Europe numéro 1. Et ainsi de suite.

On l'accueille en lui spécifiant le sens de son intervention. Il promet tout ce qu'on veut. Il jure qu'il respectera les engagements pris. Et le lendemain, il envoie une lettre à l'un des rares journaux qui ne boycottent pas sa prose pour dire qu'il a été honteusement trompé et mutilé.

Je ne lui reproche pas d'avoir de l'argent et de se vouloir à l'extrême gauche. Je suis un peu triste qu'il ne tire pas de cet amalgame contre nature, mais courageux, la décision de vendre sa vaisselle armoriée au profit des pauvres.

Et puis, comme tous les personnages de son acabit, il est finalement beaucoup plus préoccupé de sa propre réputation que du sort d'autrui. Combien de fois, après une diatribe véhémente contre les princes qui nous gouvernent et un pleur versé sur le prolétariat, n'ai-je pas, emporté par les trémolos de sa voix et subjugué par son œil humide, été tenté de rejoindre son camp ? Heureusement, l'interview était finie, et, invariablement, il se retournait vers moi, l'œil sec et la voix assurée, pour me demander :

– Est-ce que j'ai été bien ?

Transposition moderne et politico-littéraire du *Miles gloriosus* de Plaute, il aura ainsi cherché toute sa vie à "être bien", sans se soucier de faire le bien. Les grandes causes ne sont pour lui que des chevaux de bataille, chargés de le transporter provisoirement... »

« Littérature. Pour vous faire pardonner de ne pas avoir lu Le Clézio, prétendez que vous relisez Montaigne. Ceux qui relisent sont, par définition, deux fois plus cultivés que ceux qui lisent. »

Philippe Bouvard, *Bouvard de A à Z*

(1) Extrait de *Du vinaigre sur les huiles,* paru aux Éditions Stock en 1976.

— Moi aussi, je suis d'une distraction !...

Dessin d'Albert Dubout (1905-1976), extrait de *Tour de France,* Éditions du Livre (Monte-Carlo).

Dans les années 1950, le jeune Hallier participa à des compétitions cyclistes sur piste.

Cercle InterHallier
ou les voix au chapitre

> « Les morts dépendent entièrement de notre fidélité (…)
> Le passé ne se défend pas tout seul comme se
> défendent le présent et l'avenir. (…) Le passé comme
> les morts a besoin de nous ; il n'existe que dans
> la mesure où nous le commémorons. »
>
> Vladimir Jankélévitch, *L'Imprescriptible*

> « Mots d'ordre qui tracent le cercle où se tenir. »
>
> Michel Monnereau, « Éteindre le ressac du passé »,
> *Je suis passé parmi vous*

Les membres du Cercle InterHallier l'ont tous compris depuis longtemps : il est très difficile de trouver où commence un cercle qui est par définition la plus longue distance à parcourir pour revenir au même point… Mais qu'ils viennent des environs de Leipzig, du canton de Zurich, du quartier de Montparnasse ou des fins fonds du Poitou, ils n'en tiennent pas moins, une fois par an, à se donner rendez-vous. En 2018, ils se sont ainsi retrouvés sur la péniche Marcounet, amarrée face à l'île Saint-Louis. Histoire de démontrer que si Jean-Edern Hallier a achevé sa boucle terrestre à Deauville en faisant un tour de vélo, cet ancien coureur qui, au sortir de l'adolescence, fit de la compétition sur piste, est toujours dans la course et sait se rappeler à l'attention du public. Histoire aussi de donner ô combien raison à Marie Le Franc qui rappelle dans *Ô Canada* qu'« un mort qu'on abandonne est mort deux fois » et à Samuel Butler quand, en exergue de son livre *Ainsi va toute chair,* il écrit : « Où se rencontrent les morts si ce n'est sur les lèvres des vivants. » Pas question donc que le linceul du temps qui passe et tend à tout faire disparaître vienne complètement recouvrir Hallier, sa vie, son œuvre... Il s'agit au contraire de faire en sorte que l'écrivain ait une postérité bien vivante, de veiller à ce que le désir onirique de gloire posthume qui le tarauda tant prenne forme, même de manière symbolique et au risque que l'initiative puisse paraître étrange voire incongrue.

Comme Lafcadio Hearn dans *Impressions d'Orient,* plus d'un membre du Cercle « trouve impossible de croire que même la substance la plus matérielle d'un mort puisse disparaître complètement ». Tant est grande la conviction que « même dissoute, même dispersée, elle subsistera », qu'« elle sera portée par le vent », qu'« elle flottera dans les brumes, frissonnera dans les feuilles, se fera lueur vacillante sur les flots », et que même « rejetée sur quelque rivage désert, elle se tordra et blanchira dans le crissement des coquillages ».

Grâce à Internet et aux réseaux sociaux, les réunions du Cercle peuvent avoir des prolongements. Par exemple sous la forme de ce petit texte déposé par Philippe Cohen-Grillet sur sa page Facebook le 6 novembre 2018, à 2 h 42 :

« L'ami Jean-Pierre Thiollet est un récidiviste. Et pour cause, fait rarissime par les temps qui courent, il est fidèle en amitié ! Fidèle aux amis, au pluriel, dont il a la prévenance de réunir quelques spécimens une fois l'an, de leur offrir la joie des retrouvailles et de nouvelles rencontres. Ce soir, nous nous sommes retrouvés au fil de l'eau – et de la plume – pour saluer son dernier livre, hommage à notre ami, au grand frère, au plus grand écrivain de sa génération, à l'homme de combats, à l'esprit sans concession, Jean-Edern Hallier. Vingt ans déjà...

La péniche Marcounet tanguait comme il se doit, sans plus. Le capitaine Thiollet tenait la barre, je retrouvais Patrice et une piquante femme de rouge vêtue. Inséparables comme toujours, Xavière et Jean étaient de passage. Nous avons parlé de Paris, de l'agenda municipal et de l'avenir de la capitale. "Et si on rebaptisait Paris !?" Un jour, Jean-Edern osa lancer le défi (presque blasphématoire)...

À vos idées ! »

Les membres du Cercle InterHallier

Jean-Pierre Agnellet, producteur, ancien dirigeant de sociétés ; Jean-Paul Arabian, restaurateur, et Nina Arabian, son épouse ; Catherine Artigala, comédienne ; Adam Barro, chanteur lyrique ; Sébastien Bataille, auteur de biographies, chroniqueur musical, chanteur et auteur de chansons ; René Beaupain, écrivain, ancien chercheur au Centre national de la recherche scientifique ; Bruno Belthoise, pianiste et improvisateur ; Jacques Boissay, photographe, et son épouse Dominique ; Roland et Claude Bourg (1935-2019, cf. *In memoriam*, Appendice) ; Hélène Bruneau-Ostapowiez, détentrice du droit moral de Maurice Utrillo et Suzanne Valadon ; Patrice Carquin, chef d'entreprise ; Adeline Castillon, conseil en communication ; Audrey Chamballon ; Jean-Marc Chardon, journaliste ; Laurence Charlot, journaliste, Xavier du Chazaud, avocat au barreau de Paris ; Bénédicte Chesnelong, avocate au barreau de Paris ; Daniel Chocron, historien du cinéma, conférencier, programmateur de salles et organisateur de spectacles ; Philippe Cohen-Grillet, écrivain et journaliste ; Isabelle Coutant-

Peyre, avocate au barreau de Paris et amie de Jean-Edern ; Michèle Dautriat-Marre, amatrice d'art ; Caroline Dumas, de l'Opéra de Paris, chanteuse lyrique et professeur à l'École normale de musique de Paris – Alfred Cortot ; Philippe Dutertre, créateur d'*Ici Londres,* le magazine des Français à Londres ; Cécilia Dutter, écrivaine et critique littéraire ; Gabriel Enkiri, écrivain et éditeur ; Francis Fehr, cinéaste ; Joaquín et Christiane Ferrer, artiste et chef d'établissement ; Marie-Lize Gall, dite Gallys, artiste, présidente de l'Association des peintres et sculpteurs témoins du 14e arrondissement de Paris, secrétaire générale du Salon des arts plastiques Interfinances, responsable de club littéraire « Pages ouvertes » ; Patrice Gelobter, responsable de communication ; Jean-François Giorgetti, auteur-compositeur ; Paula Gouveia-Pinheiro ; Cyril Grégoire, directeur artistique ; Olivia Guilbert-Charlot, juriste ; Anne Guillot, amatrice d'art ; Patrice Guilloux (1942-2017), manager, et Marie-Hélène, son épouse, amatrice d'art ; Laurent Hallier, frère de Jean-Edern Hallier ; Ariane Hallier, fille de Jean-Edern, décoratrice ; Ramona Horvath, pianiste ; Jean-Pierre Hutin, écrivain, ancien militaire au régiment d'élite, le 3e REP – Régiment de parachutistes d'infanterie de marine ; Dominique Joly, avocat au barreau de Paris, et Alexandra, son épouse ; Jean-Luc Kandyoti, pianiste et compositeur ; Ingrid Kukulenz ; Christian Lachaud, conseil en communication ; Jean-Louis Lemarchand, vice-président de l'Académie du Jazz, écrivain et journaliste ; Albert Robert de Léon, directeur de galerie à Paris, expert en tapis ; Ghislaine Letessier-Dormeau ; Didier et Pascale Lorgeoux, chefs d'entreprise ; Christophe-Emmanuel Lucy, écrivain et journaliste ; Patrick Lussault, manager, spécialiste de la finance et de l'organisation, et Sophie Lussault, son épouse ; Monique Marmatcheva (1934-2018, cf. *In memoriam,* Appendice) ; Jean-Jacques Marquis, musicien, président de société, cofondateur du label artistique indépendant Comme un pinson ; Odile Martin ; Jean-

Claude Martinez, professeur émérite de droit à l'université de Paris-II – Assas, ancien député français et européen, essayiste et parolier ; Bruno et Marie Moatti, parents du pianiste Michaël Moatti et de la violoniste Elsa Moatti ; Michel Monnereau, poète ; Marie-Thérèse Parisi, amatrice d'art ; Denise Perez, responsable de relations publiques et agent artistique, cofondatrice du label indépendant Comme un pinson ; Michel Pittiglio, président de l'association Maurice Utrillo ; Nadia Plaud ; Olivier Raymond, gérant de sociétés et amateur d'art ; Viviane Redeuilh, pianiste et artiste-peintre ; Daniel Rivière, conseil en gestion de marques ; François Roboth, journaliste, photographe et chroniqueur gastronomique ; Philippe Semblat, journaliste ; Jacques Sinard, spécialiste du trust, Formal Secretary du Salvador Dalí Pro Arte Trust, secrétaire du Groupe de Domptin, avocat émérite aux barreaux de Bruxelles et de Paris ; Véronique Soufflet, chanteuse, auteure-interprète et comédienne ; Béatrice Szapiro, fille de Jean-Edern Hallier, styliste en prêt-à-porter féminin, directrice d'un atelier de mode et couture ; Hélène Thiollet, biologiste ; Monique Thiollet, proviseure ; Pierre Thiollet, juriste, membre de la Spedidam (Société de perception et de distribution des droits des artistes-interprètes) ; Jean-Pierre Thiollet, auteur ; Jean Tibéri, ancien maire de Paris, et Xavière Tibéri, son épouse, amis de Jean-Edern Hallier ; Genc Tukiçi, pianiste et compositeur ; Laurence Vaivre-Douret, neuropsychologue clinicienne, chercheuse et auteure d'ouvrages ; César Velev, violoniste-concertiste ; Alain Vincenot, journaliste et écrivain ; André Vonner, entrepreneur, ancien secrétaire général de la Cedi (Confédération européenne des indépendants) ; Paul Wermus (1946-2017), journaliste, animateur de télévision et chroniqueur de radio ; Laurent Wetzel, écrivain, ancien homme politique et inspecteur d'académie, et Marie-Henriette, son épouse ; Guillaume Wozniak.

« Nous serons presque imbéciles
Presque morts, presque à l'asile
Enfin nous serons gâteux
Impotents et radoteux
Lorsque l'on viendra nous dire
Que nous avions des choses à dire
C'est merveilleux. »

Georges Chelon, « Soliloque »

« Un cercle est la plus longue distance d'un point au même point. »

Tom Stoppard, dans *Le Petit Livre de l'humour anglo-saxon,*
Le Cherche Midi éditeur

« Un cercle est un carré qui a réussi, ou
un hexagone qui a mal tourné. »

D'après Pierre Dac, *L'Os à moelle*

Béatrice Szapiro, styliste, fille de Jean-Edern Hallier, entourée d'une amie et de Christian Lachaud, conseil en communication

Caroline Dumas, de l'Opéra de Paris

Bruno Belthoise, pianiste et improvisateur

Isabelle Coutant-Peyre, avocate et amie de Jean-Edern Hallier

Marie-Thérèse Parisi et Michèle Dautriat-Marre, amatrices d'art

Christophe-Emmanuel Lucy, écrivain et journaliste

Jean-Luc Kandyoti, pianiste et compositeur

Claude Bourg
(cf. Appendice)

Xavière Tibéri, amie de Jean-Edern Hallier, Jean-Pierre Thiollet, Jean Tibéri, ancien maire de Paris, ami de Jean-Edern Hallier

Le journaliste, photographe et chroniqueur gastronomique, François Roboth

La chanteuse, auteure-interprète et comédienne, Véronique Soufflet

Cyril Grégoire, directeur artistique du Balajo, et le responsable de communication Patrice Gelobter

Le chanteur lyrique Adam Barro

Denise Perez, agent artistique

Bruno et Marie Moatti, parents du pianiste Michaël Moatti et de la violoniste Elsa Moatti, Philippe Semblat, journaliste, et Jean-Jacques Marquis, musicien et président de société

Nina Arabian, l'épouse du restaurateur Jean-Paul Arabian, Alexandra Joly et son mari, Dominique Joly, avocat au barreau de Paris

Viviane Redeuilh, pianiste et artiste-peintre

Le poète Michel Monnereau et le manager Patrick Lussault

Olivia Guilbert-Charlot, juriste, et Laurence Charlot, journaliste

La comédienne Catherine Artigala

L'entrepreneur
André Vonner

La pianiste
Ramona Horvath

Le chroniqueur
de jazz et écrivain
Jean-Louis Lemarchand

Paula Gouveia-Pinheiro,
lectrice-correctrice.

La neuropsychologue clinicienne
Laurence Vaivre-Douret

L'essayiste Jean-Claude Martinez,
ancien député français et européen

L'artiste Marie-Lize Gall, dite Gallys, et sa fille

La violoniste Elsa Moatti et le pianiste et compositeur Genc Tukiçi

Daniel Rivière, conseil en gestion de marques

L'écrivain et journaliste Philippe Cohen-Grillet

Hélène Thiollet, biologiste, chargée de projet à l'Institut national du cancer, Monique Thiollet, proviseure

Photos :
Philippe Germanaz
et Jean Bibard
(FEP – France Europe
Photo, agence de presse
photographique)
Infographie :
Armelle Fabry
(Chatel Photocompo)

La cornettiste Shona Taylor et la guitariste Marie-Ange Martin

Marie-Henriette Wetzel et son époux, l'écrivain Laurent Wetzel, ancien homme politique et inspecteur d'académie, Marie-Hélène Guilloux, amatrice d'art, Guillaume Wozniak, Nadia Plaud, et le producteur Jean-Pierre Agnellet

Art de vivre… avec Hallier

« Un artiste est celui qui participe à toutes les manifestations
de la vie et de la culture plus complètement qu'aucun
être parce qu'il est doué d'une sensibilité plus grande.
Pour un artiste digne de ce nom, il n'est pas de domaine,
si petit soit-il, qu'il n'ait pas le droit mais le devoir d'envahir.
Or, il semble que la plupart de ceux qui s'intitulent aujourd'hui
artistes ne sont préoccupés que de leurs petits problèmes
personnels, ignorant superbement les liens profonds qui les
relient à la collectivité. (…) Ils n'ont pas, la plupart,
conscience d'aucun art de vivre. »

Georges Mathieu (1921-2012), dans une lettre

« Nous – les Français – sommes persuadés être seuls au
monde à pratiquer à la perfection deux arts majeurs :
l'amour et la cuisine. Les autres nations se nourrissent ;
nous, nous mangeons… Les étrangers se reproduisent ;
nous, nous faisons l'amour. »

Jean Amadou, *Les Français mode d'emploi*

« J'aime énormément l'art de vivre à la française. En particulier la
cuisine, qui a longtemps été mille fois plus savoureuse que la
cuisine anglaise. (…) Bien sûr, j'aime aussi beaucoup vos
vins rouges. Et votre champagne ! Sans parler de votre sens
du style. (…) Une émouvante grandeur se dégage du
raffinement français. »

Ken Follett, dans un entretien accordé à *Point de vue*
(n° 3687, 20 au 26 mars 2019)

De l'art de vivre, Jean-Edern a toujours eu une conscience aiguë. Par éducation, tempérament et parti pris aussi. Il se plaisait à dire et à écrire que la vie est un « banquet perpétuel ». Non que chaque jour ait vocation à être un festin, mais il savait que cette vie est faite d'une multitude d'éléments et que parmi les plus beaux, il y a l'amour et les repas. À table, à défaut d'être un quadrille de mangeoires, il tenait son rang. Il était, ce qu'il est convenu d'appeler, un « bon client ». Surtout s'il y avait un savoureux cru de rouge, joliment vermillon, à portée de main.

Au début des années 1980, sans être un adepte des rubriques gastronomiques qui mettent la salive à la bouche avant d'inciter à dégarnir le portefeuille, il connaissait plus d'un bistrot de référence qu'il allait visiter pour y déjeuner en petit comité afin d'apprécier la gribiche du chef et l'appétissant décolleté de la patronne !

Conscient de la relation étroite nouée entre la bouche et la littérature, il ne doutait pas une seconde que ce lien ait pu profondément marquer la civilisation française. Il avait connu Jean Paulhan, cet éminent littérateur, bibliophile et éditeur qui avait beaucoup retenu de son séjour à Madagascar au début du siècle dernier, comme ses observations publiées après sa mort en attestent : « ... l'on est toujours un peu triste quand un repas est terminé, relevait Paulhan [1]. C'est un conte mérina qui raconte cela. Il montre l'estime délicate que les Mérinas ont pour les repas et la manière simple dont ils comprennent l'amour (...). Le paysan mérina apprenait dans les proverbes toute la sagesse de ses ancêtres et c'est par eux qu'il savait que le repas et les sentiments dont il s'entoure ont une signification profonde, et que chaque mets est le symbole d'un désir, d'une impression, d'une de toutes les choses que l'on rencontre pendant la vie. »

Hallier ne se montrait pas adepte de la chère sans raison et la cuisine, *a fortiori* magistrale et réussie, lui apparaissait sans doute comme l'un des derniers refuges quand une civilisation se met à douter d'elle-même. Considérant qu'il subissait trop souvent l'oppression d'une forme de décadence, il souffrait beaucoup que la société inventive, polie, libre d'esprit, se fît rare. Il cherchait donc son plaisir dans la conversation et une sorte de pyrotechnie spirituelle, à causer art, littérature, science ou politique… Son discours ne prenait pas un tour emphatique et il pouvait faire montre d'une drôlerie ébouriffante. La muse du cabaret chère à Raoul Ponchon ne l'abandonnait pas. Du moins au début des années 1980. Même quand arrivait le gigot, ce convive charmeur et séduisant ne disait pas adieu aux grandes et petites phrases. La conversation ne risquait pas de devenir étouffante, car il avait l'art d'ouvrir des parenthèses… En sa compagnie, « s'amuser » était bien un mot français et n'avait de sens, comme l'assurait déjà Taine en son temps[2], qu'à Paris. Le champagne n'avait même pas besoin de mettre la vie à l'échelle du rêve ni de hausser son col hors de son seau à glace pour voir ce qui allait se passer… À cette époque, la beauté se décrivait, elle ne se « hashtaguait » pas, et la photographie était moins destinée à montrer qu'à se souvenir. Les restaurants ou hôtels ne tendaient pas encore à servir de mises en scène pour Instagram. Le luxe ne paraissait pas se réduire à une recherche effrénée et exclusive de l'« authentique »… Point de nostalgie. Autres temps, autres mœurs. Comment Jean-Edern aurait-il réagi et évolué ? Nul ne peut le savoir, mais sans doute serait-il resté du genre mordant et imprévisible. Libre à chacun d'imaginer ce qu'il aurait pu entreprendre pour « se faire remarquer » ! Ce qui est sûr en tout cas, c'est que, de nos jours, à chaque fois que le prénom « Jean-Edern » se fait entendre, c'est à lui que l'on pense. Mais on n'a pas forcément raison. La preuve en est fournie dans les pages qui suivent par François Roboth, observateur attentif, jour après jour, depuis des lustres, des coulisses de la vie parisienne et française. Avant plusieurs « tours de table », au Café de Flore, chez Loubnane, en compagnie du chef Christian Leclou ou du côté du Clos de l'Alma, il nous propose – entre quelques amuse-bouche – de faire connaissance avec Jean-Edern Hurstel, le nouveau J.-E. H. parisien, jeune et talentueux cuisinier, et patron du restaurant au nom de baptême inoubliable… Edern !

> « Elle s'en alla, papillonnant de table en table, paraissant butiner çà et là quelques pollens de mots et autant de vodkas-orange qu'on lui offrait – pour voleter aussitôt après plus loin, en se faufilant au nombre des invités de la table d'à côté. »
>
> Jean-Edern Hallier, *L'Évangile du fou*

> « La cuisine, c'est presque une philosophie. »
>
> Gérard Depardieu, dans l'épisode de la série de films documentaires « À pleines dents ! » consacré à Fès, avec le chef cuisinier Laurent Audiot, diffusé sur Arte en 2016

> « L'expérience esthétique n'est plus limitée à un cadre codifié, car l'art doit s'intégrer à la totalité de l'existence. C'est aussi le signe de la fluidification des espaces : une boutique aujourd'hui peut être conçue par un artiste, un musée être commercial, une librairie vendre toutes sortes d'objets, un restaurant être un lieu de contemplation esthétique. »
>
> Emanuele Coccia et Donatien Grau, auteurs de *Le Musée transitoire,* dans *M, le magazine du Monde,* 28 avril 2018

---

(1) Jean Paulhan (1884-1968), dans un texte publié à titre posthume et intitulé *Le Repas et l'Amour.*

(2) Hippolyte Taine (1828-1893), *Voyage en Italie : Naples et Rome,* volume 1.

Amuse-bouche et autres menus plaisirs de pique-assiette

« J'entends encore la litanie de ma mère à table : ne coupe jamais la parole des grandes personnes, ne parle pas la bouche pleine, tu n'as pas le droit de parler avant le dessert, mets les poings sur la table et, par-dessus tout, ne parle pas avec tes mains, ce qui était, est et sera toujours pour nos familles le comble de la vulgarité. »

Jean-Edern Hallier, *L'Évangile du fou*

« Déjeuner : breakfast d'un américain qui a séjourné à Paris. »

Ambrose Bierce, *Le Dictionnaire du diable*

« Le comble de l'optimisme, c'est de rentrer dans un grand restaurant et compter sur la perle qu'on trouvera dans une huître pour payer la note. »

Attribué à Tristan Bernard (Paul Bernard, dit, 1866-1947)

« Après un canard à la pékinoise, je suis d'accord avec tout. »

Attribué à Henry Kissinger, conseiller à la sécurité nationale du président des États-Unis Richard Nixon, après un déjeuner organisé en 1971 par Zhou Enlai, le Premier ministre de la République populaire de Chine

« Je préfère le vin d'ici à l'au-delà ! »

Attribué à Francis Blanche

« En voyage, je regarde la carte des vins pour éviter les bouchons ! »

Raymond Devos, « Supporter l'imaginaire »

« On demande ancien jockey pour confectionner œufs à cheval. »

« Les bons crus font les bonnes cuites. »

« Le plat du jour, c'est bien, à condition de savoir à quel jour remonte sa préparation. »

Pierre Dac, *L'Os à moelle* et *Pensées*

« Qu'un potage soit immangeable, cela ne tient parfois qu'à un cheveu. »

Attribué à Jules Romains (Louis Farigoule, dit, 1885-1972)

« L'huître est un animal récalcitron. »

Attribué à Henri Roorda (1870-1925)

« En fait de femmes, c'est dans les huîtres que l'on trouve les perles. »

Jules Barbey d'Aurevilly, *Pensées détachées*

« On dit que les Américains mangent toute la journée. C'est faux.
Mais ce qu'ils mangent est tellement mauvais qu'ils doivent s'y reprendre à plusieurs fois. »

Jean Rigaux (1909-1991), de retour d'un premier voyage aux États-Unis

« Les Français sont si fiers de leurs vins qu'ils ont donné à certaines de leurs villes le nom d'un grand cru. »

Attribué à Oscar Wilde (1854-1900)

« Je sais maintenant pourquoi les Anglais préfèrent le thé :
je viens de goûter leur café. »

Pierre-Jean Vaillard (1918-1988), *Le Hérisson vert*

« Dessert : une pêche si on est seul, un péché si on est deux. »

Attribué à Aurélien Scholl (1833-1902)

Sortant de table où il avait été placé à côté de quelqu'un
qui avait l'haleine un peu forte, Scholl disait : « Je savais
bien que M. X… avait été exécuteur testamentaire,
mais j'ignorais qu'il eût mangé le cadavre. »
Une autre fois, il disait du même : « À côté de lui, quand
on mange du poulet, on croit que c'est du faisan. »

(*L'Esprit d'Aurélien Scholl*, collection « L'Esprit de… »,
dirigée par Léon Treich, Éditions Gallimard)

« La seule arme qui m'intéresse, c'est le tire-bouchon. »

Attribué à Jean Carmet (1920-1994)

« Je ne bois jamais à outrance : je ne sais même pas où c'est ! »

Souvent attribué, semble-t-il à tort, à Pierre Desproges

« J'aime bien la cuisine chinoise parce que c'est très pratique. Quand
vous voulez faire du poulet au bœuf et aux langoustines, vous
prenez un peu de poulet et vous ajoutez du bœuf et des langoustines.
Pareil pour le bœuf au poulet et aux langoustines et pareil pour
les langoustines au poulet et au bœuf. Avec un peu de riz. »

« Je me souviens d'une rue de Paris où il y avait trois boulangers
en concurrence. Le premier avait inscrit sur sa vitrine : "Le meilleur
croissant de France", le second : "Le meilleur croissant d'Europe",
le dernier : "Le meilleur croissant du monde". J'ai un pote qui s'est
installé boulanger lui aussi dans la rue, il a ramassé le pactole.
Sur sa vitrine il a écrit : "Le meilleur croissant de la rue". »

Jean Yanne, *Pensées, répliques, textes et anecdotes*

« Puisque les impôts ont une assiette, pourquoi mangent-ils dans la nôtre ? »

Attribué à Alphonse Allais (1854-1905)

« Plus je vieillis et plus je remplace le sexe par la bouffe. Hier, j'ai fait installer des miroirs sur les murs de ma salle à manger. »

Rodney Dangerfield (1921-2004), dans *Le Petit Livre de l'humour anglo-saxon* (Le Cherche Midi éditeur)

« Toutes les sociétés ont besoin de diseurs de vérité et ont besoin de rire. »

Jean-Edern Hallier, dans un entretien avec Thierry Ardisson, lors d'une émission de télévision diffusée sur France 2 en 1992

— *Qu'est-ce qui va le mieux avec le gibier, l'Evian ou le Vittel?*

Dessin de Jacques Faizant (1918-2006), extrait des *Vieilles Dames,* paru en 1963 aux Éditions Denoël.

Cinq tours de table parisiens et puis s'en vont...

Par François Roboth [1]

---

(1) François Roboth est un journaliste connu pour avoir un goût prononcé pour le bon, le beau, le vrai... Il est juré du concours national Meilleur ouvrier de France (catégorie Maître d'hôtel, du service et des arts de la table). Ancien rédacteur en chef du Maxiguide Hachette France, coauteur de *22,* un album photo pittoresque sur les événements de Mai 1968 en France, avec Jean-Pierre Mogui, et d'ouvrages de la célèbre collection des « Guides Bleus », il a également signé les textes de l'album photo de Claude Perraudin, *Le Père Claude* (préfaces du chef Pierre Troigros et de Jean-Loup Dabadie), et des contributions dans les livres *Hallier ou l'Edernité en marche, Hallier, l'Edernel jeune homme, Carré d'art : Jules Barbey d'Aurevilly, lord Byron, Salvador Dalí, Jean-Edern Hallier, Bodream ou Rêve de Bodrum, Piano ma non solo, 88 notes pour piano solo* et *Improvisation so piano.* Sur France 3, François Roboth fut enfin l'animateur, pendant cinq ans, de « Quand c'est bon ? Il n'y a pas meilleur ! », seule émission culinaire en direct à la télévision française.

Jean-Edern Hurstel
ou le nouveau J.-E. H.
de la capitale

« Le plaisir de la table est de tous les âges, de toutes les conditions, de tous les pays et de tous les jours. Il peut s'associer à tous les autres plaisirs, et reste le dernier, pour nous consoler de leur perte. »

Jean-Anthelme Brillat-Savarin (1755-1826), *Physiologie du goût*

« Le titre de gastronome, comme celui d'ambassadeur, ne désigne pas une fonction, mais une dignité. »

James de Coquet (1898-1988), *Propos de table*

« Pour commencer, je prendrai une faute d'orthographe
– Pardonnez-moi, monsieur, il n'y en a pas.
– Alors pourquoi y en a-t-il au menu ? »

Attribué à Alphonse Allais

À Paris, comme en Bretagne, un Edern peut-il en cacher un autre ? Mais oui bien sûr ! Voici la belle histoire du restaurant Edern. Elle se déroule à l'ouest de la capitale française. Preuve qu'avec Edern, il y a toujours du nouveau !

L'aventure prend racine à deux pas des Champs Élysées, « La plus belle avenue du monde ! », quotidiennement sur-colonisée par des millions de promeneurs, de touristes étrangers, et, sous l'Arc de triomphe par des anciens combattants ranimant la flamme du souvenir. Sans oublier, certains week-ends non chômés des années 2018-2019, le renfort spontané d'une foule d'infatigables « gilets jaunes » pugnaces, versatiles théoriciens du dialogue et de la castagne, chantres bénévoles de revendications multiples et variées, volontiers très musclées, souvent inabouties aussi…

C'est là qu'un nouveau restaurant est né. Il s'appelle « Edern » et ne se contente pas d'ouvrir ses portes à l'angle des rues Lord-Byron, l'illustre poète britannique, et Arsène-Houssaye, cet éminent homme de lettres français quelque peu oublié. Il est contigu du cabaret parisien La Villa d'Este, qui, au siècle dernier, bien avant les hit-parades et autres Top 50, fut, tous les soirs et à guichets fermés, cet authentique tremplin vers le succès et facilita les débuts parisiens dans la chanson de Dalida, Isabelle Aubret, Georges Brassens, Léo Ferré, Pierre Perret, Mouloudji, Charles Aznavour, Jean Constantin, et d'une pléiade d'autres artistes de grand talent.

Au siècle dernier encore, à son emplacement, semble-t-il béni des dieux, l'excellent chef Gilles Épié a également dirigé pendant dix ans un restaurant baptisé « Citrus Étoile ».

Il aura fallu huit longs mois de travaux, transformations et décorations, magistralement pensés et dirigés par l'architecte-décorateur anglais Paul Bishop, pour qu'en septembre 2018, l'Edern fasse son apparition, dans un lumineux et sobre décor de brasserie moderne, avec bar comptoir à l'entrée, sous-sol aménagé, où un confortable et discret salon fumoir, parfaitement isolé, neutralise les irréductibles « fumeurs de havane » chers à Serge Gainsbourg et à Jean-Edern Hallier, qui, ainsi, n'incommodent plus les nombreux adversaires de Jean Nicot.

Discret patronyme breton qui, depuis le Haut Moyen Âge, signifie « énorme, géant » et est issu du vieux gallois *Edyrn*, « Edern » est en fait l'authentique prénom de Jean-Edern Hurstel. Ce nouveau et jeune chef propriétaire, d'origine alsacienne, vient ainsi interpeller, intriguer et régaler les « fines fourchettes de la capitale », les gourmets de l'Hexagone et du monde entier. Dans une ambiance décontractée, ils apprécient et fréquentent ce nouveau restaurant, avec une table de chef ouverte sur la cuisine, et la salle du podium, sur la salle principale. Le soir, une première parisienne, « un DJ soft » aux platines, pour une ambiance de folie.

De plus en plus nombreux, les clients sont séduits par les prix de la carte, qui ne sont pas d'une littéraire « douceur angevine », mais rares à notre époque spéculative, plus particulièrement sur les Champs-Élysées. Ces prix sages ont été étudiés par l'ensemble du personnel, attaché au service de la bonne cuisine maison. Pour le chef, il s'agit d'abord et avant tout de proposer « des mets simples et bons tout en gardant une technique très évoluée avec des produits très pointus ». Une succulente variété de hors-d'œuvre façon tapas ou cuisinés, de la truffe en saison, facturée au gramme, le carpaccio de bœuf Simmental, le tourteau, la quenelle de brochet français comme à l'auberge de Floris à Genève, le cabillaud de ligne vapeur, la côte de veau de lait, macaronis aux cèpes, échalotes grises, la tarte aux pommes et les savoureux desserts sont, bien sûr, maison, les vins au verre, aussi.

« Pour en arriver là ! [1] »

Mais comment diantre ce Jean-Edern du XXIe siècle en est-il arrivé là ? Pour être un cuisinier brillant et ascendant, Jean-Edern Hurstel n'en demeure pas moins un descendant... Second d'une fratrie de quatre garçons, avec une sœur, né le 11 juin 1975, à Strasbourg, préfecture du Grand-Est et du Bas-Rhin, siège officiel du Parlement européen, dans le quartier boisé, pittoresque et résidentiel Robertsau, il est le fils d'Élisabeth, orthoptiste diplômée, et de Jean Hurstel, ancien directeur des relations extérieures de l'inimitable liqueur internationale Grand Marnier, créée en 1880 par le légendaire César Ritz pour la famille Marnier-Lapostolle, et aujourd'hui propriété de Campari. Comme chacun sait, ce distillat de cognacs et d'écorces d'oranges amères qui titre 40°, se déguste sur glace, en long drinks et autres cocktails, dans le monde entier... Aujourd'hui jeune retraité, alsacien de souche depuis plusieurs générations, Jean Hurstel préside dans sa région d'origine le Parlement de Musique, un ensemble de musique baroque et classique sur instruments anciens, et comme secrétaire général, il veille au bon fonctionnement de l'Académie d'Alsace des sciences, lettres et arts.

C'est lui aussi qui, sous la direction de l'infatigable Nicole Seitz, l'historique Madame Grand Marnier (médiatique avant la mode, une des reines de la communication), en sa qualité d'ambassadeur de cette liqueur nationale de renommée internationale, supervisera dès 1993 la naissance et le bon fonctionnement de l'Association des Jeunes Restaurateurs d'Europe, connue sous le diminutif « JRE ». Un aréopage de jeunes chefs cuisiniers européens, de moins de quarante ans, réunis sous la bannière de la jeune et nouvelle Europe.

Dès son adolescence, fonction paternelle oblige, Jean-Edern Hurstel aura donc le privilège de fréquenter une pléiade de jeunes chefs JRE. Motivé par cette élite de cuisiniers français et européens pleins d'avenir, de plus en plus déterminé, le jeune homme tombera spontanément, dans les meilleures marmites de notre très bonne cuisine nationale, pour, comme on le dit en argot professionnel, « faire cuisinier ».

Sans hésiter, le voilà qui débute son apprentissage en Suisse, à Genève, au bord du lac Léman, dans le très fréquenté restaurant doublement étoilé Le Floris, propriété du chef français Claude Legras (l'un des meilleurs ouvriers de France), réputé pour ses quenelles de brochet du lac, mais aussi pour l'accueil chaleureux et professionnel de son épouse Inès. C'est dans ce lumineux décor contemporain et aquatique qu'au fil du temps, le chef Claude Legras deviendra « son maître et son ami ! » comme le chante Serge Lama. Pour la petite histoire de la cuisine – ou pour la grande ? –, en 2016, avec sagacité, ce chef visionnaire rendra ses deux étoiles au redoutable Guide Michelin.

Conscient de vivre un véritable conte de fées professionnel, à faire pâlir et réfléchir plus d'un marmiton avide de réussite, dans un métier de moins en moins fréquenté, Jean-Edern Hurstel persévérera, enchaînant les étapes d'un perfectionnement culinaire digne de figurer dans un livre des records.

Ainsi, il cuisinera successivement dans la brigade du regretté Alain Senderens, chez Alain Passard, dans la brigade londonienne de L'Aubergine du chef écossais Gordon Ramsay, la terrifiante vedette de l'affligeante émission de téléréalité « Panique en cuisine », sur sa terre natale, en Alsace, chez Marc Haeberlin, à L'Auberge de l'Ill, avec Alain Ducasse, au Louis XV de l'Hôtel de Paris sur le médiatique rocher monégasque, loin de France, sous le soleil, au Shangri-La d'Abu Dhabi… Il se retrouvera ensuite une première fois à Paris, aux Champs-Élysées, avenue Kléber, pour assurer l'ouverture et, pendant deux ans et demi être le plus jeune chef français à diriger la brigade du nouveau palace sino-parisien Peninsula, sans oublier ses huit passages, quand même, dans la décevante émission TV sur-scénarisée, aux résultats arbitraires et fantaisistes « Top chef ». Le tout avant d'effectuer l'ouverture tant attendue de son restaurant Edern, où les meilleurs éléments de sa brigade du Peninsula l'accompagnent. À trente-neuf ans,

J.-E. H. peut être fier d'avoir accompli sa seizième ouverture de restaurant. Un autre record difficile à battre !

Lettre ouverte au colin froid, la surprise d'un chef ?

Comme chacun sait, le pamphlet anti-Valéry Giscard d'Estaing, alors président de la République française en exercice, paru en 1979, fait partie de la trentaine d'ouvrages de Jean-Edern Hallier. Son titre est emprunté à l'une de nos traditionnelles recettes de cuisine familiales et festives du siècle dernier. Rien à voir avec le prénom : de la famille des gadidés, le colin ou merlu est un poisson de mer sauvage. Cuit entier, ou en darnes, de préférence court-bouillonné, il est servi avec une mayonnaise, un aïoli, des sauces variées. Délicieux, ce plat sera un incontournable des repas d'anniversaires, de communions solennelles, de fiançailles, de mariages et autres festivités.

Classique, littéraire et culinaire, profitons de cette « surprise du chef » pour apprendre que, née, à Brignogan-Plages dans le Finistère Nord, sur la redoutable et sauvage Côte des légendes, qui, comme le précise son slogan touristique, « n'hiverne pas », Élisabeth Hurstel, la maman de notre cuisinier Jean-Edern, est une bretonne pur cidre, obligatoirement breton et voisin, de préférence du golfe du Morbihan, de la variété Guillevic, Label Rouge 2000, pur jus, non gazéifié, non édulcoré, aux bulles fines et persistantes. Elle est en effet native de Plounéour-Trez, ce charmant petit village situé au cœur du Pays pagan, en bord de mer d'une région tristement réputée, dans les siècles écoulés, pour ses redoutables « naufrageurs » qui, sur cette bande côtière accidentée d'une quinzaine de kilomètres, avec des leurres lumineux fixés sur des vaches, pratiquaient depuis l'antiquité « le droit de bris et de naufrage », attirant les navires et les pillant une fois échoués sur les rochers.

À la pointe de la contestation

Aujourd'hui, pour cause de réformes administratives et géographiques imposées, Plounéour-Trez est dénommée Plounéour-Brignogan-Plages, mais n'en demeure pas moins cette localité de la Bretagne occidentale située à 76 kilomètres de Quimper, la préfecture, et à 6 heures de route (via la N12 et la A11), à 587,3 kilomètres du petit village Edern [2].

C'est là que fut construit au XIᵉ siècle le château de la Boixière ou Boissière (homonyme de la propriété du général de Gaulle, à Colombey-les-Deux-Églises), cette propriété de la famille Hallier, parents de Jean-Edern Hallier, où, à partir de 1955, comme le rapportent les Edernais, l'auteur des *Aventures d'une jeune fille* ou de *La Cause des peuples* y recevra du « beau monde » : de François Mitterrand à Robert Badinter en passant par les écrivains André Breton et Pierre-Jakez Hélias. Vendue depuis, abandonnée, la demeure se dégrade inexorablement.

Pour la grande ou la petite histoire ?

Au cœur de la Cornouaille et du Pays glazik, riche de 2 200 habitants recensés, d'apparence calme et tranquille, bien avant la mode, le village d'Edern et ses environs ont accumulé au fil des siècles des péripéties historiques épiques. Le 9 juin 1675, en organisant « la révolte du papier timbré », obligatoirement requis pour les actes authentiques, les Edernois, avec le renfort de 2 000 paysans, furent les premiers « bonnets rouges » d'une histoire de France encore tourmentée jusqu'à nos jours, par de pugnaces « gilets jaunes » déterminés.

Armés de fusils, de fourches, de bâtons ferrés et de pieux, ils manifesteront ainsi violemment contre « la gabelle », l'impopulaire impôt sur le sel, prélevé par les gabelous, les douaniers de l'époque, pour remplir les caisses de sa majesté Louis XIV, le dispendieux Roi-Soleil.

Bis repetita, le 16 juin 1795, à la tête de 600 chouans, Georges Cadoudal passa par Edern pour attaquer et voler, avec détermination et succès, les munitions de la poudrière de Pont-de-Buis.

En 1881, pendant la messe, le fougueux maire d'Edern fermera le bureau de vote pour, dans l'urne, changer les bulletins qui lui déplaisaient.

Colin froid ou vieux gallois ?

Mais revenons-en à Madame Hurstel, la mère de notre cuisinier. C'est pendant ses études alsaciennes d'orthoptiste, pour se distraire et se reposer de ses nombreuses lectures universitaires imposées, que la future jeune « kiné des yeux » découvrira Jean-Edern Hallier dans le texte. « J'ai apprécié, et j'ai même été une inconditionnelle "fan" à l'époque de cet écrivain original, d'une écriture rocambolesque de grand talent. Sa lecture m'a passionnée et permis de me rendre compte aujourd'hui que dans sa jeunesse, mon fils Edern, n'hésitait pas, par exemple, à porter souvent des chaussettes de couleurs dépareillées et volontiers provocatrices, histoire peut-être de se faire remarquer ? À ce jour, je n'ai toujours pas d'explication rationnelle... » À défaut d'être l'amorce d'un éclaircissement, le choix maternel de Jean-Edern comme prénom d'un deuxième fils paraît en tout cas avoir du sens. Même si Jean Hurstel n'en fut pas d'emblée un chaud partisan, il finit par s'imposer, et c'est ainsi que commença à s'écrire l'histoire !

Cuisiner comme un chef :
la recette du colin froid mayonnaise

Vos grands-mères, votre maman, votre épouse, vos tantes ou votre belle-mère se feront un plaisir de vous communiquer leur recette, simple, facile et bon marché. Vous pouvez aussi consulter votre magazine culinaire habituel ou Internet. Mais si vous insistez... Voici la recette du chef Jean-Edern Hurstel :

**Colin poché servi froid,
chaud-froid de cresson, velouté de petits pois à la menthe**

Pour deux personnes

Ingrédients

• 4 darnes de colin (tranches épaisses de 100 g) chez votre poissonnier

• 1 court-bouillon (2 l d'eau, 1 demi-oignon piqué de 3 clous de girofle, 1 gousse d'ail écrasée, 1 branche de thym, 1 feuille de laurier, sel, poivre)

• Mayonnaise maison (1 jaune d'œuf, 1 cuillère à café de moutarde, 3 cl d'huile de pépin de raisin, 1 demi-citron)

• 1 botte de cresson de fontaine (lavé, équeuté, égoutté)

• 200 g de petits pois à écosser

• 20 g de beurre (cru de préférence)

• Lait frappé

• Quelques feuilles de menthe fraîche et tiges de ciboulette (lavées, égouttées, ciselées)

• Sel, poivre du moulin

• Glaçons

Matériel

• 1 mixer

• 1 chinois (passoire fine)

• Assiettes creuses

Progression

Préparer 2 heures à l'avance :

- Écosser les petits pois. Dans une casserole d'eau bouillante salée, les cuire 8 minutes. Égoutter, rafraîchir à l'eau glacée, égoutter à nouveau. En réserver quelques-uns pour le dressage.

- Mixer le reste. Ajouter progressivement le lait glacé. Passer au chinois, incorporer les feuilles de menthe ciselées. Réserver au réfrigérateur.

- Dans une casserole, porter le court-bouillon 30 minutes à frémissement. Hors du feu, pocher les darnes de colin pendant 12 à 15 minutes. Égoutter, réserver.

- Dans un bol, monter votre mayonnaise maison, sans oublier le jus de citron, réserver.

- Plonger le cresson 3 minutes dans l'eau bouillante salée, l'égoutter et le rafraîchir dans l'eau glacée, l'égoutter à nouveau. Le mixer en purée, réserver.

- À la poêle sur feu vif, faire fondre le beurre, jusqu'à la coloration noisette. L'incorporer à la purée de cresson.

- Au fouet, incorporer délicatement la purée de cresson montée au beurre dans la mayonnaise citronnée. Rectifier l'assaisonnement et réserver.

- Napper le fond des assiettes creuses de velouté glacé de petits pois à la menthe (30 ml environ). Déposer délicatement les darnes de colin froid, les napper généreusement de mayonnaise au cresson, décorer de petits pois entiers et parsemer de ciboulette finement ciselée.

- Servir et déguster très froid… ! Avec gourmandise, dans la sérénité !

« La table est une espèce d'autel qu'il faut parer les jours de fête et les jours de festin. »

Joseph Joubert, *Pensées*

« Pour faire un grand vin, il faut un fou pour faire pousser la vigne, un sage pour la surveiller, un poète lucide pour faire le vin et un amoureux pour le boire. »

« Qui sait déguster ne boit plus jamais de vin mais goûte des secrets. »

Propos attribués à Salvador Dalí (1904-1989)

« La grande cuisine est le dernier refuge des civilisations qui doutent d'elles-mêmes. »

Hubert Monteilhet, *Devoirs de vacances*

---

(1) En référence au titre de l'une des chansons à succès de Dalida (Iolanda Cristina Gigliotti, dite, 1933-1987), enregistrée en 1985 (paroles de Michel Jean-Marie Jouveaux et musique de Jeff Barnel).

(2) À ne pas confondre avec, toujours dans le Finistère, dans le Léon, sous la protection de saint Edern, le village de Plouédern, et au sud des monts d'Arrée, Lannédern.

Chez Loubnane, le Liban
à Paris pour Hallier

« Il n'y a pas au Liban de juxtaposition de peuples ou de cultures différentes. Il existe une diversité de communautés religieuses formant une seule société parce qu'ayant toutes la même langue, le même mode de vie, les mêmes poètes et la même musique, la même cuisine et, sur beaucoup de points, les mêmes valeurs sociales, ainsi qu'une histoire commune. »

Georges Corm, *L'Avenir du Liban*

« J'ai perdu l'espoir et mes racines. J'ai perdu mon Saint Louis et son chêne. J'ai perdu mon cèdre du Liban… Je suis devenu un émigré du dedans. »

Jean-Edern Hallier, dans un éditorial de *L'Idiot international,* paru en mai 1992, puis dans *Le Refus ou la Leçon des Ténèbres*

« Quelquefois on cause art, science, politique. La conversation prend un tour emphatique qui n'est pas sans danger… Arrive le gigot… adieu les grandes phrases ! Chacun à son voisin dit : assez… tu me rases ! Parlons donc de manger. »

Raoul Ponchon (1848-1937), *La Muse au cabaret* (« Le Gigot »)

Au cœur de Paris, proche des quais fréquentés par de nombreux touristes et tous les amoureux des bords de Seine, sans oublier les bouquinistes devenus marchands de souvenirs et bimbeloteries de toutes sortes… à l'ombre des tours séculaires de la cathédrale Notre-Dame, c'est chez Loubnane, le plus ancien restaurant libanais de la capitale, qu'avec un duo d'amis, Jean-Edern Hallier fera la découverte des riches saveurs exotiques, subtiles et variées de la très bonne cuisine familiale de Kamal Nassif, le patron, un enfant de Beyrouth.

Les mezzés de la « Mouff »

Dans le pittoresque quartier de la Contrescarpe, très fréquenté pour sa commerçante rue Mouffetard... Bien achalandée, c'est l'une des plus anciennes rues de Paris, sous laquelle coule la Bièvre. Mais célèbre aussi pour ses novateurs « Cabarets Rive Gauche » (L'École buissonnière de René-Louis Lafforgue, la Contrescarpe, la Méthode, le Bateau ivre, le Cheval d'or, la Vieille grille) où, à guichets fermés, dans des salles minuscules, se produisaient devant des « fans branchés », bien avant l'heure du Top 50 et autres hit-parades, des artistes débutants qui, à l'impitoyable applaudimètre national, deviendront les grands noms de la chanson française : Barbara, Juliette Gréco, Cora Vaucaire, Anne Sylvestre, Brigitte Fontaine, Christine Sèvres et Jean Ferrat, Francis Lemarque, Brassens, Brel, Aznavour, Perret, les Frères Jacques, Boby Lapointe, Pierre Étaix, Maurice Fanon, Ricet Barrier, Jacques Higelin, Areski, Christian Marin, Suc et Serre, Pierre Richard, Serge Lama, Coluche...

C'est chez son oncle Rachid, qui ouvre, en 1952, rue de l'Estrapade, Les délices du Liban, qu'en 1968 au cœur des événements du mois de mai, où les forces de l'ordre ne possédaient pas de LBD, dans l'âcre et irritante odeur des gaz lacrymogènes, que le nouveau parisien d'adoption, le jeune Kamal, préparera traditionnellement, comme à la maison, et servira : des mezzés chauds et froids, le taboulé national (hachis de persil plat, boulghour, dés de tomates, menthe fraîche, citron, huile d'olive), l'hoummous (purée de pois chiches, crème de sésame), le labné (yaourt égoutté), le foie d'agneau cru, le kebbé nayé (viande de bœuf crue, boulghour pilé), le chawarma de poulet, les keftés et les brochettes d'agneau. Avec également de succulentes pâtisseries, comme les katayefs (de fines crêpes fourrées d'une crème de lait parfumée à l'eau de fleur de rose) dont il conserve toujours, jalousement, le secret de leur fabrication.

Pour se désaltérer : Arak (une eau-de-vie de vin distillée et anisée) et les vins corsés et riches de la plaine de la Bekaa.

« Loubnane » : Liban tout simplement !

La quiétude ayant regagné la capitale, dans le quartier voisin Maubert-Mutualité, proche de Notre-Dame, avec d'authentiques caves voûtées du XIIe siècle restaurées, un achat judicieux permet à Kamal d'ouvrir, enfin, son restaurant qu'il baptisera « Loubnane », sans hésiter.

Rapidement, le succès s'installe avec, parmi de nombreux pèlerins et touristes, des clients qui deviendront fidèles. Sans oublier, pour citer Coluche, « ceux qui sont plus connus que d'autres », anonymes ou pas. Des policiers, des avocats, des juristes de la préfecture de police et du Palais de justice voisins… Viennent ainsi, de leur mairie d'arrondissement, Xavière et Jean Tiberi, en proches voisins aussi, de la rue de Bièvres, leur domicile paternel, Gilbert et Jean-Christophe Mitterrand. Peuvent aussi se côtoyer Sylvia Kristel, Sophie Marceau, Jacques Villeret, Enrico Macias, Lucky Blondo, Pascal Sevran… La productrice de télévision Dominique Antoine est cliente à l'année. Sur sa table, soucieuse de ne pas perdre de temps, elle exige une lampe de bureau, afin de travailler en mangeant.

Assez souvent, sa voisine de table, en cliente anonyme, Nadou, la vigilante épouse de Kamal, veille discrètement au bon déroulement d'un service assuré et supervisé efficacement, dans la bonne humeur par le toujours souriant Élie, lui aussi enfant du pays du Cèdre. Comme la bonne cuisine servie ici, sa bonne humeur, son sourire, son efficacité sont permanents.

Aujourd'hui, Matthieu, l'aîné de la famille Nassif (composée de Julien, Guillaume et Alexia), prend quotidiennement, avec hospitalité et compétence, la succession de son chaleureux, charismatique et tactile papa. Juste en face, en traversant la rue, au « Village », Alexia, sa sœur cadette, vous accueille comme à la maison, tout en veillant sur les précieux flacons d'une cave d'anthologie, rare dans la capitale. Une évidence : « Bon sang, ne saurait mentir ! »

Des clients « premiers de la classe »

C'est un ami et client fidèle de Kamal Nassif, le citoyen corse Roger Caratini (1924-2009), philosophe et encyclopédiste de renom, qui, très fréquemment, invitera Hallier en compagnie de son médiatique avocat-conseil, de réputation internationale, maître Jacques Vergès, chez Loubnane, pour leur faire découvrir et déguster les subtilités et les variétés de la savoureuse cuisine libanaise.

Le parcours intellectuel de ce natif de l'île de Beauté, digne d'éloges et volontiers comparé par ses proches au philosophe italien Jean Pic de la Mirandole, le prince des érudits de la Renaissance pour l'ensemble et l'étendue de sa culture, mérite quelques explications.

Ayant obtenu son bac à seize ans, le jeune Caratini se lancera sans difficulté dans plusieurs cursus universitaires : agrégation de philosophie, licence de mathématiques, thèse d'assyriologie, études de médecine... Un record difficile à battre qui lui permettra non seulement d'être psychanalyste puis directeur d'un établissement d'enseignement secondaire privé, mais encore de rédiger, pour l'éditeur Bordas, uniquement secondé par son épouse et un secrétaire, les 23 volumes de l'Encyclopédie Bordas, organisée par thèmes, abandonnant le traditionnel classement alphabétique de ses concurrentes – une autre performance difficile à égaler – à laquelle s'ajoutera la publication d'une vingtaine d'ouvrages, allant d'une introduction à la philosophie, jusqu'à un panorama encyclopédique des sciences, des biographies de Jules César en deux volumes, de *Néron, le poète assassiné*, de Jeanne d'Arc, Jésus, Mahomet, *Napoléon, une imposture*, avec de-ci de-là des prises de position qui ont pu entacher la réputation scientifique de ce premier de la classe, à l'esprit passionné.

« Il faut se mettre à table, en présence de son avocat ! » (Antoine Blondin)

Lui aussi, avec un baccalauréat obtenu à seize ans, présent aux côtés de Jean-Edern Hallier qu'alors il défend et conseille, l'avocat franco-algérien Jacques Vergès (1924-2013) sera au diapason, le troisième larron de cet insolite trio d'intellectuels chevronnés. Heureux propriétaire d'un CV authentique et digne des meilleurs thrillers, Jacques Vergès sera successivement : élève dans la même classe que Raymond Barre, au lycée Leconte-de-Lille, à Saint-Denis de La Réunion, résistant en 1942, engagé en Angleterre dans les Forces Françaises Libres en 1943, plusieurs fois médaillé, gaulliste inconditionnel, anticolonialiste, ancien militant du PCF, avocat en 1955. Il sera tout aussi successivement : défenseur et époux de Djamila Bouhired, militante FLN, père de leurs deux enfants, naturalisé algérien en 1962, défenseur du nazi Klaus Barbie, du terroriste international d'origine vénézuélienne Carlos, du capitaine Paul Barril, du préfet Bonnet, d'Omar Raddad, de Jacques Médecin, du serbe Milošević, du président Laurent Gbagbo...

En janvier 2008, au théâtre de la Madeleine, acteur débutant dans *Serial plaideur,* un texte de son cru, bien avant maître Dupont-Moretti, ce grand ami de l'ancien ministre Roland Dumas aurait pu aussi plaider d'avoir eu, à défaut de s'enrichir, une vie passionnante et mouvementée.

L'omerta « algéro-corso-franco-libanaise »

Pratiquée et aussi recommandée en restauration, secret professionnel oblige ! On ne saura jamais si c'est au cours de l'un de ces déjeuners chez Loubnane, entre la poire et le fromage (*ingasah, jebneh* en libanais), que l'énigmatique avocat aurait demandé à Jean-Edern Hallier de préfacer son livre *Je défends Barbie,* publié en août 1988, aux Éditions Jean Picollec.

Silence demandé et imposé ! Que la Cour se retire pour délibérer.

« Les sept arts premiers ne font pas appel à nos cinq sens.
La cuisine est l'art le plus réaliste. Et le vin en fait partie, bien sûr.
Refaire un tableau de Renoir est impossible, alors qu'une recette,
tu peux l'interpréter. Pour moi, chaque sens correspond à un art.
Avec la cuisine et le vin, tu peux sublimer le monde. »

Atiq Rahimi, *Le Monde,* 26 janvier 2018

« C'est un monsieur qui dit :
– Avec ma femme, voilà, on ne s'ennuie jamais parce que,
si vous voulez, moi dans la journée, je fais de la peinture
abstraite et ma femme fait de la cuisine, et comme ça, le soir,
on essaie l'un et l'autre de deviner ce qu'on a voulu faire. »

Attribué à Coluche (Michel Colucci, dit, 1944-1986)

Pugilat au Café de Flore

« On change plus facilement de religion que de café. Le monde, d'ailleurs, se divise en deux classes : ceux qui vont au café et ceux qui n'y vont pas. De là, deux mentalités, parfaitement tranchées et distinctes, dont l'une – celle de ceux qui y vont – semble assez supérieure à l'autre. »

Georges Courteline (1858-1929),
La Philosophie de Georges Courteline

« Le café "design" est une invention des Parisiens pour parquer les provinciaux et déjeuner tranquilles au Café de Flore. »

Frédéric Beigbeder, *L'Amour dure trois ans*

Ouvert en 1855, le Café de Flore, établissement proche du café des Deux Magots, en face de La brasserie Lipp, est le café littéraire par excellence, de notoriété internationale, à coup sûr l'un des fleurons de Saint-Germain-des-Prés, et la propriété de Colette et Miroslav Siljegovic.

Bien avant les combats homériques de gladiateurs, du grec ancien *pugmakhía,* en latin *pugilatus* dérivant de *pugnus* (poing), ancêtre de l'académique et rigoureuse boxe anglaise, le pugilat fut, avec la lutte (orthepale) et le pancrace, l'un des trois arts martiaux des Jeux olympiques antiques (668 avant J.-C.).

Quoiqu'il n'ait pas impliqué tout à fait l'égalité de poids sur la balance, et que le combat n'ait pas été rythmé par des rounds de trois minutes, comme l'exige le règlement international et draconien de la Fédération de la boxe, c'est bien un authentique et violent pugilat, sans les caméras de l'Eurovision, qui s'est déroulé au Café de Flore et qui a opposé l'homme d'affaires Pierre Bergé à Jean-Edern Hallier.

En voici le récit authentique et picaresque par son dynamique propriétaire Miroslav Siljegovic :

« Cela s'est passé pendant les années où M. Mitterrand était président de la République. À cette époque, Jean-Edern Hallier était l'un des nombreux et fidèles clients du Flore et se montrait d'ordinaire presque sage comme une image. Désireux de promouvoir *L'Idiot international,* l'hebdomadaire qu'il relançait, et de favoriser l'accroissement de sa diffusion, il me demanda l'autorisation de déposer, sur une table, près de la caisse, des exemplaires de son journal, placé sous le patronage de Simone de Beauvoir qui, avec Jean-Paul Sartre, faisait partie des habitués, à la journée presque entière, du Flore.

Comme je suis un farouche défenseur de la liberté d'expression, je lui ai donné sans hésiter mon autorisation.

Premier round unique

Selon la clientèle, sans faire trop de remous, des exemplaires de *L'Idiot* seront vendus et circuleront de table en table. Sauf le jour où, présent un peu par hasard en fin de matinée, vers 11 heures (l'heure légale de la pesée officielle des combats de boxe réglementée par la FFB), je suis témoin d'une scène inhabituelle : je vois qu'à gauche, en entrant dans la salle de l'établissement, à la hauteur de notre énorme bouquet de fleurs permanent, Pierre Bergé, le médiatique homme d'affaires, mécène français et PDG de la prestigieuse maison de haute couture de son compagnon Yves Saint-Laurent, apostrophe après l'avoir toisé sans le saluer Jean-Edern Hallier qui était assis à une table voisine, en train de déguster paisiblement son petit noir matinal. »

« Qu'est-ce que cela peut faire que je lutte pour
la mauvaise cause, puisque je suis de bonne foi ? »
(Jacques Prévert, *Spectacle,* 1951)

« Comme j'étais un peu trop éloigné de cette brève et violente altercation entre ces deux clients, précise Miroslav Siljegovic, je n'ai pas entendu le flot d'injures et les noms d'oiseaux échangés, réciproquement, par les deux antagonistes (non licenciés FFB). En revanche, j'étais bien informé par mes collaborateurs du dépôt et de la circulation "intra-muros" des exemplaires de *L'Idiot.* Je peux en outre attester avoir vu un échange à la volée, une brassée de crochets du droit, du gauche, une ribambelle d'uppercuts, des salves de drops, d'esquives pas très gracieuses, enrichies de quelques feintes, l'ensemble avec hargne et conviction. "Du lourd", et même plus, comme disent les jeunes aujourd'hui ! Ces brassées de moulinets intempestifs, ventilant rapidement, n'ont pas tardé à rendre l'atmosphère pesante pour les nombreux clients. Certains coups atteignaient les corps, les visages, les mâchoires des deux boxeurs mondains en complets vestons, le PDG en Saint Laurent sur mesure, et Jean-Edern Hallier en prêt-à-porter, façon "soldat laboureur". Le tout sans qu'un arbitre diplômé soit présent et sans que les trois minutes réglementaires d'un round de boxe soient respectées. Bien sûr, le combat fut maîtrisé par de courageux, voire téméraires, garçons de salle passablement interloqués. Il n'y eut ni confortable bourse d'un match revanche fixée et signée par les deux partenaires ni magistral KO ! Juste un peu de casse matérielle, quelques blessures physiques, mais heureusement pas de nature à justifier l'intervention du Samu, de Police secours, ou des pompiers de Paris. Non homologué, ce match de boxe d'amateurs mondains, cessa faute de combattants ! »

Mais où sont les duels d'antan ?

Mot de la faim

Pour la petite histoire de la restauration parisienne – ou pour la grande –, Jean-Edern Hallier, que madame Milan, l'ancienne propriétaire de La Closerie des Lilas avait interdit de séjour dans son établissement, saura avoir le dernier mot – ou du moins le mot de la faim – puisqu'il réintégrera *illico presto* son haut lieu de prédilection ! Deux jours après que Miroslav et son épouse Colette l'ont racheté...

« Le café [1] est le parlement du peuple. »

Honoré de Balzac, *Les Paysans*

---

(1) Mot dont le sens a remplacé celui de cabaret utilisé par Balzac.

Christian Leclou,
un grand chef se souvient

« Pour réussir un bon dîner, il faut être deux…
Moi, et un excellent cuisinier. »

Attribué à Alexandre Dumas fils (1824-1895)

« Escargot : minime ruban métrique
Avec quoi Dieu mesure la campagne. »

Jorge Carrera Andrade (1903-1978), « Ce qu'est l'escargot »,
Bulletins de mer et de terre (traduction de Pierre Darmangeat)

À l'automne d'une vie professionnelle bien remplie, avec l'espoir de vendre Le Clou de fourchette, son restaurant parisien, rue de Rome, au-dessus des voies de chemin de fer de la gare Saint-Lazare, incontestablement l'un des meilleurs rapports qualité-prix de la capitale, le talentueux chef cuisinier Christian Leclou (ses vrais nom et prénom) est intarissable pour évoquer les croustillants souvenirs de sa brillante, gourmande, longue et savoureuse carrière.

Les escargots meurent debout ?

Impossible pour lui de ne pas se rappeler d'emblée le solide coup de fourchette du regretté Francis Blanche qui, en 1964, au théâtre Fontaine, triompha dans sa pièce *Les escargots meurent debout,* un hommage onirique aux origines de la publicité mis en scène par Jean Le Poulain, l'un des acteurs. Mais Christian se souvient aussi que, dans les années 1990, au cœur des Halles de Paris, il fut le chef de cuisine du restaurant L'Escargot Montorgueil. L'une des institutions gourmandes de l'ancien « ventre de Paris », propriété de Claude Terrail, surnommé le « Seigneur de la Tour » puisqu'il était également l'heureux locataire de l'historique Tour d'Argent, de réputation internationale. Comme, en dépit de sa classe légendaire et de sa voix de stentor, ce dernier ne possédait pas le don d'ubiquité, c'est sa sœur cadette Kouikette Terrail qui dirigera cette institution de L'Escargot Montorgueil, fondée en 1832, avec, outre son authentique décor Second Empire, rien de plus normal, son escalier en colimaçon pour accéder aux trois salons privés et permettre aux clients, selon leurs appétits, de se régaler, par six, douze ou trente-six, d'escargots maison, au beurre persillé, au curry et même au roquefort, savoureusement cuisinés et pas obligatoirement « morts debout ».

Un « pied de porc pané » pour Jean-Edern, ça marche !

Outre l'inoubliable commande, annoncée en cuisine par la patronne en personne, avec la précision « À soigner ! », Christian se souvient des visites assez fréquentes de Hallier dans l'établissement. En salle, après avoir salué des hommes politiques « fines fourchettes » et d'autres clients plus ou moins connus, Jean-Edern n'oubliait pas d'embrasser affectueusement son amie Kouikette Terrail et de lui offrir généreusement, avant de passer à table, quelques exemplaires de livres récents qu'il avait commentés, louangés ou sévèrement et vertement critiqués dans son émission de télévision sur Paris Première. Le tout à la surprise et même la stupéfaction des convives, souvent interloqués, présents pour apprécier et savourer les précieux gastéropodes, des petits-gris pas toujours de Bourgogne.

Imperturbable, Jean-Edern Hallier commandait l'une des autres spécialités de L'Escargot Montorgueil, très appréciée des forts des Halles qui, sur la balance, dépassaient souvent le quintal : le pied de porc pané à la Sainte-Menehould.

Accompagné de frites croustillantes, ce pied de porc délicatement grillé relève à l'origine d'une historique, copieuse et appétissante spécialité argonnaise, où des pieds de cochon, avant de préférence, sont soigneusement enveloppés de bandelettes et ficelés, puis cuits longuement (un minimum de 36 heures dans un bouillon corsé). Le plat fut servi en 1435 à Charles VII (1403-1461) lors de la visite de Sainte-Menehould, cette ville qui porte le nom d'une sainte de l'Église catholique. Camille Desmoulins, l'une des figures majeures, comme chacun le sait, de la Révolution française, raconte aussi qu'un autre roi, Louis XVI, fut arrêté avec sa famille le 22 juin 1791 à Varennes pour s'être attardé à déguster ce plat durant son étape dans l'ancienne sous-préfecture de la Marne, alors qu'il tentait de rejoindre le bastion royaliste de Montmédy, avec l'espoir de lancer une contre-révolution. C'est bien connu : « Quand c'est bon, il n'y a pas meilleur ! » (PCC : Jean Delaveyne (1919-1996), chef cuisinier français.)

> « Ne mettez jamais en doute le courage des Français. Ce sont eux qui ont découvert que les escargots étaient comestibles. »
>
> Propos attribués à Doug Larson (1926-2017)

> « La sollicitation du pied de porc, c'est l'appel du pied de tout cochon qui sommeille au cœur de tout amateur de cochonnailles, gaulois, graveleux et grivois. »
>
> Pierre Dac, *Les Pensées*

Le quatuor des fines fourchettes du Clos de l'Alma

« Le repas fut plus gai qu'il n'est permis ici de le
redire, et l'aigle fut trouvé délicieux.
– Il n'aura donc servi à rien? demanda-t-on.
– Ne dites donc pas cela, Coclès!
– Sa chair nous a nourris.
– Quand je l'interrogeais, il ne répondait rien…
Mais je le mange sans rancune : s'il m'eût fait
moins souffrir il eût été moins gras ;
moins gras, il eût été moins délectable.
– De sa beauté d'hier que reste-t-il?
– J'en ai gardé toutes les plumes. »

André Gide, *Le Prométhée mal enchaîné*

Les fines fourchettes ne visent pas au hasard. Elles peuvent même avoir leur cible de prédilection. Surtout quand elle est située à portée de fusil du célèbre et historique pont parisien de l'Alma, l'un des 37 qui enjambent la Seine. Petit rappel historique : cet ouvrage d'art fut ainsi baptisé en hommage aux courageux zouaves de l'armée d'Afrique, qui, pendant la guerre de Crimée, le 20 septembre 1854, avec les troupes franco-britanno-turques, commandées par le maréchal de Saint-Arnaud et Lord Raglan, battirent l'armée russe du prince général Menchikov sur les rives du fleuve Alma, proche de Sébastopol. Fidèle au poste, l'arme au pied, stoïque et impavide, chaque hiver ou presque, quelle que soit l'abondance des eaux qui baigne ses pieds, le zouave indique aux Parisiens, souvent avec une certaine imprécision, le niveau de la crue du fleuve…

C'est donc près du pont de l'Alma que, dans les années 1985, deux amateurs de belles et bonnes choses, Hallier et son ami, le journaliste écrivain Jean Montaldo, authentique et historique docteur ès sciences d'investigation certifié agrégé, se donnaient rendez-vous, en parfaits amateurs de belles et bonnes choses.

Auteur chez Albin Michel d'une myriade d'implacables best-sellers – *Les Corrompus, Chirac et les 40 menteurs...*, *Les Voyous de la République, Mitterrand et les 40 voleurs...*, *Rendez l'argent!*, *Le Racket fiscal, Le Gang du cancer* –, Jean Montaldo est également bien connu pour être doté d'un authentique talent de conteur public qui lui permet de rappeler à ses interlocuteurs, avec un non moins authentique et inénarrable accent pied-noir, qu'il est né à Theniet El Had, en Algérie, et qu'un jour à Deauville, il est demeuré interloqué de voir son ami Jean-Edern se présenter au Circuit de Deauville, le club de karting local très fréquenté pour prendre un cours de pilotage, une canne blanche à la main! Succès assuré et salué par un éclat de rire général!

À table, Hallier était souvent rejoint par le journaliste lyonnais Jean-Louis Remilleux, qui deviendra par la suite le producteur de télévision réputé pour les émissions à fortes audiences « Va savoir », de Gérard Klein, « C'est votre vie » de Frédéric Mitterrand, celles, iconoclastes, de Hallier sur Paris Première et de la star Brigitte Bardot, les documentaires « Vu du ciel » présentés par Yann Arthus-Bertrand. Ou depuis 2007, sur France 2, les émissions « Secrets d'histoire » et « Sagas », présentées par Stéphane Bern. Il publiera également plusieurs livres de conversations avec Michel Serrault, Michel Jobert, Jacques Vergès, Mobutu Sese Seko.

À ces déjeuners était volontiers présent un quatrième convive en la personne du médiatique avocat Jacques Vergès.

Tous, fourchettes en mains, se retrouvaient à deux pas du pont et de son zouave historique, au 17, rue Malar – du nom de la dame Tiby, veuve Malar, propriétaire des terrains en 1816 – afin de se restaurer au Clos de l'Alma, et peut-être aussi refaire le monde.

Pour se lancer dans ce type d'aventure, rien de tel, il est vrai, qu'un restaurant de très bonne cuisine traditionnelle française, exécutée sans chichis, par Claude Chazalon [1], solide chef patron chevronné, d'origine lozérienne. Ancien arrière du XV majeur du Racing – le club de rugby parisien au maillot ciel et blanc – Claude Chazalon est également un homme de conviction et deviendra rapidement l'ami des quatre compères.

Voisinage des studios de télévision oblige, la très bonne table était assidûment et quotidiennement fréquentée par les journalistes de TF1. Une particularité qui permettait aux habitués de côtoyer les vedettes de « l'étrange lucarne » : Marie-Laure Augry, Yves Mourousi, Patrick Poivre d'Arvor, Roger Zabel, Pierre Bellemare, mais aussi, parmi les fidèles clients, Jacques Roseau, le président-fondateur du Recours-France, mort assassiné, une relation de Jean-Edern, ou l'écrivain-encyclopédiste Roger Caratini, qui, avec le professeur Léon Schwartzenberg, Georges Wolinski et Jacques Vergès – encore lui – avaient créé le Comité Robespierre pour s'insurger contre un document administratif fort contesté intitulé « Les rectifications orthographiques du français en 1990 ». Appelant à faire fonctionner à plein régime « la guillotine morale du mépris contre les bureaucrates sans âme et sans pensée qui ont osé profaner notre langue », ce comité se manifestait par des déclarations fracassantes des deux académiciens amis de Jean-Edern, du genre : « On veut arabiser le français ! » ou « Si les instituteurs veulent réformer l'orthographe, c'est qu'ils ne la connaissent

pas ! » signées Jean Dutourd, tandis que Jean d'Ormesson son-
nait le tocsin sur l'air de « Le français se désagrège à grande
vitesse ! »

« Le seul moyen de faire taire une tablée de Français,
c'est de leur servir du foie gras. Le silence est immédiat. »

Peter Mayle, *Une année de luxe*

« J'ai souvent eu faim avant les repas. C'est insuffisant
pour comprendre vraiment la misère. »

Philippe Bouvard, *Auto-psy d'un bon vivant*

---

(1) Claude Chazalon exerce à nouveau son talent de cuisinier au restaurant parisien Le Monclar (du nom d'une commune du Lot-et-Garonne de
900 habitants. Ralph Monclar était également le pseudonyme de Raoul
Charles Magrin-Vernerey, le général commandant le bataillon français
pendant la guerre de Corée).

Appendice

« L'appendice a ceci de bon que, par son contenu strictement documentaire, il inspire confiance aux lecteurs sérieux. On trouve souvent dans un appendice le meilleur d'un gros ouvrage. En général, même, je choisis les livres à appendice : je vais droit à l'appendice, je m'en tiens là et m'en trouve bien. Autrefois, je disais la même chose des préfaces. Passé l'époque des aide-mémoire et découvrant les préfaces des éditions critiques, je m'y suis complu et attardé si bien que voici venu l'âge des appendices. Cette économie culturelle, quels qu'en soient les immenses défauts, vous donne quand même le droit de mépriser le système digest comme une bouillie infantile. Si j'examine la chose en tant qu'auteur, je reconnais à l'appendice l'avantage de nous épargner les efforts de style, morceaux de bravoure et autre littérature, mais sur ce point je ne suis pas regardant. »

Jacques Perret (1901-1992), *Rôle de plaisance*

« Appendice signifie généralement "petite excroissance du gros intestin", mais dans ce cas précis, cela peut aussi signifier "informations complémentaires accompagnant le texte principal". Ou sont-ce les mêmes choses ? Réfléchissez bien avant d'insulter ce livre. »

Pseudonymous Bosch (Raphael Simon, dit),
The Name of this Book is Secret

« La jeune littérature n'existe pas [1] »

par Jean-Edern Hallier

« La jeune littérature n'existe pas. On peut se le demander. On l'affirme en tout cas. Mais ne dit-on pas toujours que les générations présentes ne valent pas l'ancienne, dans tous les dictionnaires des idées reçues ?

D'abord, comme le remarquait Raymond Radiguet lui-même, peu suspect en l'occurrence, la littérature n'est ni jeune, ni vieille ; elle a toujours l'âge de ses chefs-d'œuvre, qui n'en ont pas. Mais la littérature a été acculée à se repenser elle-même, une fois de plus, à repenser ses propres critères.

La fin de l'engouement pour le livre de témoignage a coïncidé avec l'épanouissement d'un art avant tout engagé en lui-même, intitulé pour les besoins de la cause "Nouveau Roman".

Soudain, des artistes, traditionnellement voués à la tour d'ivoire, descendirent dans la rue pour convaincre les foules du bien-fondé de leur solitude. Conférences, manifestes, écrits dogmatiques volontairement mis à la portée de tous, du moins le croyaient-ils, se multiplièrent.

Et si, en France, et surtout à l'étranger, le Nouveau Roman polarise l'attention des critiques, les signes avant-coureurs d'une lassitude sont évidents.

En être, telle était l'aspiration de chacun.

Mot à mot

Les écrivains traditionnels en arrivaient à reprendre certains procédés, soit pour s'y rallier, soit pour prouver qu'ils n'en étaient pas moins capables que d'autres. Mais cette terreur est en passe de rejoindre les anthologies, ou les manuels scolaires. Elle fut saine, nécessaire ; elle invita à plus de rigueur, à écrire mot à mot.

En revanche, les écrivains rangés dans la nomenclature ambiguë du Nouveau Roman ont élevé une sorte de double écran, masquant l'importance de vrais précurseurs, tels que Maurice Blanchot, L.-R. des Forêts, ou Pierre Klossowski, dont les œuvres sont loin d'être achevées, ou reconnues, et retardant l'éclosion naturelle inévitable de plus jeunes talents.

Si une trentaine d'auteurs néophytes, ou plus, publient tous les ans, il serait fastidieux, vain, de les citer tous. Si les uns se contentent d'accommoder les bonnes vieilles recettes, les autres font sérieusement de la littérature. C'est parmi eux que des réussites existent, incontestables. Ce ne sont pas encore des œuvres. Elles le deviendront.

Le Nouveau Roman, qui n'existe pas vraiment, ne peut plus servir de tremplin. Comme le remarquait Pierre Boulez, les épigones sont nécessaires. Ils ont ceci de bon qu'ils effectuent "la critique la plus aiguë", inconsciemment et souvent à leurs dépens, de ces maîtres dont les intentions les plus profondes, "la rigueur interne", leur échappent.

Sans eux, perpétuellement désireux de s'approprier un irritant mystère, les écoles ne s'inventeraient pas, sorte de concours de jalousie métaphysique. Ceci est connu. Nietzsche l'a déjà dit. Mais un certain nombre de disciples à demi avoués, papillons fascinés par la lanterne, se sont chargés, depuis bientôt cinq ans, d'entretenir le mythe du Nouveau Roman, bien au-delà des espoirs de ses initiateurs.

Les futures exégèses ne manqueront pas d'accentuer les contradictions, les insurmontables oppositions internes entre un Michel Butor, une Nathalie Sarraute et un Alain Robbe-Grillet.

Tombant dans le piège, ces disciples n'ont pas tardé à emprunter à Alain Robbe-Grillet certaines de ses techniques. Or ce dernier, dans un récent recueil d'essais, *Pour un Nouveau Roman,* s'est significativement contenté d'étudier des auteurs aussi divers que Joë Bousquet, Raymond Roussel ou Italo Svevo. Comme celle de tous les très grands écrivains, qui déjouent d'avance les intentions que leur prêtent les critiques spécialisés, ou ces disciples, l'œuvre de Robbe-Grillet réserve sans doute bien des surprises.

Toujours est-il que sans *La Jalousie* ou *Le Voyeur,* nous n'aurions jamais assisté à la prolifération d'ouvrages pour ainsi dire sacrifiés, même s'ils sont estimables, à l'autel d'une révolution déjà changée en traditions.

Avec Jean Thibaudeau, *La Cérémonie royale,* cette recherche se teinte de plus en plus de guimauve giradulcienne. Pour Jean Ricardou, le pastiche, *L'Observatoire de Cannes* se situe littéralement aux pieds de la lettre, moins l'esprit. N'oublions pas Philippe Sollers, avec *Le Parc.* Avec Jean-Pierre Faye, c'est une démarche latérale, complexe, autrement plus authentique. *Battement* et bientôt *Analogos* ouvrent sur plusieurs voies de délire logique.

Quant à Didier Coste, âgé de dix-sept ans, il fait avec charme l'école buissonnière et ne mérite sûrement pas le prix d'excellence avec son recueil de poèmes, *Environs du temps,* et son roman, *La Lune avec les dents.* Mais les jeunes filles imaginaires dont il tombe amoureux sont les esquisses précoces d'un monde parfaitement original.

Un iceberg

Ce qui marque encore plus l'importance de Robbe-Grillet, c'est son influence invisible, comme la partie immergée d'un iceberg. Il faut faire appel à la sociologie.

Innombrables sont les manuscrits adressés aux maisons d'édition, où la paraphrase est une manière bien commode de cacher les incertitudes de débutant. Écrire à la manière du Nouveau Roman, oui, risque de ressembler rétrospectivement au choix d'un genre littéraire préétabli, en vogue à certaines époques, comme le furent l'ode, l'élégie ou le sonnet. Oronte aura toujours une petite chance de passer pour un artiste.

Alors ? D'où viendra cette libération ? Il serait injuste de ne pas rappeler, parmi les plus grands succès des deux dernières années, les noms de Yves Berger et Jean-Marie Le Clézio, même si leur notoriété les élimine automatiquement d'un bilan où se dessineraient les voies encore secrètes de demain.

Mais leur réussite ne procède pas du hasard. Elle coïncide avec ce besoin de libération. De plus, ils ont un point commun : la nostalgie de l'Ouest, c'est-à-dire du départ, l'ennui des contraintes scolastiques, qui s'expriment aussi bien par le choix d'une Virginie de rêve, ou d'un Far-West méditerranéen.

Ils ont l'un et l'autre assimilé le meilleur du roman américain. Et si, chez le plus jeune, c'est l'apport de Salinger, de ces étonnants raccourcis, qui domine, il serait facile d'établir l'existence d'un phénomène comparable à l'engouement en France, dans l'immédiat après-guerre, pour Faulkner, Dos Passos.

L'attente du renouveau, de l'air frais et du grand large, a sûrement favorisé le retentissement du livre de Jean-Marie Le Clézio, *Le Procès-Verbal,* le premier dans une perspective où il ne désespère pas de "parfaire plus tard un roman vraiment effectif... qui s'adresserait non pas au goût vériste du public dans les grandes lignes de l'analyse psychologique et de l'illustration, mais à sa sensibilité". Il y est parvenu, il croit au roman, il en écrit de vrais.

Mais la dictature du roman, comme apothéose de toute littérature, s'ébranle peu à peu. Des tentatives comme la description de la basilique Saint-Marc, de Michel Butor, prouvent à quel point l'interdépendance des genres permet de vastes mises en chantier.

La Belle Époque

Alain Badiou, dans *Almagestes,* truffe son récit de cartes, de portées musicales, de reproductions de tableaux. Cette diversité était un peu celle de la Belle Époque surréaliste. Ou bien l'on s'interroge, comme toujours, sur les raisons d'écrire : ce qui implique une exigence intellectuelle sans failles.

Si un Marcelin Pleynet, dans *Le Lieu de l'unique, du vrai, de la contradiction,* passe sous les arcanes d'Isidore Isou, la réponse indirecte de Jacques Coudol, *Le Voyage d'hiver,* est autrement plus impérieuse et profonde.

De même celle de Roger Laporte, dans *La Veille.* C'est, après ceux de Maurice Blanchot, l'un des seuls livres vraiment abstraits de ces dernières années. Une négligence feinte, un refus de l'anecdote : "Les circonstances de ma vie d'homme m'amenèrent alors à chercher le repos", conduisent l'auteur à un dépouillement toujours plus grand.

On ne saurait en dire autant pour Denis Roche. Dans *Récit complet,* il se sert de la poésie comme d'une ébauche possible d'un roman en vers, lieu de coïncidence d'une action fourmillante de détails, de préciosités, et d'une rêverie peu embarrassée des respectables clichés poétiques.

Le cheval écumant

On songe un peu au *Laboratoire central* de Max Jacob. Le don d'invention spontanée est le même, l'humour décidé : "... Considérez, madame, qu'il est de mon devoir d'être parmi vos malaises le plus infatigable, et que ce n'est pas sans une peine infinie que je maintiens dans les limites de vos migraines le cheval écumant de mon amour."

Avec Denis Roche, le renouveau vient d'une Amérique plus tropicale, d'une inextricable et luxuriante Amazonie intérieure.

Mais une tradition se maintient, et sans doute pour longtemps, du petit roman classique, bien écrit, le roman type *Nouvelle Revue Française* 1930, et lointaine réminiscence du roman gidien.

Les passions y sont adolescentes et le sensualisme intellectuel. Il en paraît dix tous les ans. C'est une habitude sacro-sainte. Bornons-nous à la constater. Ces devoirs de bons élèves sont soumis à des lois moins strictes qu'en d'autres écoles. Mais il n'est pas toujours mauvais de les faire, et de les réussir. Tel est le cas de Frantz-André Burguet : *Le Roman de Blaise* et *La Narratrice,* paresseuse aventure d'un amour à trois.

Mais la trame linéaire est parsemée d'étranges descriptions de nuits et de jours, mi-rêvés, mi-vécus, qui se prolongeront beaucoup plus loin.

Car, chez des auteurs aux origines très diverses, une nouvelle tentation investit l'espace de la fiction, celle d'un recours de plus en plus net à l'imagination, accompagné d'une nouvelle utilisation de la culture à des fins romanesques. Comme chez Jean-Pierre Attal, D. de Roux, ou Raphaël Pividal, qui conçoit un monde où l'homme se souviendrait à peine d'un irréparable cataclysme.

Mais il ne s'est pas produit chez Michel Maxence, qui connaît tous les livres qui garnissent les rayons de sa bibliothèque d'Alexandrie intérieure.

Afin que le trésor d'une connaissance empoussiérée revienne à la vie comme chez Jorge Luis Borges, il faut que cette culture bascule, retrouve son pouvoir d'enchantement, s'émerveille d'elle-même. Michel Maxence poursuit une expérience des plus singulières, dont des extraits sont parus, ici et là, en revue. Il construit une civilisation imaginaire, pas tout à fait. Elle possède sa propre langue, l'iféen, aux résonances helléniques, ses penseurs, son âge d'or, sa décadence.

L'immaturité et une imagination paradoxalement née d'un excès de culture s'y conjuguent, comme au commencement et à la fin de toutes les fables. Ainsi un enfant construit-il des villes d'après la disposition des cailloux dans son jardin, l'impérissable sur l'éphémère.

Avec quelques-uns, il a entrepris, d'autre part, un travail de sape, quelquefois partial, souvent remarquablement intelligent. Critiquant le sens ultime, démontant la syntaxe de certains des maîtres les plus importants, les plus respectés d'aujourd'hui, ses études ont un projet de déblayage un peu analogue aux *Situations*, de Jean-Paul Sartre.

Trop longtemps la polémique, notamment avec les soi-disant hussards aujourd'hui bien décatis, est restée synonyme de frivolité. C'était oublier combien les plus grands prenaient position, transformaient leurs erreurs en vérité, en romans de la pensée vécue.

Un bilan difficile

Il démentirait peut-être ses espoirs de renouvellement, même s'ils n'ont jamais été plus pressants. Que les meilleurs jeunes écrivains soient tous nommés, ou non, injustement même en raison des inévitables partis pris de celui qui tente d'établir le difficile bilan de ses contemporains, cela importe moins que la nécessité qui les incite à écrire. Qu'ils aient, ou non, le visage secret de l'inconnu qui travaille seul dans sa chambre, leur avènement se prépare.

Car aucun portrait-robot ne saurait les décrire. Aussitôt ce portrait s'annulerait. Celui qui s'y conformerait idéalement, si doué soit-il, serait inévitablement condamné à poursuivre l'impossible fantôme de ce qui lui manque.

Mais si attendue que soit cette renaissance, elle ne peut se produire artificiellement. Les générations ne se pensent plus comme au temps d'Albert Thibaudet.

Elles ne montent plus en rangs serrés vers la gloire, avec des victimes laissées en chemin. Ce n'est plus une affaire d'âge, mais d'affiliations rompues, de refus fondés qui ne sont pas pour autant de creuses protestations de révolte. Il vaut mieux bien imiter Robbe-Grillet que de le refuser maladroitement.

Les jeux de l'époque surréaliste, aussi, n'ont plus cours. Injustifiables intellectuellement, ils dégénèrent parfois en bagarres de rue. On joue de la savate, mais on néglige le plus élémentaire sérieux. Certains affrontements renvoient souvent dos à dos les adversaires, et pour le pire.

Aussi un langage commun reste-t-il à trouver. Par-delà le roman, la poésie, l'essai, il peut être une création critique. L'édification de nouvelles lois, bonnes pour un temps, un temps seulement, viendra ensuite.

Mais comme toujours, seules les natures les plus inquiètes, les plus conscientes des risques encourus, les mieux armées pour dompter la facilité, la discerner avant la lettre, l'emporteront en ce combat où la victoire n'est jamais définitive. Ainsi que l'écrivait Proust, dans sa préface au *Contre Sainte-Beuve* : "... Si l'intelligence ne mérite pas la couronne suprême, c'est elle seule qui est capable de la décerner. Et si elle n'a, dans la hiérarchie des vertus, que la seconde place, il n'y a qu'elle qui soit capable de proclamer que l'instinct doit occuper la première..." »

---

(1) Article paru dans *L'Express* du 2 avril 1964. Après avoir publié, au cours de l'automne 1963, *Aventures d'une jeune fille,* un roman accueilli avec intérêt par la critique, Hallier y procède à un examen de la situation de la littérature française et brosse un panorama des jeunes écrivains français, au moment où la vogue du Nouveau Roman donne des signes d'essoufflement.

Jean-Edern Hallier :
« J'ai un courage aveugle »

Un entretien le 8 juillet 1995 avec Jean Milossis [1] au bar du Ritz à Strasbourg.

Jean Milossis : *Le président Mitterrand si demain il mourait, quelle serait votre belle phrase aux journalistes ?*

Jean-Edern Hallier : Il a été mon meilleur personnage de roman.

J. M. : *Et vous Jean-Edern, si vous deviez mourir, qu'en diriez-vous ?*

J.-E. H. : Mitterrand a été incapable d'écrire mon roman.

J. M. : *Énorme succès pour votre émission sur Paris Première. Lapidé hier, aujourd'hui triomphateur, comment analyser ce succès ?*

J.-E. H. : Triomphateur humble, je ne fais que défendre ce que j'ai toujours défendu. La télévision vous donne une puissance incroyable. Sans l'avoir voulu, j'ai apporté quelque chose à la télévision. Je suis le Jean-Pierre Coffe du consumering culturel – au lieu de jeter un poireau ou un poulet d'usine je jette Philippe Labro ou je mange Françoise Giroud –, le public aime beaucoup ça, ne peut être dupe des produits qu'on lui vend. J'ai une légitimité de goût, puisque je suis un écrivain véritable que ne sont ni Poivre d'Arvor ni Bernard Pivot. C'est un peu comme si Rostropovitch, en parlant de violon, disait : cette fugue est très mal jouée... personne ne le contesterait.

J. M. : *Une mode Jean-Edern Hallier, ça y est nous y sommes...*

J.-E. H. : La qualité passe par la provocation aujourd'hui – il faut forcer la note pour se faire entendre.

J. M. : *L'éditeur Gallimard ne vous envoie plus ses romans depuis que vous avez jeté le roman de Philippe Labro par-dessus votre épaule. Que peut-on penser d'une telle grève Gallimard chez Jean-Edern Hallier ?*

J.-E. H. : Je ne me soumets à aucun éditeur mais je me soumets à la qualité des auteurs et peu importe leurs casaques. Gallimard a de très mauvaises habitudes qui consistent à dicter à la critique sa propre vision. Ça marche avec des journalistes ou avec des gens demi-corrompus comme il y en a beaucoup dans le monde littéraire. Ça ne marche pas avec moi qui ai mes goûts et mes dégoûts. Je suis un intermédiaire entre le producteur et le consommateur, ce qui existe de moins en moins dans le livre.

J. M. : *En parlant d'éditeurs, pensez-vous que leurs choix correspondent bien à notre époque, cette fin de siècle ?*

J.-E. H. : Oui dans la mesure où vous avez une crise de décadence culturelle effrayante. Aujourd'hui, ce sont les petits éditeurs qui publient les bons livres. Les grands éditeurs vivent pour la plupart dans un système qui les oblige à être dans une sorte de course-poursuite de l'argent en publiant de plus en plus de livres avec des rotations de plus en plus rapides qui empêchent les livres de rester en fonds dans les librairies.

J. M. : *Malade, ruiné… vous vous rattachiez à quoi ?*

J.-E. H. : À la littérature, à la poésie, au dessin, au travail, à l'exigence intérieure. Je me suis dit : je fais la traversée du désert et viendra un jour où elle se terminera, où il y aura une oasis, des dattes, des jolies chamelles.

J.M. : *Edern Hallier encore grand séducteur ?*

J.-E.H. : J'ai toujours eu beaucoup de chance auprès des femmes. Elles ont bien tort d'ailleurs. Elles m'abordent de mille manières mais j'ai une garde du corps féminine bien armée qui me protège des autres filles. Si j'adopte une fille, il faut qu'elle soit également adoptée par ma garde – ça se fait dans une collégialité haremique.

J.M. : *Marguerite Duras disait : « Les écrivains provoquent la sexualité à leur endroit. Ce sont des objets sexuels par excellence. »*

J.-E.H. : C'était plus intéressant de baiser Anna Karénine qu'une fille d'aujourd'hui. Imaginez l'Ange Bleu avec préservatif…

J.M. : *On dit que vous êtes réellement aveugle, et pourtant ça paraît assez incroyable de vous voir évoluer librement sur des plateaux de télévision. Mieux encore, vous faites du vélo. Je vous ai vu à Deauville… S'agit-il de courage ?*

J.-E.H. : J'ai un courage aveugle.

J.M. : *Qu'est-ce que vous dites le plus souvent ?*

J.-E.H. : Il faut que les écrivains prennent le pouvoir dans les journaux. C'est une condition de survie de l'intelligence.

J.M. : *Et si Jean-Edern, on vous demandait d'établir ce qu'on pourrait nommer « la Déclaration de Strasbourg »… ?*

J.-E.H. : En mots automatiques… Défense et illustration de l'universalité de la langue française, de la poésie, de l'intelligence vraie, du goût, de l'esprit du XVIIIᵉ siècle… Nous vivons dans un monde désespérément sans talent. Rendons au talent sa place dans le conformisme ambiant… Nous vivons dans un monde où ce sont les politicals corrects qui dénoncent les politicals corrects, où ce sont les conformistes qui dénoncent les conformistes, et les porte-parole de la pensée unique qui dénoncent la pensée unique, les gens de la langue de bois qui dénoncent la langue de bois... pour boucler la boucle. Or le propre de la pensée étant de s'opposer à elle-même, la pensée unique ayant un effet de caricature s'oppose également à la pensée unique... Il nous faut donc être extrêmement rapide, foudroyant, changer de pied à chaque fois et tout le temps aller plus vite que tout le monde.

J. M. : *Jean-Edern Hallier ?*

J.-E. H. : Chez moi, c'est un gai savoir permanent [2]...

---

(1) Né dans les années 1950 en Alsace, Jean Milossis est l'auteur de chansons (parolier) et d'un roman paru en 1995. Il a été photographe de presse, journaliste, jet-setteur et directeur artistique d'expositions.

(2) Référence au titre de son émission de télévision sur la chaîne Paris Première.

« Jean-Edern Hallier mord encore ! »

Reproduction in extenso de l'article publié par Causeur, le 8 octobre 2016.

« Il y a quelques années, deux romans de Jean-Edern Hallier ont bénéficié d'une réédition chez Albin Michel *(Fin de siècle, L'Évangile du fou)* et une anthologie de *L'Idiot international,* son journal, a paru en 2005. Pour ce qui est des brûlots pamphlétaires *L'Honneur perdu de François Mitterrand* et *Les Puissances du mal,* bibles de la Mitterrandie déviante, on attendra encore quelques décennies, mais la réhabilitation de l'œuvre Don Quichottesque est en marche. Jean-Pierre Thiollet y participe aujourd'hui avec son livre-hommage *Hallier, l'Edernel jeune homme,* patchwork littéraire gustatif et explosif à l'image du grand écrivain dont on célébrera le vingtième anniversaire de la disparition le 12 janvier prochain.

Sébastien Bataille : *La plupart des gens se souviennent très précisément de ce qu'ils faisaient lorsqu'ils ont appris la mort de Coluche le 19 juin 1986. Idem pour Jean-Edern Hallier. Que faisiez-vous en ce jour funeste du 12 janvier 1997 ?*

Jean-Pierre Thiollet : C'est vrai qu'il y a des disparitions qui vous marquent beaucoup plus que d'autres. Le 12 janvier 1997, je me trouvais à Paris et ai appris la mort de Jean-Edern Hallier par les ondes radio qui, ce jour-là, ne m'ont vraiment pas paru bonnes... En toute franchise, j'ai eu l'impression de recevoir un coup bas dans l'estomac. Hallier n'était pas du tout un intime, mais j'appréciais l'homme, à mes yeux, attachant. J'ai été d'autant plus troublé que si nous nous étions perdus de vue entre 1988 et le milieu des années 1990, nous nous étions croisés quelques mois avant sa disparition et avions eu un échange très cordial. Nous avions pris mutuellement de nos nouvelles.

S. B. : *Est-ce une certaine incarnation de "l'âme française" – pour reprendre le titre de l'essai de Denis Tillinac – qui s'est éteinte avec Hallier ?*

J.-P. Th. : D'abord, il faudrait définir ce qu'est l'âme, d'une part, et l'âme française, d'autre part… Mais cela risquerait de prendre du temps, beaucoup de temps, et sans doute d'engendrer des controverses. Ce qui me semble cependant plus que probable, c'est que votre question justifie sans la moindre équivoque une réponse positive, mais en partie seulement. Oui, une certaine incarnation de ce que je désignerais plutôt sous le vocable d'"'esprit français" s'est éteinte avec Jean-Edern Hallier. Mais je ne crois pas pour autant que l'esprit français qu'ont pu incarner au fil du temps des écrivains aussi divers que Jean-Louis Guez de Balzac, Voltaire, Diderot, Barbey d'Aurevilly, Sacha Guitry, Jean Cocteau et Jean-Edern Hallier soit mort. Je sais bien que Donald Trump a déclaré que "la France n'était plus la France", que ses propos ont eu une résonance planétaire et qu'ils ne sont pas dépourvus de pertinence. Mais, même si la France n'est plus la France et même si elle n'est plus qu'une zone administrative de l'Euroland, la langue française rayonne encore, la littérature française n'est pas poussière et l'esprit français peut encore faire quelques étincelles…

S. B. : *Vous aviez déjà abondamment traité le cas Jean-Edern Hallier dans votre livre* Carré d'Art, *par le prisme d'un parallèle avec les destins de Dalí, Byron et Barbey d'Aurevilly. Quel a été l'élément déclencheur de l'écriture de* Hallier, l'Edernel jeune homme ?

J.-P. Th. : Il y a eu une série d'éléments déclencheurs. L'un remonte à une trentaine d'années et trouve son origine dans une longue conversation avec Hallier. Un autre intervient en 2008, dès la parution de *Carré d'Art,* première pierre de mon projet. J'ai alors quelques raisons d'avoir conscience que je ne suis pas éternel... Un autre encore se produit lorsque j'ai observé certaines convulsions au sein de la société française et la campagne de communication anti-loi Macron, particulièrement grotesque, du Conseil supérieur du notariat, sur l'air de "Bercy a tout faux". Là, j'ai estimé que j'avais une responsabilité morale d'auteur d'intervenir. Ne serait-ce que par égard pour les générations antérieures à la mienne.

S. B. : *À la lecture des 100 pages centrales d'aphorismes de J.-E. Hallier, on est frappé par la puissance prophétique de ces fulgurances. En 1988, il annonce Internet et sa définition en 1986 du terrorisme fait mouche aujourd'hui : "Le terrorisme, cette forme moderne de la guerre, est la conséquence du génocide culturel de nos sociétés massifiées."*

J.-P. Th. : Aucun doute à mes yeux. Hallier est bel et bien le plus moderne, c'est-à-dire le plus classiquement moderne, avec ce génie qui fait que personne ne lui ressemble et qui le rend unique. Les exemples de "fulgurances" que vous évoquez le démontrent de belle manière. Et ils n'ont aucun caractère limitatif. Hallier était un geyser de coups d'éclat littéraires, non par intermittence, mais en permanence. Un jaillissement qui semblait perpétuel... Je vais vous faire une confidence : les 100 pages centrales d'aphorismes que vous mentionnez ne contiennent qu'un échantillonnage. Et j'espère bien pouvoir en apporter la preuve à l'avenir.

S. B. : *Au début de votre livre, vous pourfendez les politiciens qui gouvernent notre pays depuis l'ère Mitterrand, les rendant res-*

ponsables du "crime français". Dans ces pages au vitriol, votre verve évoque celle de Hallier, comme si vous repreniez le flambeau là où il l'avait laissé. Ainsi, vous dédiez le livre "À la jeunesse originaire de la zone F de l'Euroland, victime d'une vieille classe politique criminelle de paix." Ce voyage en Edernie a-t-il joué un rôle de catharsis pour vous ?

J.-P. Th. : Je n'ai pas la prétention de reprendre le flambeau de Jean-Edern Hallier. Mais je vous l'avoue, j'ai une ambition pour *Hallier, l'Edernel jeune homme :* qu'il soit un document pour l'histoire littéraire. J'en suis conscient, ce n'est pas une mince ambition. J'espère que dans trente ou quarante ans, un étudiant, français ou pas, s'intéressera à Hallier et sera heureux de pouvoir utiliser ce matériau. Prenons l'exemple de Barbey d'Aurevilly. Durant plus d'un demi-siècle après sa mort, il fut volontiers mésestimé et sous-estimé comme auteur normand, étiqueté "régionaliste". Mais fort heureusement, quelques ouvrages de littérateurs ont été publiés à son sujet, puis dans les années 1960, les travaux d'un remarquable universitaire, Jacques Petit, l'ont consacré comme l'un de nos plus grands écrivains. À mon sens, l'histoire littéraire n'a de bel avenir qu'en s'appuyant sur la mémoire. Enfin, puisque vous utilisez le mot "vitriol" pour qualifier les pages de *Hallier, l'Edernel jeune homme,* permettez-moi une précision. J'ai mis en effet un peu de détergent dans l'encre, mais je prends des gants... Croyez-moi, au regard des conséquences du crime français que je dénonce, ma bienveillance naturelle est mise à très rude épreuve. Quand l'action d'une classe politique dirigeante, qu'elle soit dite de gauche ou de droite, s'appuie sur la connaissance d'un alphabet qui ne va jamais de A jusqu'à Z et s'arrête toujours à la lettre *i, i* comme immobilisme, *i* comme investiture, *i* comme incompétence, *i* comme incurie, elle ne peut conduire, fatalement, qu'aux injustices les plus monstrueuses et aux pires ignominies. L'époque de Boris Vian et de l'aimable "J'irai cracher sur vos tombes" est révolue. Aujourd'hui, devant certains constats, il y a du vomi dans l'air et les combats issus des fractures générationnelles s'annoncent, à juste titre, sans merci. Les politiciens ne mesurent pas, pour la plupart, à quel point ils sont discrédités et combien la société, aux capacités de réaction parfois insoupçonnées et non maîtrisables, sera de moins en moins civile...

S. B. : *Vous reproduisez dans votre livre des portraits de Colette, Cocteau, Malraux, Joyce et Alexandre Dumas réalisés à l'encre de Chine et au fusain par Hallier en 1994. La même année il a aussi portraituré... Mitterrand, de la même façon. Il y aurait un livre à écrire, un film à tourner sur cette relation d'attraction-répulsion entre l'écrivain et le président, en voilà une trame romanesque ! Qui pour réaliser ce film ? Qui pour tenir le rôle de Hallier ?*

J.-P. Th. : Comment ne pas souscrire à de tels projets ? Il y a plus d'un livre à écrire, plus d'un film à tourner sur la relation d'attraction-répulsion entre l'écrivain et le politicien. Les réalisateurs talentueux sont nombreux. Dans l'absolu, je songerais à Ken Loach, à Woody Allen, ou pourquoi pas à Cédric Klapisch, s'il était bien inspiré, ou peut-être encore à un cinéaste moins connu comme Francis Fehr, qui est de la génération de Hallier et pourrait avoir une approche intéressante. Côté acteurs, si vous m'aviez posé la question il y a dix ou quinze ans, j'aurais cité Patrick Chesnais ou Christophe Lambert... Aujourd'hui, il me semble que j'opterais pour un membre de la troupe de la Comédie-Française. Toutefois, la vraie question ne serait-elle pas plutôt "qui pour produire ?" Je ne pense pas qu'en l'état actuel des choses, de tels projets cinématographiques soient sérieusement envisageables.

S. B. : *Entre 1982 et 1986, période pendant laquelle vous exerciez au Quotidien de Paris, vos communications téléphoniques avec Jean-Edern Hallier ont justement fait l'objet de nombreuses écoutes illégales. Quelle perception aviez-vous du personnage Hallier à l'époque ? Si cela n'est pas trop indiscret, pouvez-vous nous en dire plus sur la teneur de vos discussions téléphoniques avec l'écrivain ?*

J.-P. Th. : Le personnage Hallier m'est d'emblée apparu comme singulier et a excité ma curiosité. Il y avait chez lui une énergie, une force, un aspect hors du commun, qui rayonnaient tout autour de lui, sur son passage. Je crois que nombreux étaient ceux ou celles qui les ressentaient de manière plus ou moins consciente, et sans être en mesure d'expliquer le comment du pourquoi... Hallier était à la fois un être en chair et en os, un contemporain, et un homme d'un autre âge ou plutôt d'une époque indéfinie. Il incarnait extraordinairement bien l'Écrivain. Il était la Littérature en marche, celle des Vrais Livres, pas celle, frelatée, de la daube de labels de plus en plus trompeurs, des produits marketing "à consommer de suite", dégoulinant des gondoles de faux "espaces culturels"... Tout juste bons à jeter par-dessus l'épaule sans l'once d'un regret ni d'une hésitation !

Entre 1981 et 1986, j'ai eu de nombreuses et souvent longues conversations téléphoniques avec Hallier, en général le matin. Il m'apportait de la matière que j'exploitais pour les articles à paraître dans le *Quotidien de Paris,* que dirigeait Philippe Tesson. Ce journal n'était pas du tout un organe de diffusion de masse, mais il jouissait d'un réel prestige.

Hallier m'a très tôt parlé de Mazarine, et surtout en évoquant sa volonté de rendre le scandale public et les difficultés de plus en plus insurmontables et récurrentes qu'il rencontrait. J'ai essayé de l'aider parce que je trouvais choquant et même inconcevable qu'un livre ne puisse pas être publié. Mais j'avais peu de moyens et je croyais depuis mon enfance en la célèbre phrase d'Édouard Herriot, "La politique, c'est comme l'andouillette, ça doit sentir un peu la merde, mais pas trop." J'étais encore jeune et candide… Je n'ai pas voulu concevoir qu'un politicien accédant au fauteuil de président de la République française puisse être complètement dépourvu de freins psychologiques, au point de mettre l'appareil d'État au service de sa vie privée…

S. B. : *Jean-Edern Hallier considérait Jean-René Huguenin comme son jumeau stellaire. Quelle place occupe Hallier dans votre constellation personnelle ?*

J.-P. Th. : Désolé, je n'ai ni frère ni sœur ni jumeau stellaire… Hallier est d'une génération antérieure à la mienne. Il s'insère néanmoins dans ma "constellation personnelle" comme un soleil blanc qui m'assure de toujours avoir un peu de lumière, de nuit comme de jour. Je m'y réfère volontiers et, pourquoi ne vous l'avouerai-je pas, j'ai toujours plusieurs de ses livres à portée de main.

S. B. : *Vous démontrez, étude de quelques passages de son premier roman à l'appui, que Hallier était un styliste hors pair. Malheureusement, l'image d'histrion médiatique a altéré durablement l'accès à l'écrivain Hallier. Aujourd'hui encore, les médias mainstream continuent la plupart du temps à le qualifier péjorativement d'amuseur-écrivain. N'est-ce pas le propre des géniaux inclassables d'être incompris, surtout des amuseurs-journalistes ?*

J.-P. Th. : Il est tout à fait exact que l'image d'histrion médiatique a, en quelque sorte, hypothéqué l'accès à l'écrivain Hallier.

Mais Jean-Edern ne répétait-il pas volontiers qu'il préférait jouer au clown plutôt que de se trahir ? De fait, il a été un maître clown, un clown extraordinaire, qui savait bousculer le "pot de fleurs" de l'ordre établi, dénoncer les impostures. Aujourd'hui, il nous manque, me semble-t-il, beaucoup. »

« Jean-Edern, le dandy de grand chemin »

Un texte paru sous la signature « Le Collin froid » le 16 mai 2017 sur le site *La Camisole* (camisole.fr), le journal intellectuel qui se fait violence, dans la rubrique « En une, l'échafaud esthétique ».

« On sait depuis la venue sur terre d'une grande âme que si les mauvais écrivains font de bons politiques, les bons écrivains font souvent de mauvais politiques. Ayant décidé très tôt de partir en cavale avec la réalité, ce fils d'officier de la cavalerie ne la considérait plus que comme un effet de style et s'il chantait parfois, ce n'était que pour indiquer l'endroit où il ne se trouvait plus.

Peut-être aussi parce qu'il avait pris au pied de la lettre l'acception selon laquelle l'histoire ne se répète qu'en farce, il avait décidé de naviguer de cathédrale du néant en cathédrale du néant : Saint-Simon avait craché dans la soupe de Louis XIV, Chateaubriand dans celle de Napoléon ; celle de son époque ne valant pas la peine de cracher dedans, autant s'y noyer. Et puisque le propre d'un prophète est de dire en général n'importe quoi, alors autant prendre le contre-pied des souillons idéologisés de l'époque qui enfermaient quelques petites idées dans des mots et faire le choix d'aller à la recherche des idées par les mots. Au pire, on fera une révolution ratée, paraît-il ce sont les seules qui portent leur fruit.

Le seul bénéfice qu'en tirera ce délinquant de papier, au casier littéraire bien rempli, sera des ennemis, et après tout si se vouloir des amis est une obligation de commerçant, avoir des ennemis est un luxe d'aristocrate.

« Le serment de la place Royale »

Si des écrivains se sont unis d'amitié, au château d'Edern ou place des Vosges, s'ils ont vécu au rythme des apparitions et disparitions de *L'Idiot international,* s'ils ont défait le monde ensemble dans de basses tavernes enfumées, s'ils ont promené leur volubilité interminablement dans les rues de Paris jusqu'au petit jour et si à force de trinquer aux idées nouvelles, ils se sont parfois écroulés sur le bas-côté de la route, c'est pour que l'un d'eux, Jean-Edern, aille figurer le groupe à travers l'éternité. Ils se sont sacrifiés, sans croire même qu'ils se sont sacrifiés, pour déléguer un représentant dans les temps futurs, qui chevauchera seul dans les grandes forêts de la vie dans l'espoir d'un jour peut-être illuminer tout un siècle.

De ces voyages de bringues, rares et beaux moments de jeunesse d'une modernité depuis vingt siècles desséchée, de ces chevauchées impromptues sur une route dont les horizons se dévoilent à mesure, de ces noces sans contrat notarié du tragique et du comique, de ces présentations avec la femme de sa vie, rencontrée la veille et enfin de ces querelles qu'il envenimait avec passion et qui jamais ne devaient déboucher sur quelque chose d'aussi vulgaire qu'un débat, naissaient à nouveau des hommes libres : ceux qui prient bourrés. Somnambules, ils hantent les nuits des huissiers, leur murmurant que nul ne peut emprisonner un fantôme et encore moins l'esprit du temps.

« Un mensonge qui dit la vérité »

S'il n'aura été peut-être qu'un Chateaubriand de l'ordure, il en aura toujours au moins gardé le style et l'élégance, cette profondeur de l'amour s'associant au tranchant de l'intelligence, c'est-à-dire l'humour, cette idée que la chair et les os forment un même corps, afin que le fond et la forme, ces deux amants que la bourgeoisie avait voulu opposer, s'étreignent à nouveau ; ce point de rencontre absolu entre le sens et sa représentation, ce moment retrouvé de la parole totalement vivante, ce quelque chose de parfaitement vivant, léger, tremblant comme ces Français du XVIIIe dont on disait qu'ils étaient superficiels par profondeur. Au confort de la société moderne, cette consolation pour les gens qui cherchent à aller mieux, il préfère le luxe et ses mirages, ses exubérances, ses luxures et ses luxuriances, cette végétation qui va dans tous les sens, formant une échelle invisible, qui relie les gueux aux preux, la terre aux cieux et le Finistère à Saint-Germain-des-Prés.

Et si parfois il pouvait laisser tremper son écharpe blanche dans la soupe, jamais il n'aurait prononcé un "bon appétit". Son maintien aristocratique, ce cadre qu'il n'a fait que transgresser, l'amènera tout naturellement sur les barricades de 1968. Comme Pasolini lui avait dit que dans les manifestations, les CRS étaient les prolos contre les fils de bourgeois, alors il sera révolutionnaire, le col mao fait par Pierre Cardin et le petit livre rouge sur la banquette arrière de la Ferrari.

Après tout le Polo était vulgaire, l'Interallié démodé, les Caves n'existaient pas encore, alors le seul lieu mondain qui restait était bien le carrefour de l'Odéon. Il racontera d'ailleurs des années plus tard avoir approché les Brigades rouges l'été 1968 ; je peux aujourd'hui confirmer que de rouge il n'avait approché à cette époque-là que sa Ferrari dans laquelle nous fîmes avec lui cet été-là le tour de la Bretagne et que s'il a un jour appartenu à un groupuscule terroriste, ce ne fut que le gang des foulards, voire la section écharpe blanche. À cette même époque d'ailleurs, mon arrière-grand-mère milliardaire, qui prononça en France l'oraison funèbre de Staline, décida de léguer toute sa fortune au parti communiste, expliquant ainsi ma présence dans ce journal.

« J'ai tous les défauts, c'est ma principale qualité »

À l'espèce humaine – cette histoire de singe qui a mal tourné, dirait Cioran –, il opposait l'ivresse du panache et de la désinvolture de ceux qui pensent que si les moyennes font la solidité du monde, la seule valeur de celui-ci repose sur les extrêmes, de ceux-là qui auront construit leur gloire d'une cathédrale d'injures, traînant après eux des faillites, des cœurs, des scandales, captifs qu'aucune prison ne se serait donné le mal d'enfermer, de ceux qui à la rubrique profession écrivaient honnête homme, leur valant ainsi d'être systématiquement arrêtés par les douaniers, de ceux qui commettaient des attentats chez Régis Debray et réservaient la primeur de leurs déclarations à "Apostrophes", parce que la prison, c'est bien, la prison c'est la santé et qui, quand ils partaient en week-end disaient qu'ils s'étaient fait enlever et quand ils partaient en vacances disaient qu'ils s'étaient fait exiler.

Maurice Bardèche était devenu collabo en 1946, ce qui était pousser assez loin l'anticonformisme mais il fallait aller plus loin. Jean-Edern ira au Chili en 1974 pour organiser la résistance avec notre argent grâce auquel il se paya de grands hôtels d'où il téléphonait aux résistants qui se cachaient avec de faux noms quand lui les appelait avec des vrais. Après tout, le Chili est bien un pays étrange : je n'ai désormais qu'un seul milliardaire dans ma famille et il est le candidat du parti communiste à l'élection présidentielle.

Jean-Edern était un fou qui se prenait pour Jean-Edern

S'il a inscrit sur sa tombe "qu'il soit permis aux hommes de rêver comme j'ai vécu", c'est peut-être parce qu'échouant à devenir auteur, il s'est fait personnage, un héros de roman bien baroque et fatigant, dévorant son œuvre et distillant sa vie dans une coupe de champagne, à la manière d'un film ni fait ni à faire, dont les pellicules dérisoires gisent à jamais dans les arrières salles de montage de l'esprit et qui à force de naviguer les yeux à demi fermés, de louvoyer à fleur de bars et de confier son sort aux plus hautes marées de la vodka, n'aura fini que mémorialiste de fin de siècle. Et puisque les princes de l'insolence demeurent les seuls êtres fréquentables, faut-il encore songer à ce fils de général, devenu général de l'armée des rêves, qui au soir de sa vie comprendra que la solitude est la politesse des fous. »

« Cet étrange binôme... »

Un extrait du livre intitulé *Le Lambeau* de Philippe Lançon, l'un des journalistes rescapés de l'attentat contre *Charlie Hebdo* en 2015, et paru en 2018 chez Gallimard, dit « Gallimarket ». L'auteur y évoque Jean-Edern Hallier qu'il a croisé à Bagdad en janvier 1991, alors que l'écrivain, accompagné de son fidèle secrétaire Omar Foitih, entendait, par sa présence en Irak, « protester contre la fatalité programmée d'une guerre inique ».

« Jean-Edern Hallier n'était déjà plus un écrivain qu'on lisait : le vilain clown l'avait dévoré dans la conscience de la plupart de ses anciens lecteurs. Il était accompagné par un petit secrétaire muet et bien habillé, portant une petite mallette noire, qui s'appelait Omar.

Ceux qui avaient fréquenté cet étrange binôme dans les eaux de *L'Idiot international,* le journal que dirigeait et finançait Hallier, qualifiaient volontiers Omar d'âme damnée. À table, l'écrivain braillait son antiaméricanisme et sa vie héroïque à qui voulait l'entendre. Omar ouvrait en silence la mallette et faisait circuler les photos qui correspondaient aux épisodes héroïques que son maître racontait. Celui-ci était là par goût du paradoxe et du spectacle, pour qu'on parle de lui et pour s'approprier l'infâme, du côté duquel il se rangeait volontiers. Il faisait don de l'événement à sa personne. Quand il parlait, il penchait vers l'un puis l'autre son œil aveugle, à tour de rôle, comme un cyclope ou comme une bête, soulignant la folie du monde en étalant la sienne. Il avait encore plus de candeur que d'égocentrisme ou de rouerie, ce qui n'est pas peu dire, et, pour une fois, le contexte avait neutralisé sa méchanceté. Peut-être avait-il raison, tout cela n'était qu'une comédie dont il fallait s'improviser le guignol et le scribe. Hallier était si plein de son propre personnage et du cirque ambulant qu'il trimballait qu'il ne craignait absolument pas ce qui aurait pu lui arriver. C'était une caricature foraine de Chateaubriand que nous écoutions, que nous regardions, une caricature qui transformait l'hôtel et la ville en décor de carton-pâte. Le jour du bombardement, il est parti avec Omar et un chauffeur visiter les ruines à Babylone. Reconstitué avec tout le mauvais goût local, c'était un bel endroit pour assister à l'Apocalypse qu'on nous promettait – en ne la voyant pas. D'ailleurs, elle n'a pas eu lieu – ou pas immédiatement. Je suis parti avant le retour du grand petit homme et je ne l'ai jamais revu. »

Un courrier de l'auteur au Parti socialiste

de Châtellerault, dans le Poitou

Jean-Pierre THIOLLET

19 janvier 2018

Parti socialiste

14, rue Abel-Orillard

86100 Châtellerault

Mesdames, Messieurs,

Le Parti socialiste châtelleraudais prendrait-il les habitants de la ville de Châtellerault pour des personnes atteintes de la maladie d'Alzheimer ou dépourvues de tout accès à Internet, voire pour les derniers des cons ? Évidemment non.

À la lecture de la page 16 du journal Centre-Presse *daté de ce 9 janvier 2018, votre parti en phase terminale paraît en revanche à la recherche de soins palliatifs.*

Après avoir qualifié M. Mitterrand de « modèle » (sic), la poignée de vos ultimes « grognards » vient en effet interpeller « de nouveau » le maire de Châtellerault « pour que la plaque commémorative de l'esplanade François-Mitterrand, rongée par l'humidité, soit rénovée ».

À ce stade d'aveuglement et d'inconscience, un rapide rappel d'ordre historique semble s'imposer.

Décoré de la Francisque, M. Mitterrand eut pour grand ami – à la vie, à la mort – M. René Bousquet, ancien secrétaire général de la police nationale sous le régime de Vichy et organisateur des rafles du Vélodrome d'Hiver et de Marseille.

Gravement malade de 1981 jusqu'à sa disparition, ce gangster de haut vol a fait l'objet de traitements intensifs aux effets secondaires majeurs. Son deuxième mandat présidentiel, calamiteux, fut criblé de cadavres. Y compris en mode 357 Magnum.

Accessoirement, plusieurs de ses hommes de main – MM. Gilles Ménage, Christian Prouteau, Louis Schweitzer, Michel Delebarre et Paul Barril – ont été jugés et condamnés. L'État français a dû de surcroît verser en 2008 des indemnisations significatives à la famille de l'une de ses célèbres victimes.

Accessoirement encore, c'est à la fin de son second mandat qu'il a nommé Mme Cresson à la Commission européenne. Avec pour épilogue un scandale si honteux qu'il entraîna la démission de l'intégralité de la Commission Santer. Mme Cresson a été condamnée par la Cour de justice de l'Union européenne, et Châtellerault fut durant des années pire qu'un gros mot, une imprécation émétique, au sein des bureaux des plus hautes instances européennes, rue de la Loi, à Bruxelles.

Tout cela ne serait bien sûr qu'anecdote, billevesée et coquecigrue... s'il n'y avait pas plus dérangeant puisque depuis 2015, M. Mitterrand est ouvertement accusé dans des ouvrages sérieux, référencés dans les plus prestigieuses bibliothèques du monde, de complicité de crime contre l'humanité (génocide au Rwanda).

Certes, par définition attribuée à cet individu d'un autre siècle, un génocide africain « n'est pas trop important » (sic) et un million de cadavres de nègres ne saurait être qu'un détail. Mais au petit jeu funèbre du « Noir, c'est noir, il n'y a plus d'espoir », comment la plaque commémorative devant la mairie de Châtellerault ne serait-elle pas, pour toujours, rongée par l'humidité des crachats qu'elle mérite ?

Avec mes remerciements pour votre attention,

Recevez, Mesdames, Messieurs, l'assurance de mes condoléances, en dépit de mon absence de regrets, pour ce qui fut votre parti.

Copie à :
Sous-préfecture de Châtellerault
Mairie de Châtellerault

Génocide au Rwanda : la liste des 33...

... personnalités françaises les plus impliquées dans le génocide au Rwanda ou l'honneur Edernellement perdu de M. Mitterrand

La CNLG (Commission nationale rwandaise de lutte contre le génocide au Rwanda), dont Jean Damascène Bizimana, docteur en droit international, est le secrétaire exécutif, a publié en 2016 une liste de dirigeants politiques français et d'officiers français qu'elle accuse d'être les auteurs et complices du génocide de 1994 et des massacres qui l'ont précédé entre 1990 et 1994.

Dans le rapport qu'elle a, à cette occasion, transmis à l'Agence France Presse, elle dénonce les « crimes très graves » commis par certaines personnalités politiques françaises et des haut gradés, en fournissant analyses et précisions circonstanciées sur le rôle des uns et des autres.

Pour cette commission, il paraît toutefois sans équivoque que M. Mitterrand, en sa qualité de président de la République française et chef suprême des Armées, porte la plus lourde responsabilité dans l'effroyable tragédie qui relève d'un crime contre l'humanité.

Les responsables politiques

1. François Mitterrand, président de la République française, chef suprême des Armées (1981-1995).

2. Alain Juppé, ministre des Affaires étrangères (1993-1995).

3. François Léotard, ministre de la Défense (1993-1995).

4. Marcel Debarge, ministre de la Coopération (1992-1995).

5. Hubert Védrine, secrétaire général à la présidence de la République française (1991-1995).

6. Édouard Balladur, Premier ministre (1993-1995).

7. Bruno Delaye, Conseiller à la présidence de la République française (1992-1995).

8. Jean-Christophe Mitterrand, Conseiller à la présidence de la République française (1986-1992).

9. Paul Dijoud, Directeur des affaires africaines et malgaches au ministère des Affaires étrangères (1991-1992).

10. Dominique de Villepin : directeur adjoint aux Affaires africaines et malgaches (1991-1992), directeur de cabinet du ministre des Affaires étrangères (1993-1994).

11. Georges Martres, ambassadeur de France au Rwanda (1989-1993).

12. Jean-Michel Marlaud, ambassadeur de France (1993-1994).

13. Jean-Bernard Mérimée, Représentant permanent de la France aux Nations unies de mars 1991 à août 1995.

Les militaires

1. Amiral Jacques Lanxade, Chef d'état-major particulier du président de la République française (1989-1991), puis Chef d'état-major des armées (1991-1995).

2. Général Christian Quesnot, Chef d'état-major particulier du président de la République française (1991-1995).

3. Général Jean-Pierre Huchon, Chef de la mission militaire de coopération (1993-1995).

4. Général Raymond Germanos, sous-chef des opérations à l'état-major des armées (mai 1994-septembre 1995).

5. Colonel Didier Tauzin alias Thibault, conseiller militaire de président de la République rwandaise de 1990 à fin 1993, chef du DAMI (Détachement d'assistance militaire et d'instruction) Panda et de l'opération Chimère (22 février-28 mars 1993), puis commandant de Turquoise Gikongoro.

6. Colonel Gilles Chollet, chef du DAMI de mars 1991 à février 1992. Dès février 1992, il cumulait cette fonction avec celle de conseiller militaire du président de la République française, chef suprême des FAR (Forces d'action rapide), et de conseiller du chef d'état-major des FAR.

7. Colonel Bernard Cussac, attaché de défense près l'ambassade de France au Rwanda et chef de la mission militaire de coopération (juillet 1991-avril 1994), commandant de Noroît de juillet 1991-décembre 1993 (hormis février et mars 1993).

8. Lieutenant-colonel Jean-Jacques Maurin, chef adjoint des opérations auprès de l'Attaché de défense (1992-1994).

9. Colonel Gilbert Canovas, adjoint opérationnel auprès de l'Attaché de défense et Conseiller de chef d'état-major de la Gendarmerie (octobre à novembre 1990).

10. Colonel René Galinié, attaché de défense et chef de la mission d'assistance militaire au Rwanda (août 1988-juillet 1991), commandant de Noroît (octobre 1990-juillet 1991).

11. Colonel Jacques Rosier, commandant de Noroît, comprenant le DAMI (Détachement d'assistance militaire et d'instruction), de juin à novembre 1992, chef du groupement COS Turquoise (commandant des opérations spéciales du 22 juin au 30 juillet 1994).

12. Capitaine Grégoire de Saint-Quentin, conseiller technique du commandant du bataillon Paracommando et officier instructeur des troupes aéroportées (août 1992-avril 1994).

13. Major Michel Robardey, conseiller technique pour la gendarmerie nationale (criminologie) de 1990 à 1993.

14. Major Denis Roux, conseiller technique du commandant de la Garde présidentielle de juin 1991 à avril 1994.

15. Capitaine Étienne Joubert, chef du DAMI Panda du 23 décembre 1992 au 18 mai 1993, puis officier de renseignements, puis chef des opérations Turquoise Gikongoro.

16. Colonel Patrice Sartre, chef du groupement Nord Turquoise (Kibuye) du 22 juin au 21 août 1994.

17. Capitaine de frégate Marin Gillier, responsable du détachement Turquoise Gishyita (Kibuye).

18. Lieutenant-colonel Éric de Stabenrath, commandant de Turquoise Gikongoro du 16 juillet au 22 août 1994.

19. Colonel Jacques Hogard, chef du groupement Sud Turquoise (Cyangugu) fin juin-22 août 1994.

20. Général Jean-Claude Lafourcade, commandant en chef de Turquoise.

Deux décennies de déni

En décembre 1998, après huit mois d'enquête, la Mission d'information parlementaire française sur le Rwanda, présidée par Paul Quilès, député socialiste et proche de M. Mitterrand, publie son rapport qui nie la responsabilité de Paris dans le génocide d'avril 1994. Tout en reconnaissant des erreurs d'appréciation des autorités françaises, elle y réfute toute notion de complicité. En conclusion de quelque 1 800 pages, dont 600 d'annexes et de plus de 800 comptes rendus d'auditions, elle affirme que c'est la communauté internationale tout entière qui porte la responsabilité de la tragédie.

Son document, dont les députés socialistes Pierre Brana et Bernard Cazeneuve sont les signataires en leur qualité de rapporteurs, a fait l'objet d'un vote à l'Assemblée nationale, à l'issue de discussions intenses où de nombreux parlementaires se sont montrés favorables à une mise en cause directe de décisions prises au plus haut sommet de l'État, en l'occurrence par l'ancien président de la République française, M. Mitterrand, et ont exprimé leur refus d'exonérer la France de toute responsabilité. Publié en décembre 1997, le rapport de la commission d'enquête belge sur le Rwanda avait pour sa part clairement établi les manquements du gouvernement de Bruxelles, et cité notamment les ministres belges des Affaires étrangères et de la Défense en place au moment de la tragédie rwandaise.

En mars 2004, la CEC (Commission d'enquête citoyenne) sur l'implication de la France dans le génocide des Tutsi, initiative d'associations françaises, tient à Paris ses premiers travaux publics. Dotée d'un comité de pilotage présidé par le professeur de droit Géraud de La Pradelle, elle compte parmi ses membres Annie Faure, médecin au Rwanda pendant le génocide et auteure de *Blessures d'humanitaire,* l'avocat Bernard Jouanneau, président de l'association Mémoire 2000, l'historien Marcel Kabanda, auteur de *Rwanda : les médias du génocide* (avec Jean-Pierre Chrétien), Georges Kapler et Anne Lainé, producteur et réalisatrice du film *Rwanda, un cri d'un silence inouï,* la professeure de droit Rafaëlle Maison, auteure de *La Responsabilité individuelle pour crime d'État en droit international public,* et l'historien Yves Ternon, spécialiste des génocides du XXe siècle, auteur de *L'État criminel.*

Le 27 novembre 2004, à 23 heures, France 3 diffuse « Tuez-les tous ! Rwanda : histoire d'un génocide "sans importance" », un documentaire d'un peu plus d'une heure et demie réalisé par Raphaël Glucksmann, David Hazan et Pierre Mezerette.

En février 2005, la CEC présente à la presse un rapport de 600 pages, sous le titre *L'horreur qui nous prend au visage,* paru chez Karthala, ainsi qu'*Imprescriptible : l'implication française dans le génocide tutsi portée devant les tribunaux,* un ouvrage juridique de son président, Géraud de La Pradelle, publié aux Éditions Les Arènes, qui décrit le cadre juridique dans lequel des responsables français pourraient être poursuivis devant la justice française. Elle affiche son objectif que les autorités françaises prennent la mesure des préjudices que la France a causés au peuple rwandais.

En février 2010, lors d'une visite au Rwanda, Nicolas Sarkozy reconnaît que la France a commis « de graves erreurs de jugement » dans les jours précédant et pendant le génocide.

Afin de dénoncer les « élites françaises impliquées dans l'extermination de 1 million de Rwandais désignés comme Tutsi ou opposants », un collectif « Génocide Made in France » crée, pour sa part, à la même époque une chanson intitulée « La Rwandaillaise » (signée Doc Génocido et DJ Mitterhamwe), avec pour refrains :

« La France est championne
Extermine comme personne
Les peuples d'Afrique francophone. »

« Liberté, Égalité, Exterminez ! »

Ce collectif est également l'initiateur d'un clip vidéo diffusé sur la chaîne YouTube depuis près d'une décennie. Avec une « Spéciale dédicace au gouvernement Mitterrand, à ses apôtres et ses vétérans : Hubert Védrine, Alain Juppé, François Léotard, Marcel Debarge, Édouard Balladur, Michel Roussin, Bruno Delaye, Jean-Christophe Mitterrand, Paul Dijoud, Dominique de Villepin, Georges Martres, Jean-Michel Marlaud, Jean-

Bernard Mérimée, l'amiral Lanxade, le général Quesnot, le général Huchon, le général Germanos, Didier Tauzin alias Thibault, colonel Chollet, colonel Cussac, lieutenant-colonel Jean-Jacques Maurin, colonel Canovas, colonel Galinié, colonel Rosier, Grégoire de Saint-Quentin, Michel Robardey, Denis Roux, Étienne Joubert, Patrice Sartre, Marin Gillier, Éric de Stabenrath, Jacques Hogard, Jean-Claude Lafourcade, Dominique Pin, Paul Barril, Nicolas Sarkozy ». Le tout assorti d'un message de « Paix à toutes leurs victimes ».

Rendu public en décembre 2017, un rapport du cabinet de juristes Cunningham Levy Muse à la renommée internationale vient apporter un éclairage particulièrement accablant sur le rôle de la France dans la planification et l'exécution du génocide de 1994 contre les Tutsi.

Selon ce document, fruit d'une enquête sérieuse et approfondie, les responsables français ont facilité le flux d'armes vers le Rwanda dans la période précédant le génocide, bien qu'ils aient été au courant des attaques violentes contre le groupe minoritaire tutsi dans le pays. En dépit de cette connaissance des massacres récurrents des Tutsi au début des années 1990, ils ont permis aux génocidaires de se rencontrer au sein de l'ambassade de France à Kigali et de former le gouvernement intérimaire qui présidait le Rwanda pendant le génocide.

Le rapport souligne également que les communications privées entre les responsables français révèlent que l'opération Turquoise, une mission militaire française déployée au Rwanda au plus fort du génocide et présentée comme une mission humanitaire, « avait pour objectif militaire de soutenir le gouvernement intérimaire responsable du génocide, et empêcher son retrait par le Front patriotique rwandais, qui a arrêté les atrocités en juillet 1994 ».

Le cabinet Cunningham Levy Muse met en outre l'accent sur les efforts continus déployés par les responsables français pour protéger les auteurs du génocide contre la justice. « Les autorités françaises ont, souligne-t-il, mis en sécurité les présumés génocidaires et entravé les tentatives de les traduire en justice à divers moments au cours des vingt-trois années écoulées depuis le génocide. » Il indique également que « les autorités françaises ont refusé de déclassifier et de rendre publics les documents indispensables à la pleine compréhension de l'activité des responsables français au moment du génocide, et de permettre au public d'enfin connaître la vérité ». Avant de préciser que « la France n'a ni réussi à extrader ni à poursuivre la majorité des dizaines de suspects de génocide résidant dans le pays ».

Début juillet 2018, l'ancien ministre Bernard Kouchner, qui se rendit à trois reprises à Kigali pendant le génocide, témoigne – avec dignité et courage – de sa propre impuissance face à l'attitude de M. Mitterrand et reconnaît publiquement, dans le quotidien *La Croix*, la « très lourde faute » commise par les autorités françaises, qui « perdure encore parmi certains socialistes, en particulier parmi les proches toujours vivants de François Mitterrand » (cf. pages 288-289 de cet ouvrage).

En avril 2019, à la veille de la commémoration du vingt-cinquième anniversaire du génocide, Emmanuel Macron, président de la République française depuis 2017, prend l'initiative de mettre en place une commission de chercheurs et de leur faciliter l'accès aux archives, afin de faire la lumière sur le rôle de Paris dans la tragédie, de tenter d'apaiser les relations avec Kigali et d'éviter que l'ancrage rédhibitoire du discrédit de la France ne s'étende à l'ensemble des territoires africains francophones. À coup sûr très contestable, la composition de cette commission, qui ne comporte aucun spécialiste reconnu du Rwanda, n'a pas manqué de faire l'objet d'une controverse. Mais l'initiative de sa création va de pair avec le projet d'instituer une « chaire d'excellence dédiée à l'histoire du génocide des Tutsi » afin de favoriser « l'émergence d'une nouvelle génération de chercheurs spécialistes de cette question ». Elle tend ainsi à témoigner d'une ferme volonté d'Emmanuel Macron de se démarquer de ses prédécesseurs, de consacrer la place du génocide des Tutsi dans la mémoire collective française et de démontrer qu'il n'a pas l'intention d'être accusé d'une quelconque complicité dans un dossier sinistre où à l'évidence, il ne saurait être, ni de près ni de loin, personnellement impliqué. Deux jours avant les cérémonies officielles au Rwanda, il a de surcroît tenu à recevoir des représentants d'Ibuka France, une association de soutien aux victimes et rescapés du génocide.

Quoi qu'il puisse advenir, il paraît dès à présent irréfutable – n'en déplaise à certains adeptes du négationnisme – que l'éradication sans appel dont la langue française a fait l'objet au Rwanda est la conséquence directe de l'implication de la France – à l'insu de la population française et sous la présidence de M. Mitterrand – dans les massacres et le génocide.

Alors que le français était depuis longtemps l'une des trois langues officielles sur le territoire rwandais et tenait le rôle de langue de scolarisation, l'anglais a très fortement progressé, que ce soit au niveau de l'administration ou au sein de la population. Si bien qu'il est devenu en 2010 la seule langue d'enseignement public.

En 2014, à en croire l'Organisation internationale de la francophonie, 6 % des Rwandais étaient encore francophones. Mais depuis décembre 2014, le franc rwandais, la monnaie officielle, ne s'échange plus qu'au travers de billets imprimés en anglais et en langue bantoue (kinyarwanda) et semble menacé d'abrogation. À partir de 2020, il devrait, selon toute vraisemblance, être remplacé par le dollar rwandais. Le français aura alors complètement disparu.

Bernard Kouchner

« Mitterrand m'a dit : "Kouchner,
vous exagérez." [1] »

Pendant le génocide des Tutsi au Rwanda, Bernard Kouchner s'est rendu à trois reprises à Kigali. Il assure avoir tenté d'alerter François Mitterrand sur la nature des crimes commis par le régime hutu. Mais en vain… Un témoignage édifiant.

« La Croix : *La France s'est-elle trompée au Rwanda ?*

Bernard Kouchner : Elle a commis une très lourde faute, une faute politique. Les décideurs n'ont pas voulu voir, malgré l'avis de nos services, qu'ils étaient les amis des génocidaires : c'est l'énorme ambiguïté de la France au Rwanda. Elle a perduré pendant le génocide et elle perdure encore parmi certains socialistes, en particulier parmi les proches toujours vivants de François Mitterrand.

En avril 1994, j'étais, avec quelques amis de Médecins du monde, le seul Français présent pendant le génocide. J'ai appelé François Mitterrand de Kigali pour lui décrire la situation. "Ne croyez pas tout ce qu'on vous raconte, lui ai-je dit. Le FPR n'est pas à la solde des Américains. Ils sont entrés au Rwanda au nom de leurs familles tuées par les Hutu depuis l'indépendance. Ici, nous sommes les amis des bourreaux. Il faut absolument arrêter tout ça." François Mitterrand m'a répondu : "Kouchner, vous exagérez, allons, je vous connais, vous exagérez."

Tous ceux qui gravitaient autour de lui, les caciques du parti socialiste de l'Élysée, certains ministres de droite, les généraux qui étaient autour du président... l'ont poussé à se tromper de grille de lecture. Certains étaient sincères et d'autres cyniques.

Comment voyaient-ils la situation ?

B. K. : L'entourage de Mitterrand avait une analyse simplette. Ils ont d'abord vu une opportunité pour prendre la place des Belges dans cette ancienne colonie. Pourquoi ? Parce qu'ils étaient animés et structurés par une forme de néo-impérialisme qui se traduisait par ces formules : "Nous sommes la France, quoi ! Nous sommes un grand pays africain." C'est ce qui a présidé au soutien au président Habyarimana, dont François Mitterrand me disait qu'il le connaissait à peine, ne l'ayant vu que deux fois. Ensuite, la montée en puissance de l'Ouganda anglo-saxonne est apparue comme une menace. Soutenir le Rwanda hutu, c'était contenir l'expansion anglo-saxonne. Enfin, Kagame avait été entraîné par les Américains, il était donc forcément notre ennemi. Cette succession d'arguments politiques a conduit l'Élysée à s'allier au gouvernement hutu, à former l'armée hutu et à désigner le FPR comme le méchant dans cette histoire. Après l'assassinat d'Habyarimana, c'est à l'ambassade de France qu'est constitué le gouvernement intérimaire rwandais ! »

Propos recueillis par Laurent Larcher

(1) Extrait d'un entretien avec Bernard Kouchner, ancien ministre des Affaires étrangères, paru dans le quotidien *La Croix*, le 1er juillet 2018.

« La France [1] »

par Jean Yanne [2]

« Autrefois, la France s'appelait la Gaule, et ses habitants les Vikings, ou les Normands, ou les Wisigoths.

Après, la France s'est appelée la France, et ses habitants ont été appelés à voter.

Depuis, la France ne s'appelle plus. On l'appelle.

"Eh, la France, tu vas bien faire quelque chose pour nous faire rigoler." La France se lève. Elle ne se fait jamais prier. "Je vais vous faire une explosion atomique", qu'elle dit. Tout le monde se marre. Sacrée France !

Comme elle voit que ça marche, elle enchaîne : "Je vais vous donner mon avis sur le Proche-Orient, et sur le Moyen-Orient par la même occasion."

Tout le monde se poile. Alors elle en rajoute : "Je vais vous expliquer comment on stabilise la monnaie." Le monde hurle de rire. La France fait un tabac, et ça fuse de partout : "Eh, la France, raconte-nous la qualité de la vie – Eh, la France, parle-nous des réformes – Eh la France, qu'est-ce que tu penses de l'avortement, de l'école libre, et de l'ONU, et de la censure, et de ceci, et de cela ?..."

À ces mots, la France ne se sent plus de joie. Elle ouvre un large bec, et elle cause, elle déclare, elle affirme, elle menace. Mais oui, elle menace. Le monde suffoque de bonheur. "Encore !" "Encore !"

Le monde est méchant. Comme ça l'amuse, il ne la lâche pas.

Et la France continue à causer, à déclarer, à affirmer, à menacer. Mais oui, à menacer.

Bien sûr, à force, comme ça dure un peu trop, on trouve ça un peu pénible, et on a même un peu pitié.

Mais après tout, c'est bien de sa faute à la France si elle est ridicule et si on se fout de sa gueule.

D'ailleurs, elle ne s'en rend pas compte. Elle est comme les vieilles cocottes qui ont tout bouffé lorsqu'elles étaient jeunes et belles, et à qui l'on fait raconter leur gloire passée pour un verre de vin rouge.

Et y a pas de raison pour que ça s'améliore. La France, elle va devenir comme la Marie du Pont-Neuf. Vous savez bien. La pute septuagénaire. Celle qui tapinait sous les ponts. Elle disait à ses clients "C'est mille balles par-devant et deux mille par-derrière." Les clients faisaient leur affaire et quand c'était terminé et qu'ils lui disaient : "Combien je te dois ?", elle répondait "Où que t'étais ?"

Ça va être ça, la France. Pauvre vieille ! »

---

(1) Extrait de *Pensées, répliques, textes et anecdotes,* par Jean Yanne, paru chez Le Cherche Midi éditeur en 1999 dans la collection « Les Pensées ».

(2) Acteur, auteur, réalisateur et producteur de films, chanteur et compositeur, né en 1933 et mort en 2003.

In memoriam

Jacques Chirac

L'hommage de Jean-Edern

> « Pour celui qui part
> Pour celui qui reste,
> Deux automnes. »
> Yosa Buson (Buson Taniguchi, dit, 1716-1783)

> « Le souvenir, c'est la présence invisible. »
> Victor Hugo (1802-1885), *Océan*

Alors que cet ouvrage était sur le point d'être imprimé, la mort, à l'âge de quatre-vingt-six ans, de Jacques Chirac, maire de Paris de 1977 à 1995 et président de la République française de 1995 à 2007, a fait l'objet d'une annonce par l'Agence France Presse.

Dans *Les Puissances du mal,* son ultime ouvrage, écrit à l'aveugle et paru en septembre 1996, Jean-Edern Hallier a laissé ce témoignage en forme de bel hommage à l'humanité de son sauveur des griffes de M. Tapie qui voulait le ruiner et le jeter à la rue :

« Quand je fus à bout, en 1993, c'est Jacques Chirac qui me téléphona un matin dans le café où j'avais l'habitude de prendre mon petit déjeuner, à La Pelouse, avenue de la Grande-Armée. Grâce à lui, j'obtins un prêt immédiat de la banque Vernes. Pour moi qui ne l'avais pas rallié, il n'avait pas encore intérêt à me soutenir. Son geste me sauva. Quand il lança sa campagne présidentielle sur la fracture sociale, je sautai sur l'occasion pour lui montrer ma reconnaissance sans pour autant me déjuger. Il était au plus bas des sondages. Je lançai un train dont les onze wagons presque vides firent le tour de France en vingt et une étapes. Il aurait pu se perdre dans les bocages comme le convoi de la duchesse de Berry venue au secours de Charles X. Il n'en fut rien. À mesure que nous avancions, les gens vinrent nous rejoindre. À chaque gare, les quais se peuplaient pour soutenir cette initiative un peu folle qui rendit confiance en Chirac envers ceux qui basculaient lentement du côté de Balladur – le traître de la comédie politicienne. Quand les idées s'en vont, il ne reste plus qu'à se raccrocher à la qualité humaine. »

« Aucune nation ne doit plus à son État que la France. Aucune, par conséquent, n'est plus vulnérable aux défaillances de l'État. L'instinct populaire le ressent très profondément. »

Jacques Chirac (1932-2019), *La Lueur de l'espérance : réflexion du soir pour le matin*

« Les morts vous disent : "Cueillez les fleurs, qui, elles, aussi passent ; admirez les étoiles qui ne passent jamais." »

Giosuè Carducci (1836-1907), *Nouvelles Odes barbares*, « En dehors de la Chartreuse de Bologne »

Monique Marmatcheva

« La chose simplement d'elle-même arriva,
Comme la nuit se fait lorsque le jour s'en va. »

Victor Hugo, *Les Misérables* (cinquième partie, livre IX, chap. 6)

Elle avait la danse chevillée au corps. De la tête aux pieds. Du matin jusqu'au soir. De jour comme de nuit. Toujours et encore. De sa fine bouche pouvaient sortir quatre langues : le français, l'espagnol, l'anglais et le russe. Mais Monique Marmatcheva en avait une cinquième constamment dans son sac à main : la danse était son expression première. Au point de ne jamais hésiter, quand le contexte s'y prêtait, à se lancer dans quelque aventure chorégraphique improvisée et esquissée... Ses autres passions, la peinture, la littérature et la musique, elle les vivait aussi viscéralement et sans le moindre artifice. C'est sans doute cette énergie vitale – et la détermination sans faille sous une apparente et amusante légèreté – qui subjuguait toutes celles et ceux qui l'ont rencontrée et fréquentée. « Droite, directe, logique », l'a à juste titre décrite le diacre Pierre Cravatte, lors de la cérémonie d'adieu en comité restreint à l'église Saint-Pierre de Montrouge, en mars 2018, avant de souligner qu'« il y avait beaucoup de talents en une seule et même femme »...

En 2010, elle fit l'amitié à l'auteur de cet ouvrage de faire partie de la centaine de personnes qui assistèrent à une séance de dédicace au Renoma Café Gallery, à l'angle de l'avenue George-V et de l'avenue Pierre-Charron, à Paris. À cette occasion, elle apprécia beaucoup un mini-tour de chant de Véronique Soufflet. Elle était alors vive et virevoltante.

Le 1er mars 2017, elle ne put se rendre à la première réunion du Cercle InterHallier, au Dada, avenue des Ternes à Paris. La tête avait beau vouloir, le corps peinait à suivre, d'autant que l'hiver avait été rude et que le printemps ne se profilait pas bien... Par la pensée, elle n'en fit pas moins partie des membres fondateurs du Cercle.

Hélas, il n'y aura plus ses appels téléphoniques, parfois interminables à force de foisonner d'interrogations et de réflexions. Hélas, il n'y aura plus les réunions intimistes et hors du temps qu'elle organisait dans le salon-atelier de la rue Chantin, à Paris, où certains de ses invités chantaient de magnifiques airs slaves ou pouvaient faire assaut de drôlerie et d'humour en toute liberté.

Née à Lyon le 7 mars 1934, Monique Marmatcheva s'en est allée la veille de son 84e anniversaire, le 6 mars 2018. Mais elle laisse un beau livre consacré à l'artiste Louise Janin et, à tous ses amis, le souvenir impérissable d'une petite femme de grand tempérament, à la singulière personnalité. Nul doute d'ailleurs que, la foi en bandoulière, elle continue de danser... Pour l'éternité.

> « J'ai vécu et avant moi ont vécu d'autres jeunes filles.
> Mais c'est assez. Que celui qui a lu cette inscription
> dise en s'en allant : Crocine que la terre te soit légère.
> Et vous qui vivez sur terre, soyez heureux ! »
>
> Épitaphe d'une jeune fille romaine relevée par
> Marguerite Yourcenar (Marguerite Cleenewerck de
> Crayencour, dite, 1903-1987), dans *La Couronne et la Lyre*

> « Et le souvenir – je n'emploie évidemment pas ce mot dans son
> sens quotidien –, vivant dans le sang, nous liant mystérieusement
> avec des dizaines et des centaines de générations de nos pères

qui ont vécu, et non pas seulement existé, ce souvenir qui résonne religieusement dans tout notre être, c'est cela la poésie, notre héritage plus que saint, et c'est lui qui fait les poètes, les visionnaires, les serviteurs sacrés du mot, nous unissant à la grande Église des vivants et des morts. »

Ivan Bounine (Ivan Alexeïevitch Bounine, dit, 1870-1953), « L'Inonie et Kitège », *Okajannye dni. (Vospominaja. Stat'i)*

Claude Bourg

« Que faire pour honorer les morts, sinon bien vivre. »
Jean Prévost (1901-1944)[1], *La Chasse du matin*

Il y avait du cristal chez cette femme-là. Du cristal le plus pur et le plus étincelant. Pas parce qu'elle était née le 19 décembre 1935 à Baccarat, mais parce que Claude Bourg avait su faire de son curriculum vitae la brillante et exemplaire aventure d'une pupille de la nation, un motif d'étonnement et d'admiration, un cas de figure aussi singulier que peut l'être une œuvre d'art quand elle est réussie.

Par sa naissance, rien pourtant ne paraissait la prédestiner au rayonnement qui fut le sien. Sa mère n'était qu'une modeste ouvrière de filature et son père n'était lui aussi qu'un simple ouvrier tisserand devenu gendarme mobile, avant d'être tué dans le maquis en 1944. C'est donc à l'École de la Légion d'honneur, à Écouen puis à Saint-Denis, où elle fut élevée, que tout ou presque semble s'être sinon joué du moins amorcé. Comme elle se plaisait à le rappeler, elle y reçut une éducation « belle, heureuse, positive » où elle apprit et retint que l'effort, la responsabilité, le devoir, le service sont tout sauf des mots en l'air, que krach ou pas à la Bourse des valeurs, ils ont un sens, un vrai.

Lorsqu'elle vient à Paris pour chercher du travail, elle a à peine dix-huit ans. Elle n'a ni parchemin ni la moindre assise financière. Très vite la voilà courtière en assurances – en mode porte à porte – et vendeuse de journaux. Ce qui lui vaut de faire la connaissance d'un certain Roland Bourg et de devenir – à la vie à la mort – son épouse. Avec l'argent qu'elle gagne, elle parvient à se payer des cours de sténo chez Pigier. Une « grande école » à l'époque, qui, l'air de rien, ne se contente pas d'inviter à bien mettre la main au clavier, mais initie aux approches techniques les plus innovantes et peut, pour qui a la curiosité de voir et d'écouter, entraîner vers les plus hautes destinées. En tout cas, c'est bien chez Pigier que Claude Bourg perçoit que le travail temporaire va répondre à des besoins de plus en plus croissants. Soutenue dans sa démarche par son mari, elle crée en 1960 à la fois son entreprise et son emploi en prenant l'initiative pionnière de monter une agence d'intérim. La première d'une belle série puisqu'elle en ouvrira une vingtaine d'autres, dont une à Montréal... Si bien que son enseigne Permanence européenne deviendra une référence de premier plan dans son domaine d'activité et emploiera plus de 2 500 personnes. Avec, à la clé, bien sûr, un impressionnant chiffre d'affaires.

Ce succès est tel que dès le tout début des années 1970, Claude Bourg fait partie du Tout-Paris et pas seulement parce qu'elle est interviewée par Pierre Desgraupes à la télévision. Si des affaires elle a le sens, des relations publiques, elle a l'art. Elle est un visage, un sourire, une voix aussi – d'autant plus forte et inoubliable pour tous ceux et celles qui la connaissent que chez elle, la parole donnée et l'engagement personnel ont une valeur peu ordinaire. Elle publie un remarquable premier livre intitulé *Femme et chef d'entreprise* aux éditions Robert Laffont[2]. Second volume – juste après celui que s'était réservé Robert Laffont pour lui-même – d'une collection « Un homme et son métier » qui jouira d'un prestige justifié.

Au début des années 1980, la dame d'influence et de pouvoir devenue citoyenne d'honneur de Washington et shérif d'honneur de Miami refait parler d'elle. En bien comme il se doit et pour une bonne cause. Elle crée une Fondation à son nom pour l'esprit d'entreprise et devient conférencière à l'École des Hautes études commerciales. Au passage, elle apporte son soutien à l'organisation d'une drôle de course à cyclo-skiff, une sorte d'aviron à roues inventé par l'un des lauréats de sa fondation, pour laquelle elle fera fermer à la circulation de l'avenue Gabriel à Paris, et qui sera gagnée par le chanteur Hugues Aufray, déjà infatigable, devant plusieurs chefs de cuisine un peu toqués comme Alain Dutournier, Henri Faugeron, Guy Savoy ou Jean-Pierre Morot-Gaudry... En 1985, on la retrouve signataire, aux côtés de Simone de Beauvoir, Madeleine Renaud, Sonia Rykiel, Madeleine Rebérioux, Catherine Deneuve et Régine Deforges, du « Manifeste des 85 pour l'égalité des femmes ».

Par la suite et jusqu'à son dernier souffle, ou presque, du 13 mars 2019, elle continuera de se montrer une militante passionnée de la création d'entreprise, de la juste place des femmes dans le monde du travail et de la lutte contre toutes les discriminations dont elles peuvent encore être les victimes. Prompte à promouvoir les lieux qui avaient compté dans sa vie, son cher Territoire de Belfort et la commune de Giromagny, tout en se préoccupant – ô combien – du devenir de ses enfants et petits-enfants [3], cette fidèle amie de Frédéric Lodéon se démènera également sans compter pour aider les musiciens, initier telle ou telle manifestation en partenariat avec le Conservatoire russe de Paris – Serge Rachmaninoff, concrétiser tel ou tel échange culturel avec de jeunes interprètes...

En 2019, elle aurait dû – c'était convenu – s'insérer dans le Cercle InterHallier dont elle avait connu ou croisé de nombreux membres. Hélas, la mort, cette traîtresse diabolique qui se dispense de prévenir, l'a empêchée de participer à sa réunion rituelle. Mais nul doute que des sphères paradisiaques où elle mérite de se trouver, celle qui réussissait le tour de force d'être aux yeux de tous une Edernelle jeune femme ne manque pas de porter un toast à la santé des « Hallieriens » et qu'elle leur envoie son rire doux et sonore qui s'égrène en clairs trilles rimbaldiens. Un joli rire de cristal... de Baccarat.

« Heureux les morts qui oublient l'amertume de la vie
Quand le soleil se couche et que l'ombre envahit la terre,
Quelle que soit ta douleur, ne pleure pas les morts.
C'est l'heure où ils ont soif et vont boire
À la source cristalline de l'oubli.
Mais si une seule larme coule en leur mémoire
Des yeux de ceux qui sont vivants, l'eau se trouble ;
Et si les morts boivent de cette eau troublée,
Eux aussi, transitant par les champs d'asphodèles,
Se rappellent l'ancienne douleur.
Si tu ne peux t'empêcher de pleurer,
Que tes larmes ne coulent pas sur les morts, mais sur les vivants :
Ceux-ci voudraient oublier mais ne le peuvent. »

Loréntzos Mavílis (1860-1912), « Léthé », *Sonnets*

---

(1) Jean Prévost est l'unique écrivain-résistant tombé les armes à la main dans les rangs de la résistance française.

(2) Une citation extraite de ce livre figure en page 32 de *Hallier ou l'Edernité en marche*. Claude Bourg appréciait beaucoup l'écriture de l'auteur du *Premier qui dort réveille l'autre*.

(3) Roland et Claude Bourg ont eu une fille, Aline Bourg Sebbag, deux fils, Romain et Rodolphe, et deux petits-fils, Xavier et Arthur.

Franz Weber

« Cette incompréhensible contradiction du souvenir et du néant. »

Marcel Proust, *À la recherche du temps perdu*

« … rien d'inutile, rien de disproportionné n'apparaît dans la conduite de l'animal. Il n'est à chaque instant que ce qu'il est. Il ne spécule pas sur des valeurs imaginaires… »

Paul Valéry, dans sa préface à *La Crainte des morts* de Sir James Frazer

Quand ils ont appris, début avril 2019, que Franz Weber était mort, les plus beaux paysages du monde sont soudain devenus tristes, et tous les animaux ou presque se sont désolés. À juste titre car les uns et les autres savaient qu'ils venaient de perdre l'un de leurs plus précieux porte-voix.

Dès qu'une espèce animale était en voie de disparition ou qu'un site patrimonial risquait d'être saccagé, ce drôle de militant aristo-écolo, ce gentleman-détonateur de l'écologie accourait, téléphonait, ameutait la terre entière… Le cri qu'il lançait résonnait tellement *urbi et orbi* qu'il finissait souvent par provoquer des prises de conscience et avoir des vertus sinon consensuelles du moins apaisantes.

Franz Weber, dont l'auteur de ce livre avait fait la connaissance au tout début des années 1980, était lui-même un spécimen d'une espèce menacée, un humaniste amoureux des animaux, un vrai.

Originaire de Bâle où il est né en 1927, il a le malheur, à l'âge de neuf ans, de perdre sa mère. Un traumatisme qui le marque profondément et va forger son tempérament. Jeune homme, il vient étudier à la Sorbonne. Puis, dans le Paris des années 1950, le voilà qui se lance dans le journalisme, sillonne les routes, noue des amitiés et effectue des rencontres, parfois les mêmes que celles que fait Jean-Edern Hallier de son côté, avec Jean Cocteau, Salvador Dalí, Brigitte Bardot, Eugène Ionesco, Charles Trenet, Charles Aznavour ou Jane Fonda... En 1959, il est le rédacteur en chef de *La Voix des poètes,* une nouvelle revue créée par la poète Simone Chevallier. Cependant, dès le milieu des années 1960, il se tourne vers la protection de la nature et des animaux. Sa campagne de protection d'une région des Alpes suisses, l'Engadine, n'est que la première d'une longue série. Doté d'une grande vivacité et d'une intelligence peu commune, il s'impose comme un avocat des forêts et des vignobles en terrasses. Mais pas seulement. Contacté par Brigitte Bardot, il vole avec elle au secours des bébés phoques. Il se montre aussi plus qu'attentif au sort des éléphants du Togo comme des chevaux sauvages d'Australie... En 1975, il crée la Fondation qui porte son nom, puis deux ans plus tard, l'association Helvetia Nostra. En 1979, il fonde avec Denis de Rougemont la Cour internationale de justice des droits de l'animal, autrement dit les Nations unies des animaux.

Du vignoble de Lavaux, aujourd'hui inscrit au patrimoine mondial de l'Unesco, à la forêt alluviale du Danube, en passant par le Grandhotel Giessbach ou le site de Delphes, la liste des lieux qu'il a réussi à sauver de la destruction et de ses 150 combats pour la vie a de quoi impressionner. Elle a d'ailleurs justifié la parution de deux ouvrages[1]. Pourtant sa plus spectaculaire victoire politique est peut-être la plus récente : il l'a remportée au début des années 2010 avec son épouse Judith et leur fille Vera[2], quand tous trois ont mené campagne pour endiguer une abusive prolifération en Suisse des constructions de résidences secondaires.

Début 2017, il aurait sans doute été heureux de pouvoir faire partie des membres fondateurs du Cercle InterHallier. Il avait en partage avec l'auteur de *L'Évangile du fou* un certain sens de la provocation. Malheureusement, le vieux Chevalier Bayard de l'environnement avait depuis peu remisé sa lance et vivait très en marge, dans les méandres singuliers de ses plus lointains souvenirs.

Si la planète Terre est redevable à Franz Weber des résultats de ses luttes, l'auteur de ce livre lui doit, lui, d'avoir eu le privilège de rencontrer Konrad Lorenz en Autriche, dans sa propriété d'Altenberg, près de Vienne. Il lui doit aussi d'avoir retenu le précepte que venant d'être fait citoyen d'honneur de Delphes, il lui avait prodigué en 1997, en présence de la journaliste suédoise Ylva Wigh et du chroniqueur vaudois Émile Gardaz, lui aussi aujourd'hui disparu : « Jean-Pierre, dans cette vie, il faut faire ce que l'on croit devoir faire, sans craindre le ridicule ni se soucier du qu'en-dira-t-on. » Un précepte que n'aurait sans doute pas renié Jean-Edern Hallier.

Brigitte Bardot : « Franz était l'homme de ma vie ! »

Lorsqu'elle a appris la mort de Franz Weber, Brigitte Bardot a tenu à lui rendre un vibrant hommage. D'emblée sous forme d'un message manuscrit publié sur Twitter : « Franz Weber ! Sans lui, je n'existerais pas. C'est lui qui a pris le risque de m'accompagner au Canada en 1977 pour défendre les phoques massacrés sauvagement par milliers. C'est lui qui m'a appris mon premier combat, c'est avec lui et grâce à lui que ces images écœurantes ont fait le tour du monde et que finalement, trente ans plus tard, la Commission européenne a voté un embargo total sur tous les produits provenant des phoques et autres pinnipèdes. Merci Franz ! » Puis dans un communiqué sur le papier à en-tête de la Fondation qui porte son nom, elle a écrit : « Franz était l'homme de ma vie ! Celui qui a combattu avec moi les atrocités infligées aux phoques et que ma présence sur place et le scandale qui s'en est suivi ont permis au monde entier d'être au courant.

Il fut l'homme de mon premier combat et du seul dont nous sommes sortis vainqueurs après trente ans d'attente !

C'est grâce à lui que je suis devenue la guerrière, la combattante de toutes les sortes d'atrocités que les humains font subir aux animaux de par le monde.

Je ne le pleure pas, je l'encense de toute ma reconnaissance. Il m'a transmis sa force, son pouvoir, sa détermination, cet héritage que je continue à transmettre en son nom et en mémoire de lui.

À sa merveilleuse fille Vera qui a repris son flambeau et à toute sa famille, j'adresse toute ma tendresse et mon immense tristesse. »

« Chut ! Elle pourrait nous entendre… »

Repartie, en portant son doigt sur sa bouche, de Fontenelle (Bernard Le Bouyer de Fontenelle, dit, 1657-1757), presque centenaire, à une dame âgée de 103 ans (Madame Grimaud) qui lui murmurait avec lassitude : « Il semble, Monsieur, que la mort nous a oubliés. » C'est le baron de Grimm (Friedrich Melchior Grimm, dit, 1723-1807) qui a rapporté cette anecdote le 1er février 1757 dans sa *Correspondance littéraire*

« Oui, nos morts, nos pauvres morts, sont pareils à ces cierges qui brûlent dans la nuit de Pâques où les tombeaux s'ouvrent et où la mort est vaincue. »

Gabriel Matzneff, *La Diététique de lord Byron*

(1) *Franz Weber ou la Fureur d'aimer,* de Corinne Pulver, publié en 2002 aux éditions Pierre-Marcel Fabre, et *Franz Weber, l'homme aux victoires de l'impossible,* de René Langel, paru chez le même éditeur en 2004.

(2) En 2014, Vera Weber a pris la succession de son père à la tête de la Fondation Franz Weber dont elle est la vice-présidente depuis 1999. L'organisation a son siège et ses bureaux implantés en Suisse, mais Vera et son équipe interviennent dans le monde entier, avec une efficacité et une compétence reconnues, pour la protection des animaux, de la nature et du patrimoine culturel.

– Ça y est, tu peux remonter, j'ai fini de lire !

Dessin de Tetsu (Roger Testu, dit, 1913-2008), extrait de *Mauvais desseins*, paru en 2004 aux Éditions Buchet-Chastel.

Bibliographie

« Tant qu'il y aura des livres, des gens pour en écrire et des gens pour en lire, tout ne sera pas perdu dans ce monde qu'en dépit de ses tristesses et de ses horreurs nous avons tant aimé. »

Jean d'Ormesson, *Odeur du temps*

« "Dis-moi ce que tu lis, je te dirais qui tu es…". Il est vrai, mais je te connaîtrai mieux si tu me dis ce que tu relis. »

François Mauriac, *Mémoires intérieurs*

Certaines statistiques ont beau prétendre qu'un être humain lit 2 000 ouvrages dans sa vie : l'amour de l'écriture, des livres et de la bibliographie n'est pas donné à tout le monde… Dommage car il a un caractère enchanteur. Si l'histoire de la lecture et des bibliothèques est riche en faits surprenants et pittoresques, les coulisses de certains établissements recèlent des aspects parfois ô combien inattendus.

Hallier ne jurait que par la littérature. Il eut une bibliothèque plutôt bien garnie dans l'appartement où il résida place des Vosges à Paris et ce fut pour lui un crève-cœur quand un incendie la détruisit. Il posséda également des milliers de volumes à La Boissière, à Edern. Et ce fut également pénible pour lui quand, à la suite de son accident oculaire, il ne fut plus en mesure de les lire ou de les relire.

Les ouvrages qui colonisent les pages qui suivent sont donc comme un hommage. Une sorte de poésie du désordre, ou du

chaos plutôt, que connaissent bien les bibliophiles impénitents...
Eux qui savent qu'il ne faut pas hésiter à « opposer des livres
aux livres comme les Poisons aux Poisons », comme l'écrivait
Barbey d'Aurevilly en 1856 dans l'une de ses lettres.

Il y a peut-être lieu de désespérer de tout, sauf de l'érudition
et de l'étude qui parfois console. Dans la pagaille du monde, les
pages des volumes bien faits sont des points fixes pour éviter
de sombrer.

« Grâce aux livres, souligne avec force le rappeur et auteur Abd
Al Malik [1] qui a grandi dans une cité HLM, j'ai eu les outils
pour m'en sortir. Autour de moi, tout le monde n'avait pas ces
clés-là. Donc, qu'est-ce que cela veut dire ? Qu'il n'y a que les
gens passionnés par le savoir, les études qui peuvent s'en sortir ? Que pour les autres, l'errance continue sans fin ? »

Puisse le lecteur se faufiler avec aisance dans ces repères
bibliographiques, destinés à compléter les données qui figurent
à la fin de *Hallier, l'Edernel jeune homme* et de *Hallier ou
l'Edernité en marche,* parus l'un et l'autre chez Neva Éditions.

> « La vie des écrivains est entourée de falsifications, d'erreurs,
> surtout propagées par ceux qui ne les lisent pas. Chaque
> livre demande un effort, c'est plus facile de lire des inepties
> sur Internet, on en trouve beaucoup. »
>
> V.S. Naipaul (Sir Vidiadhar Surajprasad Naipaul,
> dit, 1932-2018), *Libération,* 6 décembre 2001

> « Un lieu sans livres, ça s'appelle une étable. »
>
> Olivier Saillard (« M. Olivier Saillard », Augustin Piégeay et
> Martina Maffini, *L'Officiel Hommes,* septembre 2018).

---

(1) Abd al Malik : « J'ai eu la chance d'avoir l'école pour passion », propos
recueillis par Sandrine Blanchard, *Le Monde,* 24-25 mars 2019.

Œuvres de Jean-Edern Hallier

Les Aventures d'une jeune fille, Seuil, Paris, 1963

Un rapt de l'imaginaire, contenu dans *Livres des pirates,* de Michel Robic, Union générale d'éditions, Paris, 1964

Que peut la littérature ? avec Simone de Beauvoir, Yves Berger, Jean-Pierre Faye et Jean Ricardou, présentation d'Yves Buin, Union générale d'éditions, Paris, 1965

Le Grand écrivain, Seuil, Paris, 1967

Du rôle de l'intellectuel dans le mouvement révolutionnaire – selon Jean-Paul Sartre, Bernard Pinguaud et Dionys Mascolo, entretiens réalisés par Jean-Edern Hallier et Thomas Savignat, collection « Le Désordre », Éric Losfeld, Paris, 1971

Cet opuscule de 50 pages réunit trois textes extraits de *L'Idiot international* (septembre 1970) et de *La Quinzaine littéraire* (octobre et décembre 1970). Le premier est celui d'un entretien avec Jean-Paul Sartre par Jean-Edern Hallier et Thomas Savignat.

La Cause des peuples, Seuil, Paris, 1972

Chagrin d'amour, Éditions Libres-Hallier, Paris, 1974

Le Premier qui dort réveille l'autre, Éditions Le Sagittaire, Paris, 1977 (*Der zuerst schläft, weckt den aderen,* traduit en allemand par Eva Rechel-Mertens, Suhrkamp, Francfort, 1980)

Chaque matin qui se lève est une leçon de courage, Éditions Libres-Hallier, Paris, 1978

Lettre ouverte au colin froid, Albin Michel, Paris, 1979

Un barbare en Asie du Sud-Est, NéO – Nouvelles éditions Oswald, Paris, 1980

Fin de siècle, Albin Michel, Paris, 1980 (*Fin de siglo,* traduction de Francisco Perea, Edivision, Mexico, 1987)

Bréviaire pour une jeunesse déracinée, Albin Michel, Paris, 1982

Romans, Albin Michel, Paris, 1982 (réédition en un volume de *La Cause des peuples, Chagrin d'amour* et *Le Premier qui dort réveille l'autre*)

L'Enlèvement, Jean-Jacques Pauvert, Paris, 1983

Le Mauvais esprit, avec Jean Dutourd, Éditions Olivier Orban, Paris, 1985

L'Évangile du fou : Charles de Foucauld, le manuscrit de ma mère morte, Albin Michel, Paris, 1986 (*El Evangelio del loco,* traduction de Basilio Losada, Planeta, Barcelone, 1987)

Carnets impudiques : journal intime, 1986-1987, Michel Lafon, Paris, 1988

Conversation au clair de lune, Messidor, Paris, 1990 (*Fidel Castro Ruiz ile Küba Devriminin 32. yilinda 5 Temmuz 1990 ayişiğinda söyleşi,* Dönem, Ankara, 1991)

Le Dandy de grand chemin (propos recueillis par Jean-Louis Remilleux), Michel Lafon, Paris, 1991

La Force d'âme, suivi de *L'Honneur perdu de François Mitterrand,* Éditions Les Belles Lettres, Paris, 1992

Je rends heureux, Albin Michel, Paris, 1992

Les Français – Dessins, collection « Visions », Ramsay, Paris, 1993

Le Refus ou la Leçon des ténèbres : 1992-1994, Hallier/Ramsay, Paris, 1994

Fulgurances, « Aphorismes », Michel Lafon, Paris, 1996

L'Honneur perdu de François Mitterrand, Éditions du Rocher, Monaco ; Éditions Les Belles Lettres, Paris, 1996

Les Puissances du mal, Éditions du Rocher, Monaco ; Éditions Les Belles Lettres, Paris, 1996

Parutions à titre posthume

Journal d'outre-tombe : journal intime, 1992-1997, Michalon, Paris, 1998

Fax d'outre-tombe : Voltaire tous les jours, 1992-1996, Michalon, Paris, 2007

Préfaces

Mille pattes sans tête, de François Coupry (Éditions Hallier, Paris, 1976)

Je rêve petit-bourgeois, de Michel Cejtlin (Oswald, Paris, 1979)

Le Droit de parler, de Louis Pauwels (Albin Michel, Paris, 1981)

Les Sentiers de la trahison, de Mikhaïl-Kyril Platov, Albin Michel, Paris, 1985

Les Icônes de l'instant, de Patrick Bachellerie (Centre de création littéraire de Grenoble, Grenoble, 1987)

Je défends Barbie, de Jacques Vergès (Jean Picollec, Paris, 1988)

Poèmes de sans avoir, de Jean-Claude Balland (Jean-Claude Balland, Paris, 1990) [1]

Petites blagues entre amis, de Paul Wermus (Éditions First, Paris, 1996)

Préface (posthume)

Pour des États-Unis francophones ! Entrons tous ensemble dans le Nouveau Monde, de Gabriel Enkiri (Éditions du Phare-Ouest, Lorient, 2013), préface intitulée « L'honneur de la gauche » et écrite en 1985

Postface (posthume)

Kidnapping entre l'Élysée et Saint-Caradec – « roman », de Gabriel Enkiri (Éditions du Phare-Ouest, Paris, 1999)

Jean-Edern Hallier est également l'auteur d'une pièce de théâtre intitulée *Le Genre humain* qu'il a écrite en 1975. Cette pièce fut à l'affiche du théâtre Cardin en 1976. Mais elle ne fut pas présentée au public. Hallier prit en effet la décision de la retirer de l'affiche avant la première. *Le Genre humain* fut donc joué « derrière le rideau » et en catimini durant 28 « représentations » (mise en scène d'Henri Ronse). Avec, notamment, Michel Vitold, José-Maria Flotats, Catherine Lachens, Marie-Ange Dutheil, Daniel Emilfork et Jean-Pierre Coffe dans la distribution.

L'écrivain a de surcroît laissé plus de 600 dessins, aquarelles ou gouaches : des croquis de voyages, des silhouettes et portraits de personnages, connus ou non, souvent tracés à l'encre de Chine, sous des titres parfois étonnants comme « Gobeuse de balivernes » ou « Arroseur d'idées reçues ». Une première exposition eut lieu du 9 septembre au 2 octobre 1993 à la galerie Gérald Piltzer, 78, avenue des Champs-Élysées, à Paris.
Durant l'été 2019, l'une de ses œuvres a fait partie de l'exposition « Nues et nus », organisée à Bourbon-Lancy, en Bourgogne-Franche-Comté, au musée Saint-Nazaire et à l'espace Robert-Cochet.

« L'homme créatif ne doit pas avoir d'autre biographie que ses œuvres. »

B. Traven (Otto Feige, dit Traven Torsvan, Berick Traven Torsvan, Hal Croves, Ret Marut, Bruno Traven ou, 1882 ?-1969), dans une lettre à destination de ses futurs lecteurs, jointe au manuscrit du *Vaisseau des morts* et adressée en 1926 à son éditeur

---

(1) Hallier est bel et bien l'auteur d'une « préface invisible » de *Poèmes de sans avoir,* de Jean-Claude Balland. Cette « préface invisible » est annoncée comme telle en couverture...

Ouvrages consacrés
à Jean-Edern Hallier

> « La postérité, c'est presque toujours les vulgarisateurs
> des vulgarisateurs. »
>
> Jean Paulhan, *Paul Valéry ou la littérature
> considérée comme un faux*

François Bousquet, *Jean-Edern Hallier ou le Narcissique parfait,* Albin Michel, Paris, 2005

Petit ouvrage au titre prometteur mais au contenu décevant, publié par une maison d'édition qui, plus grosse que grande, ne paraît plus justifier son prestige d'antan...

Dominique Lacout, *Jean-Edern Hallier, le dernier des Mohicans,* Michel Lafon, Paris, 1997 ; avec Christian Lançon, *La Mise à mort de Jean-Edern Hallier,* Presses de la Renaissance, Paris, 2006

Pièces à l'appui, le second livre montre combien Hallier fut persécuté par M. Mitterrand et soulève plus d'une interrogation au sujet des circonstances de son décès, et surtout des heures et des jours qui ont suivi sa mort à Deauville, à 7 heures du matin le 27 janvier 1997, d'une chute de bicyclette sans témoin. Dans les minutes qui suivirent son décès, sa chambre d'hôtel aurait été fouillée et sa dépouille rapatriée à Paris par un ambulancier qui aurait mis sept heures pour effectuer 200 kilomètres. Entre-temps, son appartement parisien aurait également été pillé... Né en 1949, l'auteur est un ancien professeur de philosophie qui a publié plusieurs biographies. Il fut un ami de Léo Ferré (1916-1993).

Jean-Claude Lamy, *Jean-Edern Hallier, l'idiot insaisissable,* Albin Michel, Paris, 2017

Cette volumineuse biographie a bien sûr le mérite notable d'exister, même si elle ne fait sans doute que relever pour l'essentiel, de la part de la société d'édition, d'une opération de marketing de basse étagère... Dans son indigeste fourre-tout, l'auteur a beau jeu de multiplier les preuves de la haine mesquine des ennemis de Hallier. Mais son encombrant pavé de 600 pages est mal ficelé, et son entreprise se révèle au bout du compte décevante car désordonnée, inutilement touffue, ce qui ne fait que ressortir combien elle est dépourvue d'éclaircissements, en particulier au sujet de l'enlèvement controversé de 1982 et de l'argent destiné aux opposants chiliens. Enfin, et surtout, la démarche reflète une incohérence majeure, à proprement parler rédhibitoire. Sitôt la parution, Sébastien Bataille, auteur de plusieurs biographies de musiciens pop rock, n'a pas manqué de la signaler dans son blog, en assortissant son constat précis et irréfutable d'une remarque lapidaire : « Au dos de la couverture, Lamy dit que Hallier est de la race des grands écrivains. Mais en page 197, il dit que Hallier a failli être un grand écrivain. Faudrait savoir... »

Arnaud Le Guern, *Stèle pour Edern,* Jean Picollec, Paris, 2001

Premier ouvrage, au ton suggestif, d'un auteur breton, né en 1976, à l'époque où il se présentait comme « profondément bâtardé de langue française » et n'aimait « que le Beau, la Femme, l'outrance et l'écume brûlante. En un mot : l'art ».

Aristide Nerrière, *Chambre 215 : hommage à Jean-Edern Hallier en Corse,* collection « San Benedetto », La Marge-édition, Ajaccio, 2003

Poète, dramaturge, essayiste et romancier, l'auteur, né en 1951, a publié de nombreux autres ouvrages.

Anthony Palou, *Allô, c'est Jean-Edern... Hallier sur écoutes,* Neuilly-sur-Seine, Michel Lafon, 2007

Né en 1965 en Bretagne, l'auteur a été, dans les années 1990, un secrétaire particulier de Hallier.

Béatrice Szapiro, *La Fille naturelle,* Flammarion, Paris, 1997 ; *Les Morts debout dans le roc,* Arléa, Paris, 2007

Styliste en prêt-à-porter féminin, diplômée de l'École nationale supérieure des Arts décoratifs de Paris, Béatrice Szapiro est la fille de Jean-Edern Hallier et de Bernadette Szapiro, la petite-fille de Béatrix Beck, qui obtint le prix Goncourt en 1952, et l'arrière-petite-fille du poète belge Christian Beck (1879-1916). Après sa lecture, sitôt la parution du livre *La Fille naturelle : pour Jean-Edern Hallier, mon père,* Sébastien Bataille a eu sur son blog, avec l'exemple édifiant d'une double page à l'appui, ce commentaire sans appel : « une daube sans nom, au "style" égocentrique, suffisant (voire débile), juste digne de la rubrique psy de n'importe quel titre de la presse féminine ».

Peut-être cette centaine de pages bien légères aurait-elle beaucoup gagné à ne pas être publiée dès septembre 1997 et à faire l'objet d'une heureuse « décantation ». L'urgence de répondre à l'objectif commercial d'un label a ses écueils vite perceptibles. Malgré tout, plus de vingt ans après sa sortie en librairie, le document-témoignage a, par-delà ses faiblesses, le mérite d'exister et comporte, dans un ensemble plutôt décousu de confidences, quelques émouvantes notations. *A fortiori* pour qui a connu l'homme qu'était Jean-Edern Hallier.

Dans *Les Morts debout dans le roc,* l'auteure évoque sa mère, morte de la maladie de Parkinson, et sa grand-mère. Un récit-puzzle plutôt réussi d'une centaine de pages, qui, à force de témoigner d'une ardente sensibilité et d'une méditation touchante sur le deuil, incite le lecteur à s'intéresser à un environnement familial très féminin et singulier, que Hallier et quelques autres hommes sont venus traverser.

Jean-Pierre Thiollet, *Carré d'art : Jules Barbey d'Aurevilly, lord Byron, Salvador Dalí, Jean-Edern Hallier,* avec des contributions d'Anne-Élisabeth Blateau et de François Roboth, Anagramme éditions, Paris, 2008 ; *Hallier, l'Edernel jeune homme,* avec des contributions de Gabriel Enkiri et de François Roboth, Neva Éditions, Magland, 2016 ; *Hallier ou l'Edernité en marche,* avec une contribution de François Roboth, Neva Éditions, Magland, 2018

Sarah Vajda, *Jean-Edern Hallier : l'impossible biographie,* Flammarion, Paris, 2003

Intéressant ouvrage par l'auteure d'une thèse en trois volumes consacrée à Henry de Montherlant et soutenue à l'EHESS (École des hautes études en sciences sociales) et à l'université Sorbonne Nouvelle – Paris-III, d'un essai sur Romain Gary paru en 2008 et du livre plutôt réussi, *Claire Chazal : derrière l'écran,* paru en 2006 aux Éditions Pharos-Jacques-Marie Laffont au sujet de cette présentatrice de journaux télévisés et de « l'imposture TF1 », la chaîne française de télévision.

Autres publications

Yann Penn, *Le Testament politique de Jean-Edern Hallier en Bretagne,* Bannalec (Finistère), 2000

Plaquette de 35 pages publiée par un agent immobilier qui fut candidat du Front national aux élections législatives et est également l'auteur de deux ouvrages intitulés *Bretagne province d'Europe* et *Lettre d'Iroise.*

Hugues Poujade, *Jean-Edern Hallier, cet écrivain qui a raté l'Académie française,* Edilivre, Paris, 2018

Opuscule de 88 pages publié par un auteur né à Rennes qui fut pigiste pour des journaux parisiens et a rédigé une thèse sur l'idéologie du régime militaire chilien. C'est en 1981 qu'il croisa, sans avoir « rien fait pour », Hallier, alors directeur de collection chez Albin Michel, au moment où, se souvient-il, « nous abordions les années quatre-vingt, les plus intéressantes et les plus historiques de sa courte vie ».

Thèses

Karim Djaït, « Littérature, contemporanéité et médias, étude d'un écrivain face à son siècle : Jean-Edern Hallier », thèse sous la direction d'Arlette Lafay, université Paris-XII – Paris Val-de-Marne, 1994 (thèse non autorisée à la publication, qui a fait suite à un mémoire de DEA – diplôme d'études approfondies – sous le titre « Étude d'un écrivain face à son siècle », sous la direction de Robert Jouanny, 1988).

Articles

Dans la fort volumineuse revue de presse consacrée, de son vivant comme de manière posthume, à Hallier :

Margereta Melen, « Den upproriske idioten i Paris » (article en suédois), *Moderna Tider,* n⁰ 97, novembre 1998, p. 46-47

Jean-Pierre Pitoni, « Adieu l'ami ! : Jean-Edern Hallier », *CinémAction,* avril 1998, p. 54

Jean-Jacques Brochier, « Jean-Edern Hallier », *Magazine littéraire,* n⁰ 420, mai 2003

Bruno Daniel-Laurent, « Sur Jean-Edern Hallier », *La Revue Littéraire,* Éditions Léo Scheer, Paris, 19 octobre 2005

« Jean-Edern Hallier : l'écrivain derrière l'histoire », *Le Journal de la Culture,* n⁰ 17, novembre-décembre 2005, p. 12-42

Emmanuel Fansten, « Mitterrand, Hallier et moi », *Charles* n⁰ 7 (Journalisme & Politique), Paris, octobre 2013

Article qui évoque la rencontre à Paris, début 1984, de Jean-Edern Hallier avec Joseph d'Aragon, alors étudiant en droit âgé de vingt-six ans.

« Edern. Le château de Jean-Edern Hallier à l'abandon », *Le Télégramme de Brest,* 18 avril 2016

Présenté comme « chronique d'une mort annoncée », l'article est consacré non seulement à La Boissière, la demeure « historique certes mais sans luxe ni architecture exceptionnels » qui a appartenu à la famille Hallier et est aujourd'hui abandonnée, mais encore aux soirées qui y furent organisées par Jean-Edern.

« Jean-Edern Hallier mord encore ! », entretien avec Jean-Pierre Thiollet, propos recueillis par Sébastien Bataille, *Causeur,* 8 octobre 2016

Alain Delannoy, Laboratoire Pôle U de l'université d'Orléans, « Jean-Edern Hallier, le "grand écrivain" face au pouvoir. La dialectique de l'engagement politique et de la composition d'une œuvre littéraire au travers de l'exemple de l'écrivain Jean-Edern Hallier », hal.archives-ouvertes.fr, 15 décembre 2017 ; « *La Méditation d'un passant aux bois sacrés d'Isé,* de Louis Massignon, *L'Évangile du fou,* de Jean-Edern Hallier, une perspective écocritique ». Perspective écocritique à partir des textes de Jean-Edern Hallier et de Louis Massignon au travers de réflexions de William Cronon, Philippe Descola, Lynn White Jr et Pascal Bruckner, hal.archives-ouvertes.fr, 3 janvier 2018

Visant à « l'archive ouverte pluridisciplinaire », HAL – Hyper articles en ligne (plateforme en ligne initiée par le Centre pour la communication scientifique directe du CNRS – Centre national de la recherche scientifique) – se consacre au dépôt et à la diffusion de documents scientifiques de niveau recherche, publiés ou non, émanant des établissements d'enseignement et de recherche français ou étrangers, de laboratoires publics ou privés.

Autres ouvrages

« Il faut rire, essayer de rire jusqu'au bout... Je mourrai
sûrement avec ma famille autour de moi, un
livre à la main, et puis toujours un peu d'humour. »

Charles Aznavour (1924-2018), dans un entretien accordé à la
chaîne de télévision BFM TV, peu avant sa mort

Taner Akçam, *Killing Orders: Talat Pasha's Telegrams and the
Armenian Genocide,* collection « Palgrave Studies in the History of
Genocide », Palgrave Mcmillan, New York, 2018

L'« ouvrage d'une vie » d'un universitaire turc, qui porte sans doute le coup
de grâce aux négationnistes du génocide arménien. S'appuyant sur des
preuves selon lui irréfutables, l'auteur l'assure en tout cas haut et fort : « La
vérité est en marche ! Et ce livre est un instrument dont dispose maintenant
la communauté internationale pour pressurer le gouvernement turc. Aucun
peuple ne peut avancer s'il n'affronte son passé. »

David Amiel et Ismaël Emelien, *Le Progrès ne tombe pas du ciel : manifeste,* Fayard, Paris, 2019

Depuis les « années Hallier », les structures du pouvoir en France, que ce soit
au niveau de l'État ou à celui des collectivités territoriales, ont peu changé...
Deux jeunes ex-conseillers du président de la République française en
dressent le constat, plutôt triste à leurs yeux de « progressistes » résolus, et
dénoncent à juste titre que les divers échelons ont une fâcheuse tendance à
se retourner fort commodément vers le sommet qu'ils tiennent pour comptable de tout et à ne se tenir, eux, responsables de rien...

Patrick Artus, *Discipliner la finance,* Éditions Odile Jacob, Paris, 2019

Après avoir souligné que « l'accroissement du poids de la finance par rapport
à l'économie réelle change profondément le fonctionnement des économies
et accroît fortement le risque de crise », l'auteur attire l'attention sur le fait
que « la crise financière de 2008-2009 n'a pas mis fin à la globalisation de la
finance » et propose des pistes de solutions pour éviter une désastreuse
répétition des crises et parvenir à une « finance de long terme », qu'avec
sagesse il appelle de ses vœux. L'ouvrage est bien charpenté, rédigé et
argumenté.

Né en 1951, Patrick Artus est un économiste réputé, professeur associé à
l'École d'économie de Paris et chef économiste de Natixis.

Jacques Attali, *Comment nous protéger des prochaines crises*, Fayard, Paris, 2018

Un livre en forme d'intéressante mise en garde et de stimulante invitation à prendre son destin en main. « Plus de dix ans après la crise de 2007, rien n'est réglé, souligne son auteur, économiste et essayiste influent né en 1943, qui constate que partout, on a retardé les solutions politiques, économiques, technologiques : plus de monnaie, plus de dette, plus de procrastination, plus de promesses ! Avec l'espoir que le progrès technique, la croissance ou la Providence résoudront tout… » À ses yeux, « la question n'est pas de savoir si une prochaine crise va éclater, mais quand, et quels en seront le déclencheur et le déroulement. Qu'elles soient financières, écologiques ou géopolitiques, ou qu'elles s'enchaînent par un effet de domino, ces crises trouveront leur source dans la priorité donnée au flux sur le stock, à la consommation sur l'épargne et l'investissement, au plaisir sur le patrimoine. »

Tout en adoptant une attitude résolument positive, l'auteur imagine les différents scénarios probables à court terme et leurs conséquences dévastatrices au niveau planétaire.

Stéphane Audoin-Rouzeau, *Une initiation. Rwanda (1994-2016)*, Seuil, Paris, 2017

Fruit livresque d'une « interpellation » de l'auteur, né en 1955, historien reconnu pour ses travaux consacrés à la Première Guerre mondiale, directeur d'études à l'École des hautes études en sciences sociales.

Jean-Yves Authier, Anaïs Collet, Colin Giraud, Jean Rivière et Sylvie Tissot (sous la direction de), *Les Bobos n'existent pas*, Presses universitaires de Lyon, Lyon, 2018

Dans le prolongement de journées d'études qui se sont déroulées en 2012 à Paris sur le site Pouchet du CNRS, cet ouvrage collectif sous la direction de professeurs des universités de Lumière-Lyon 2, Paris-Nanterre, Nantes et Paris-VIII, porte un regard historique et sociologique sur le mot « bobo » et ses usages.

« Il n'y a pas besoin de brûler les livres pour détruire une culture.
Juste de faire en sorte que les gens arrêtent de les lire. »

Ray Bradbury (1920-2012), *Fahrenheit 451*

Mehdi Ba, *Rwanda, un génocide français,* L'Esprit frappeur, Paris, 2007 (2004)

Ouvrage consacré au crime contre l'humanité commis au Rwanda à la fin du XXe siècle et publié peu après la mort de Jean-Edern Hallier. Ce génocide dont M. Mitterrand fut un complice éminent et porte l'ineffaçable responsabilité fit 1 million de morts.

Arkadi Babtchenko, *La Couleur de la guerre,* collection « Du monde entier », traduction de Véronique Patte, Gallimard, Paris, 2009

Au travers de 13 récits, une vision sans fard et d'une absolue noirceur des conflits armés en Tchétchénie, par un ancien soldat russe devenu journaliste et dissident qui a été l'objet en mai 2018 d'un faux assassinat mis en scène par des services secrets ukrainiens, afin, à en croire les autorités de Kiev, de déjouer une tentative criminelle de services secrets russes...

Bertrand Badie et Dominique Vidal (sous la direction de), *Le Retour des populismes. L'État du monde 2019,* Éditions La Découverte, Paris, 2018

Une analyse d'un phénomène politique récurrent à travers le monde et sur une longue durée, avec pour dénominateurs communs, selon les auteurs, le culte du chef, le souverainisme, la fibre sociale, le nationalisme, l'appel au peuple. Dénoncé pour les périlleuses logiques d'exclusion qu'il entraîne et pour son caractère fluctuant, le populisme, ce mot un peu « fourre-tout » si souvent lâché pour tenter de discréditer des contradicteurs et des adversaires politiques, trouve en fait sa principale explication et force dans l'anéantissement de la crédibilité des grandes idéologies et des vieux partis politiques et la montée en puissance des frustrations démocratiques des populations.

Kate Bakewell, *Au café existentialiste : la liberté, l'être & le cocktail à l'abricot,* traduction de Pierre-Emmanuel Dauzat et Aude de Saint-Loup, Albin Michel, Paris, 2018

Un livre qui, à tous égards, sort vraiment de l'ordinaire... Outre que les pages consacrées à Simone de Beauvoir et Jean-Paul Sartre auraient certainement suscité le vif intérêt de Hallier, il s'agit d'un étonnant et savoureux cocktail où se mêlent des théories philosophiques qui brillent par leur clarté, des données biographiques captivantes, des pointes d'humour irrésistibles, des anecdotes bien choisies, des illustrations qui ne le sont pas moins, des références bibliographiques essentielles et des notes précieuses... L'ensemble témoigne d'une érudition impressionnante mais jamais ennuyeuse ni indigeste, d'un authentique savoir-faire de l'auteure, une romancière et essayiste anglaise née en 1963, et sans doute aussi du soin apporté à la traduction.

Sébastien Bataille, *Duran Duran, Les pop modernes,* Fayard, Paris, 2012

Par un grand admirateur de Hallier, le premier ouvrage biographique en français consacré à un groupe renommé, apprécié de personnalités comme Andy Warhol, David Lynch ou Lady Di et d'un large public sur les cinq continents. Un livre intéressant, agréable à lire, stimulant pour la curiosité et riche en informations, à la mesure du succès de ces musiciens qui leur a valu d'être surnommés les « Fab Five », de vendre plus de 80 millions d'albums à travers le monde, et d'apparaître comme une référence emblématique de la culture pop.

François Baumann, *Le Brown-out : quand le travail n'a plus aucun sens,* Josette Lyon, Lyon, 2018

Pour l'auteur, « se sentir prédestiné pour son métier est une source de déceptions. Les passionnés ont investi toute leur vie pour y accéder et courent après un idéal qu'ils ne pourront pas atteindre. »

Nicolas Baverez, *Violence et passions : défendre la liberté à l'âge de l'histoire universelle,* Éditions de l'Observatoire, Paris, 2018

Essai où la violence, à force de se diffuser en empruntant les canaux de la mondialisation et de pénétrer jusqu'au cœur des sociétés développées, notamment par les réseaux sociaux, apparaît comme une arme de destruction massive de la démocratie. Éditorialiste au *Point* et au *Figaro,* mais aussi avocat, l'auteur, né en 1961, plaide pour une prise de conscience générale et un sursaut aussi rapide que salvateur.

Gérard Bedel, *Le Gaullisme : maladie sénile de la droite,* Éditions de Chiré, Chiré-en-Montreuil, 2018

Une critique résolue et passionnée de l'attachement de courants politiques français dits « de droite » à la figure du général de Gaulle, toujours prompts à se référer à cette incarnation de la Résistance à l'occupation étrangère mais peu enclins à se souvenir de son alliance avec les communistes en 1944, de ses entretiens confidentiels avec Staline et de son « largage » de l'Algérie qui en découla en 1962... Il se conçoit que l'auteur ait pu être plus qu'irrité d'observer le pullulement d'imposteurs « gaullistes » ou « néogaullistes » parmi les politiciens de la « droite » française. Ancien professeur de lettres classiques, il a publié des ouvrages sur la langue et la pédagogie du latin ainsi que diverses biographies.

Arnaud Benedetti, *Le Coup de com' permanent,* Éditions du Cerf, Paris, 2018

Petit ouvrage relevant de la distribution de masse, facile et plutôt agréable à lire mais au contenu souvent superficiel, parfois très « à côté de la plaque », à force de reprendre des discours entendus en boucle sur les chaînes d'info en continu. À l'en croire, l'élection d'Emmanuel Macron à la présidence de la République n'aurait été que le fruit d'un « coup de com » permanent...

Arnaud Benedetti est professeur associé en histoire de la communication à l'université Paris-IV – Sorbonne.

Malika Berak, *Journal d'Oman,* l'Escampette éditions, Paris, 2018

De belles pépites poétiques que Jean-Edern Hallier aurait peut-être appréciées dans ce recueil de textes écrits entre 2009 et 2017, où se mêlent souvenirs d'enfance, allusions d'actualité tragique et résonances saint-john-persiennes. L'auteure est ambassadrice de France en Tanzanie.

Alain de Benoist, *Contre le libéralisme : la société n'est pas un marché,* Éditions du Rocher, Monaco, 2019

L'auteur a entretenu des échanges réguliers avec Hallier et participé à des débats-conférences avec lui, à Paris et en province, durant les années 1970 et 1980. Il a signé des articles dans *L'Idiot international.*

Patrick Besson, *Au Point : journal d'un Français sous l'empire de la pensée unique,* Fayard, Paris, 2012

Recueil de chroniques parues initialement dans l'hebdomadaire *Le Point,* qui, en dépit de l'évocation de Hallier et de *L'Idiot international,* gagnent rarement à ce « reconditionnement » livresque...

Jean-Michel Blanquer, *Construisons ensemble l'école de la confiance,* Odile Jacob, Paris, 2018

Le ministre de l'Éducation nationale depuis l'élection d'Emmanuel Macron à la présidence de la République définit comment il entend remédier aux points faibles de l'institution grâce notamment à la maîtrise des savoirs fondamentaux dès l'école primaire et à la transformation du lycée professionnel en filière d'excellence destinée à former aux métiers de demain. Fort de la compétence rare qui lui est volontiers reconnue, il affiche également sa volonté de reconstruire la confiance des élèves, des professeurs, des parents et de la société. Une belle ambition, qui s'appuie sur une vision très précise des objectifs et des moyens d'y parvenir, après des décennies quelque peu erratiques et lourdes de conséquences.

François Bost, Laurent Carroué, Céline Colange, Sébastien Colin, Jérôme Fourquet, Anne-Lise Humain-Lamoure, Christian Pihet, Olivier Sanmartin et David Teurtrie, *France, la grande fracture – Images économiques du monde 2018,* Armand Colin, Paris, 2017

Guy Burgel, *Pour la ville,* Créaphis Éditions, Grane, 2012 ; *Questions urbaines,* Éditions de l'Aube, La Tour-d'Aigues, 2017

Devenue en quelques décennies ce que la terre a été pendant des millénaires pour les civilisations agricoles, la ville est un enjeu crucial. Comme ces ouvrages le démontrent, ne pas la mettre au centre du débat politique constituerait une erreur historique tragique. À en juger par bon nombre de ses remarques à ce sujet, Jean-Edern aurait sans doute acquiescé.

L'auteur est universitaire et urbaniste, membre de l'Académie d'architecture.

> « La véritable université de nos jours, c'est une collection de livres. »
>
> Thomas Carlyle (1795-1881), *Les Héros, le culte des héros et l'héroïque dans l'histoire (On Heroes, Hero-worship, and The Heroic in History)*

Matthieu Calame, *La France contre l'Europe : histoire d'un malentendu,* Éditions Les Petits Matins, Paris, 2019

L'auteur, directeur franco-suisse de la Fondation Charles-Léopold-Mayer pour le progrès de l'homme, dénonce les contradictions des dirigeants français qui, tout en s'affichant pro-européens, n'ont de cesse, selon lui, d'invoquer une « grandeur » que la France n'a plus les moyens d'assumer et de s'ingénier à bloquer toute évolution vers une Europe fédérale.

Maël de Calan, *La Tentation populiste,* Éditions de l'Observatoire, Paris, 2018

L'auteur, qui fut un conseiller d'Alain Juppé, considère que le populisme est une « maladie de la démocratie et regrette que notre époque marque le "triomphe" d'une "vision esthétique" de la politique, "tournée exclusivement vers la conquête du pouvoir" ». Des constats dont les dirigeants du Parti Républicain, volontiers adeptes du « ôte-toi de là que je m'y mette », feraient bien de prendre la mesure...

Jean-Laurent Cassely, *La Révolte des premiers de la classe : métiers à la con, quête de sens et reconversions urbaines,* collection « Vox », Éditions Arkhê, Paris, 2017

En France, faut-il désormais passer un CAP de cuisine après un bac + 5 ? Les anciens « premiers de la classe » semblent de plus en plus nombreux à ne plus trouver la question saugrenue. S'ils n'ont pas opté pour la fuite hors du territoire national, ils ont contourné les pesanteurs structurelles et autres archaïques blocages français qui sévissaient de manière éhontée avant l'arrivée d'Emmanuel Macron au pouvoir en 2017 : ils sont devenus boulangers, pâtissiers, restaurateurs, fromagers, viticulteurs-négociants… Pour l'auteur, journaliste sur le site Slate.fr, ces nouveaux entrepreneurs marquent peut-être un renversement des critères du prestige en milieu urbain.

Bruno Cautrès et Anne Muxel (sous la direction de), *Histoire d'une révolution électorale (2015-2018),* collection « Rencontres », Classiques Garnier, Paris, 2019

Une analyse du jeu politique français dont les cartes ont été rebattues à l'occasion de l'élection présidentielle de 2017, au point de provoquer une révolution électorale, avec l'affaiblissement voire l'effondrement des partis de gouvernement traditionnels dits de gauche et de droite (Parti socialiste, Les Républicains, UDI – Union des démocrates et indépendants…), qui ont sévi sur le territoire français durant des décennies, l'installation au pouvoir d'une force politique nouvelle et centrale, La République en marche, et les succès dans les urnes des mouvements dits populistes (Rassemblement national et France insoumise). Les divers coauteurs en profitent pour pointer du doigt les éléments annonciateurs des fragilités et des difficultés auxquelles Emmanuel Macron est confronté.

Chereau (Antoine Chereau, dit), *Le Bonheur d'être auteur !* Pixel Fever Éditions, Paris, 2018

À un prix modique, un beau petit album de planches humoristiques par un dessinateur de presse réputé. À la fois drôle et pertinent. De là-haut, Hallier n'est sans doute pas le dernier à en rire…

Vanessa Codaccioni, *Répression : l'État face aux contestations politiques,* Éditions Textuel, Paris, 2019

Une analyse concise et quelque peu « dérangeante » des mécanismes contemporains de la répression qui établit qu'un pouvoir en place a une fâcheuse propension à pratiquer la négation de la dimension politique des luttes, quelles qu'elles soient. L'auteure est politologue et maître de conférences à l'université Paris-VIII.

Judith Cohen Solal et Jonathan Hayoun, *La Main du diable : comment l'extrême droite a voulu séduire les juifs de France,* Grasset, Paris, 2019

Fruit de nombreuses rencontres et d'une observation attentive de l'actualité récente, cet essai a pour auteurs une psychanalyste et un ancien président de l'Union des étudiants juifs de France.

Gilbert Collard, *Avocat de l'impossible,* entretiens avec Christian-Louis Éclimont, Hors Collection Éditions, Paris, 2010

L'auteur ne manque pas d'évoquer Jean-Edern Hallier, ce grand « soldat des mots » dont il fut l'un des avocats et amis. « Il y avait du champagne de France dans cet homme-là », souligne-t-il en se souvenant avec émotion de moments vécus en sa compagnie et de certains numéros de *L'Idiot international* auquel il collabora. Né en 1948, Gilbert Collard est, depuis 2012, député Rassemblement national du Gard.

Emmanuel Combe, *Petit manuel (irrévérencieux) d'économie,* avant-propos de Bruno Lasserre, préface de Xaxier Niel, Éditions Concurrences/*L'Opinion,* Paris, 2018

À coup sûr fort utiles et précieuses pour bon nombre de Français, ces pages décryptent des faits d'actualité, parfois d'apparence anodine, et invitent à réfléchir et à s'initier, sans même le vouloir ou le savoir, au raisonnement économique. Professeur d'économie à l'université de Paris-I – Panthéon-Sorbonne et à Skema Business School, l'auteur exerce les fonctions de vice-président de l'Autorité de la concurrence. Depuis 2015, il commente l'actualité économique dans le quotidien *L'Opinion.*

Alain Corbin, *La Mer : terreur et fascination* (ouvrage collectif sous la direction d'Alain Corbin et d'Hélène Richard), Éditions du Seuil, Paris, 2004 ; *Histoire du silence : de la Renaissance à nos jours,* Albin Michel, Paris, 2016 ; *La Fraîcheur de l'herbe : histoire d'une gamme d'émotions de l'Antiquité à nos jours,* collection « Divers Histoire », Fayard, Paris, 2018

Trois des nombreux livres de ce professeur émérite, à l'université Paris-I – Panthéon-Sorbonne, spécialiste mondialement réputé de l'histoire des sens et des sensibilités.

François Cusset, *Le Déchaînement du monde : logique nouvelle de la violence,* Éditions La Découverte, Paris, 2018

L'auteur est professeur à l'université Paris-Ouest – Nanterre.

« Nous héritons des livres dont la lecture, en notre jeunesse, a exercé sur nous son empire. On devient pour une part ce qu'ils ont imprimé en nous. Ils nourrissent les attentes, les émois qui naissent d'une rencontre. Que la littérature vienne à disparaître, nos songes crieront famine. Et l'on apprend à aimer comme on apprend à lire : dans les livres, tôt, parmi d'autres enfants. »

Jean-Michel Delacomptée, *Écrire pour quelqu'un*

Jean-Marc Daniel, *La Valse folle de Jupiter : pourquoi ses erreurs nous mènent dans le mur,* Éditions l'Archipel, Paris, 2018

Paraissant relever avant tout d'une démarche éditoriale très marketing, l'ouvrage part du principe que la politique menée par Emmanuel Macron ne répond pas aux problèmes de long terme de l'économie française. Né en 1954, l'auteur, ancien membre du Parti socialiste, est professeur à l'ESCP Europe et directeur de la rédaction de la revue *Sociétal.*

Ava Djamshidi et Nathalie Schuck, *Madame la présidente,* Plon, Paris, 2019

Consacré à Brigitte Macron, l'épouse du président de la République française, cet ouvrage de deux journalistes politiques contient bon nombre d'anecdotes.

Régis Debray, *Bilan de faillite,* Gallimard, Paris, 2018

Un bilan comptable d'un siècle qui vient de s'achever sur le territoire français et de ses illusions perdues – déjà dressé par Hallier dans son fulgurant *Bréviaire pour une jeunesse déracinée –,* sous la forme d'une lettre adressée par son père à son jeune fils qui va devoir s'orienter dans la vie et choisir une filière au lycée. Il apparaît au passage qu'un ascendant n'est pas nécessairement – tant s'en faut – un exemple à suivre...

Jean-Michel Delacomptée, *Notre langue française,* Fayard, Paris, 2018

Dans cet ouvrage, l'auteur vante justement « le sens des liaisons impeccables, l'accord parfait des participes passés, l'emploi romanesque du passé simple, le respect constant de l'ordre syntaxique, la précision millimétrée des mots, l'absence de cafouillage sur les pronoms relatifs... Ou à l'inverse, l'expression triviale qui le rapproche de tout un chacun... » Il fait valoir que les Français sont heureux d'être respectés à travers leur langue.

Pascal Dethurens, *Éloge du livre : lecteurs et écrivains dans la littérature et la peinture,* Hazan, Paris, 2018

Par un professeur de littérature comparée à l'université de Strasbourg, un remarquable éloge du livre qui aurait sans doute réjoui Hallier.

Cyril Dion, *Demain et après... un nouveau monde en marche,* collection « Domaine du possible », Actes Sud, Arles, 2016 ; *Petit manuel de résistance contemporaine : récits et stratégies pour transformer le monde,* collection « Domaine du possible », Actes Sud, Arles, 2018

Né en 1978, l'auteur est cofondateur du mouvement Colibris et coréalisateur du documentaire « Demain » (avec Mélanie Laurent).

Nicolas Domenach et Maurice Szafran, *Le Tueur et le Poète,* Albin Michel, Paris, 2019
Par deux journalistes chevronnés, un livre qui vise à percer le « mystère Macron » mais n'atteint guère son objectif. S'il tend à témoigner d'une certaine détermination commerciale, son titre paraît pour le moins ambitieux au regard du contenu qu'il propose (à prix relativement élevé de surcroît…).

Vincent Duclert, *La France face au génocide des Arméniens,* collection « Documents », Fayard, Paris, 2015
Par un historien à l'École des hautes études en sciences sociales, un ouvrage qui met en lumière la lourde responsabilité de la France, parmi les Alliés, dans ce premier et effroyable crime de masse du XXe siècle. Le 5 février 2019, Emmanuel Macron a tenu sa promesse de campagne lors de l'élection présidentielle française de 2017 et a annoncé que le 24 avril est désormais une « journée nationale de commémoration du génocide arménien ».

François Dubet, *Les Places et les Chances : repenser la justice sociale,* collection « La République des idées », Éditions du Seuil, Paris, 2010
Dans ce petit essai, l'auteur, sociologue, fait notamment valoir que « l'idéal est celui d'une société dans laquelle chaque génération devrait être redistribuée équitablement dans toutes les positions sociales en fonction des projets et du mérite des individus ».

> « Pourquoi écrire ? Eh bien, parce qu'il faut que l'arbre donne ses fruits, que le soleil luise, que la colombe s'accouple à la colombe, que l'eau se donne à la mer et que la terre donne ses richesses aux racines des arbres. Pourquoi écrire ? Mais afin de se donner. Et le don enrichit. Cette "richesse" grandit la personnalité. Et l'on monte. Où ? En soi-même. J'ai nommé la délivrance. Il n'y a pas d'autre forme de libération. »

> Malcolm de Chazal, « Pourquoi écrire », dans *Le Mauricien,* 1961

Pauline Escande-Gauquié et Bertrand Naivin, *Monstres 2.0 : l'autre visage des réseaux sociaux,* Éditions François Bourin, Paris, 2018
Par une sémiologue, maître de conférences à l'université de Paris-Sorbonne Celsa, et un chercheur associé au laboratoire AIAC (Arts des images et art contemporain), qui enseigne à l'université Paris-VIII.

> « Le livre, cet ultime asile, ce couvent désormais introuvable.
> Le livre où l'on se couche, se prélasse, sans demander
> l'avis de personne, le temps qu'on veut. Le livre où l'on
> parle et où l'on dort à volonté. Le livre nocif et pur. »
>
> Bernard Frank, *Portraits et aphorismes*

Michel Fauquier, *Une histoire de l'Europe,* Éditions du Rocher, Paris, 2018

Un bel ouvrage de référence, précieux pour mieux cerner ce que représente la civilisation européenne. Membre de divers jurys de grandes écoles (dont celui de l'École spéciale militaire de Saint-Cyr-Coëtquidan), l'auteur est un universitaire, qui enseigne notamment à l'Institut Albert-le-Grand (Ircom) à Angers.

Gérard Fauré, *Dealer du Tout-Paris : le fournisseur des stars parle,* Nouveau Monde Éditions, Paris, 2018

Les années 1970 et 1980 racontées par un ancien dealer aux états de service irréfutables et validés par de longues années de prison. Certaines confidences, en particulier au sujet du chanteur Johnny Hallyday, des relations homosexuelles qu'il entretint, du racket dont il fut l'objet par la mafia française et des inextricables difficultés financières qui en ont découlé, viennent confirmer le contenu des rumeurs qui circulèrent à l'époque dans le milieu du show-business et au sein du microcosme médiatique parisien. Le cas de Jacques Chirac, présenté comme un grand consommateur de cocaïne, est également évoqué dans ce livre au contenu quelque peu... stupéfiant.

Aurélie Filippetti, *Les Idéaux,* Fayard, Paris, 2018

L'histoire d'une profonde désillusion ou une méditation en mode romanesque sur les vanités du pouvoir politique. Ancienne ministre française de la Culture et de la Communication qui, après avoir été normalienne agrégée de lettres classiques, fut aussi députée de la Moselle, son auteure née en 1973 donne des cours à Sciences-Po Paris, mais semble avoir enfin compris, comme Nathalie Kosciusko-Morizet, Pierre Lellouche ou Frédéric Lefebvre, que le « double échec » des deux quinquennats de MM. Sarkozy et Hollande a conduit, selon ses propres mots, à « l'effondrement du système ». « Hélas, Filippetti n'est pas Zola, a cependant déploré Cécilia Dutter, dans *Service Littéraire* (octobre 2018). Ses chapitres, assommantes litanies contre les "biens nés", ne nous épargnent aucun poncif et le manichéisme qui en émane nous laisse sans voix. Une fois pour toutes, qu'on se le dise : les "gentils" sont de gauche ; les "méchants", de droite. »

Jérôme Fourquet, *L'Archipel français : naissance d'une nation multiple et divisée,* Éditions du Seuil, Paris, 2019

Ouvrage d'inspiration très marketing et résolument opportuniste qui part d'un constat de flagrance : la France, à l'heure des « gilets jaunes », n'a plus rien à voir avec une nation soudée par l'attachement de tous aux valeurs d'une République une et indivisible : elle n'est plus qu'un archipel d'îles s'ignorant les unes les autres. Comme l'avait plus que pressenti Hallier il y a plus de quarante ans, le socle de la France d'autrefois, sa matrice catho-républicaine, s'est complètement disloqué. Mais l'auteur de ce livre au contenu souvent un peu superficiel, n'est pas directeur du département Opinion à l'Ifop pour rien : il a l'habileté de bien présenter les conséquences culturelles et morales de cette situation, et en particulier une « archipelisa-tion » de la société : sécession des élites, autonomisation des catégories populaires, formation d'un réduit catholique, instauration d'une société multiculturelle de fait, dislocation des références culturelles communes. Un bouleversement qui paraît rendre impossible l'agrégation des intérêts particuliers au sein de coalitions larges et particulièrement difficile, la gou-vernance politique.

José Frèches et Denis Jeambar, *Le Poisson pourrit par la tête,* Éditions du Seuil, Paris, 1992

Ce petit livre est un vibrant appel à la résurrection de l'État, « prisonnier des corporatismes, miné par la bureaucratie, ligoté par l'Europe et rogné par la décentralisation ». Plus d'un quart de siècle après sa parution, il conserve, en de nombreuses pages, toute son actualité et sa lumineuse pertinence. Né en 1950, José Frèches est un énarque qui fut notamment le PDG du groupe de presse Midi Libre. Né en 1948, Denis Jeambar dirigea la rédaction de l'heb-domadaire *Le Point.*

Nicolas Frémeaux, *Les Nouveaux Héritiers,* collection « La République des idées », Éditions du Seuil, Paris, 2018

Maître de conférences en sciences économiques à l'université Paris-II, l'au-teur procède à un décryptage de la société française, de plus en plus condi-tionnée par les transmissions patrimoniales. Une situation à ses yeux contraire à un certain idéal démocratique qui a longtemps entendu réserver une place centrale au mérite.

Jean-Baptiste de Froment, *État de Nature,* Éditions Aux forges de Vulcain, Bussy-Saint-Martin, 2019

Un premier roman qui est une anatomie quelque peu sarcastique d'une nation divisée, où peuple et élites s'affrontent... Avec des dialogues du genre « Un pays comme le nôtre, vous et moi le savons bien, ça ne se réforme pas, ça s'entretient. » Né en 1977, son auteur, normalien agrégé de philosophie, est un haut fonctionnaire et homme politique, ancien conseiller de Nicolas Sarkozy et élu au Conseil de Paris en 2014.

> « La lecture est une drogue incomparable, parce que, plus qu'à la médiocrité de notre vie, elle nous permet d'échapper à la médiocrité de notre âme. »
>
> Nicolás Gómez Dávila, *Le Réactionnaire authentique*

James K. Galbraith, *Inégalité : ce que chacun doit savoir,* traduction d'André Cabannes, Éditions du Seuil, Paris, 2019

À l'occasion de cet éclairage sur les politiques qui ont vocation à lutter contre les inégalités, il est souligné que les comparaisons dans le temps et entre les pays sont loin d'être fiables et que mesurer l'inégalité de revenu des foyers ne conduit pas nécessairement, tant s'en faut, « vers une société plus équitable, prospère et juste ». Deux rappels plutôt bienvenus pour bon nombre de Français…

Professeur à l'université du Texas, l'auteur est le fils de John Kenneth Galbraith (1908-2006) qui fut l'un des conseillers économiques influents de Franklin Delano Roosevelt puis de John Fitzgerald Kennedy.

Bernard Gantois, *Le Mirage des valeurs de la République,* Éditions Via Romana, Versailles, 2018

Ce livre montre combien l'expression « valeurs de la République » a un sens fort improbable, que la République a volontiers changé de lubies au gré des époques et que, hélas, les « valeurs » brandies se sont souvent soldées par des massacres et d'humiliantes défaites.

Polytechnicien et ancien ingénieur des Ponts et Chaussées, Bernard Gantois, né en 1944, a également publié une *Lettre ouverte au pape François,* parue en 2017 aux Éditions de Chiré.

Jean Garrigues, *La République incarnée : de Léon Gambetta à Emmanuel Macron,* Perrin, Paris, 2019

Le point de vue d'un spécialiste de la vie politique française afin d'expliquer pourquoi et comment certains hommes d'État français ont su, par leur charisme, incarner la République depuis les pères fondateurs de la IIIe jusqu'à nos jours.

François Gibault, *Libera me,* Paris, Gallimard, 2014 ; *Libera me, suite et fin,* Gallimard, Paris, 2015

Jean-Edern Hallier et Isabelle Coutant-Peyre figurent parmi les nombreuses personnalités évoquées dans ces livres de souvenirs d'avocat, d'officier dans l'armée française et d'auteur, défenseur des œuvres de Louis-Ferdinand Céline, dont il a publié une biographie en trois tomes.

Jean-Marie Godard et Antoine Dreyfus, *La France qui gronde,* collection « Flammarion enquête », Flammarion, Paris, 2017

Par deux journalistes, un tour de France qui visait à brosser le portrait réel des Français, qui estiment souvent être ignorés et méprisés. Un an avant le mouvement des « gilets jaunes », la défiance entre « ceux d'en haut » et « ceux d'en bas » paraissait trop forte pour demeurer sans suite…

Thomas Gomart, *L'Affolement du monde : 10 enjeux géopolitiques,* Éditions Tallandier, Paris, 2019

Directeur de l'IFRI (Institut français des relations internationales), l'auteur appelle de ses vœux (pieux) le rétablissement de la France dans son rôle de « puissance d'équilibre ».

David Goodhart, *The Road to somewhere: the populist revolt and the future of politics,* Hurst & Co. Publishers, Londres, 2017

Ancien journaliste du *Financial Times* dont il fut le correspondant en Allemagne, l'auteur est le fondateur du magazine d'idées anglais *Prospect.* Dans ce livre en anglais, il vise à anticiper la politique de demain. Constatant que le clivage gauche-droite a perdu toute pertinence, il en définit un autre : à ses yeux, la société se divise désormais entre les *anywhere* d'un côté, et les *somewhere* de l'autre. Les *anywhere,* autrement dit les gens de n'importe où, sont à la fois éduqués et mobiles. Ils ne redoutent ni la nouveauté ni le changement. Ils disposent d'un capital social qui leur permet d'être à l'aise partout. Les *somewhere,* eux, sont les « gens de quelque part », à la fois moins instruits et plus enracinés dans un territoire, une communauté, des valeurs… Se percevant comme victimes de la mondialisation, de l'intégration européenne et de l'immigration de masse, ils se sentent dans une insécurité culturelle.

Pierre Grosser, *L'Histoire du monde se fait en Asie : une autre vision du XXᵉ siècle,* Odile Jacob, Paris, 2017

S'appuyant sur des archives inédites ainsi que des travaux d'historiens japonais, vietnamiens, chinois ou coréens, l'ouvrage restitue aux pays asiatiques leur pleine dimension d'acteur planétaire et affine la compréhension des relations internationales et de la géopolitique au XXᵉ siècle.

Fils du politologue Alfred Grosser, l'auteur est un historien chercheur réputé.

Benoîte Groult, *Journal d'Irlande : Carnets de pêche et d'amour 1977-2003,* texte établi et préfacé par Blandine de Caunes, Grasset, Paris, 2018

« Je ne suis ni Green ni Kafka »... Il convient de rendre grâce à Madame Groult, féministe et auteure sans doute mais certainement pas écrivain, de cette lueur de flagrante lucidité. De la lecture de son « journal » aussi indigent que nombriliste à l'extrême, les *Carnets impudiques* de Hallier ressortent singulièrement grandis... C'est à peu près le seul mérite de ce pitoyable « pavé » de plusieurs centaines de pages publié toute honte bue et à titre posthume par le label Grasset qui a la reconnaissance grasse et le marketing imprimé en lettres capitales. À jeter sans regret par-dessus l'épaule comme savait le faire Jean-Edern ou, pour rester conforme à la tonalité de l'« ouvrage », à évacuer illico presto dans les chiottes.

Serge Guérin et Pierre-Henri Tavoillot, *La Guerre des générations aura-t-elle lieu ?* Calmann-Lévy, Paris, 2017

Fondé sur des enquêtes sérieuses et sur l'étude d'initiatives concrètes, ce livre propose un regard inhabituel et positif sur l'intergénérationnel d'aujourd'hui. Pierre-Henri Tavoillot est un philosophe qui enseigne à la Sorbonne et préside le Collège de philosophie. Professeur dans une école de commerce et de management, Serge Guérin est un sociologue, spécialiste des questions liées au vieillissement et à la « seniorisation » de la société. Il fut l'un des coauteurs, avec Jean Foyer, Michel Godet, Philippe Tesson et Jean-Pierre Thiollet, de *La Pensée unique, le vrai procès,* paru en 1997 chez Economica.

Christophe Guilluy, *No society : la fin de la classe moyenne occidentale,* collection « Hors Collection », Flammarion, Paris, 2018

Un essai lumineux sur la crise de la représentation politique, l'atomisation des mouvements sociaux, la citadellisation des bourgeoisies, la communautarisation et l'épuisement d'un modèle qui ne fait plus société... Avec cette conviction que le « monde d'en haut » est condamné soit à rejoindre le mouvement réel de la société soit à disparaître. Né en 1964, l'auteur est un géographe.

> « Les cuisses de la lectrice sont toutes à sa lecture.
> Je suis sûr qu'elle a oublié qu'elle est à moitié nue. J'ignore
> quel ouvrage la captive, mais je ne puis m'empêcher de penser
> qu'il a de la chance. Je lirais bien le grain de sa peau, caresserais
> volontiers la reliure de ses hanches, lisserais avec passion le
> dos cuivré de son dos. Ah! Pousse en moi une âme de bibliophile!
> Mais la lectrice, d'un regard, met aux fers l'importun.

Elle est à sa lecture, point final. Tu ferais mieux, toi aussi,
de ne penser qu'à une chose à la fois… »

Jean-Claude Martin, *Tourner la page*

Fred Hidalgo, *Jacques Brel, le voyage au bout de la vie*, Éditions de
l'Archipel, Paris, 2018

Un livre hommage à la destinée d'exception de Brel qui a fait partie, avec
d'autres artistes dont Hallier, des grands Don Quichotte du XXᵉ siècle… S'il
n'a jamais rencontré ni même croisé « l'Homme de la Mancha », l'auteur n'en
apporte pas moins la preuve d'une approche passionnée du personnage et
d'une connaissance approfondie des caractéristiques parfois discrètes de
son parcours. Créateur du mensuel *Paroles et Musique* et de la revue trimes-
trielle *Chorus,* biographe du chanteur Jean-Jacques Goldman, il a publié en
2013 chez le même éditeur un premier livre hommage intitulé *Jacques Brel,
l'aventure commence à l'aurore.*

Pierre Hillard, *Minorités et régionalismes dans l'Europe fédérale des
régions : enquête sur le plan allemand qui va bouleverser l'Europe,*
Éditions François-Xavier de Guibert, Paris, 2001 (réédité et augmenté
à plusieurs reprises) ; *La Décomposition des nations européennes : de
l'union euro-atlantique à l'État mondial,* Éditions François-Xavier de
Guibert, Paris, 2005 ; *La Marche irrésistible du nouvel ordre mondial :
l'échec de la tour de Babel n'est pas fatal,* Éditions François-Xavier de
Guibert, Paris, 2013 ; *Atlas du mondialisme,* Éditions Le Retour aux
sources, Vincennes, 2017

Des livres de référence, au contenu souvent dense et toujours très sourcé.
Dans son *Atlas du mondialisme,* un ouvrage qui a pour objectif affiché de
s'intéresser au « dessous des cartes », l'auteur estime qu'avec l'arrivée à la
présidence de la République d'Emmanuel Macron en mai 2017, une nouvelle
ère propre au mondialisme s'ouvre. Désormais, il s'agit, selon lui, de para-
chever une ambition ancienne permettant la mise en forme d'une Union
européenne encore plus intégrée en liaison avec d'autres unions régionales
obéissant à des degrés divers à la même tendance. Le tout doit aboutir à une
gouvernance mondiale.

Docteur en sciences politiques, Pierre Hillard, né en 1966, est un essayiste
fort peu connu du public le plus large et ignoré des plus puissants médias
mais repéré et reconnu dans les sphères intellectuelles qui s'intéressent de
près à la géopolitique. Il est réputé « politiquement incorrect » en raison de
sa critique à l'égard de ce qu'il interprète comme un processus technocratique de décomposition des nations, de déracinement de plus en plus ren-
forcé des individus – quarante ans après la parution du *Bréviaire pour une*

jeunesse déracinée, le fameux livre visionnaire de Hallier – et d'unification du monde, passant par la constitution de grands blocs continentaux.

François Hollande, *Les Leçons du pouvoir,* Stock, Paris, 2018
Ouvrage pathétique d'un ancien président de conseil général qui, après être devenu, en raison d'un accident new-yorkais de casting, l'un des plus déplorables présidents de la République française de tous les temps, semble se prendre au jeu du pouvoir *a posteriori,* de manière parfaitement insensée et ridicule.

Delphine Horvilleur, *Réflexions sur la question antisémite,* Grasset, Paris, 2019
Cet essai enracine l'antisémitisme dans les textes fondateurs du judaïsme, les traditions rabbiniques et les légendes juives. Témoignant d'une incontestable culture psychanalytique, il vise avec beaucoup d'intelligence à donner des armes pour se prémunir contre la haine des juifs.

L'auteure – l'une des très rares femmes rabbins sur le territoire français – fait partie du mouvement juif libéral de France.

Neil Howe et William Strauss, *Generations: The History of America's Future, 1584 to 2069,* William Morrow & Company, New York, 1991
L'un des ouvrages de référence, non traduits, de ces deux historiens américains, qui a consacré la vision générationnelle de la marche du monde.

Jean-Pierre Hutin, *Quand le Malin s'en mêle,* collection « Histoires et Destinées », Éditions Au Pays Rêvé (diffusion Ovadia), Nice, 2019
Un roman faustien sur fond de guerre et d'Afrique, qui joue avec les codes culturels, dénonce et expose, simplement mais avec une efficacité hilarante. « L'Afrique qu'il nous propose, écrit Éric Deschodt à son sujet, est l'Afrique véritable, autrement dit l'Afrique magique ; où rien n'arrive qu'imprévisible et faits divers extravagants au moins pour le blanc qui a le malheur de n'être pas noir, sous le double signe d'une férocité totale et d'une drôlerie irrésistible. L'un et l'autre intimement mêlées pour notre bonheur. »
Jean-Pierre Hutin est membre du Cercle InterHallier.

« Les livres nous enseignent ce que notre intelligence seule n'est pas capable de nous faire pénétrer. Il faut connaître le passé et le présent pour savoir quoi désirer dans l'avenir. »

Panaït Istrati, « Récit de Floarea Codrilor »,
Les Récits d'Adrien Zograffi. Présentation des Haïdoucs

Olivier Ihl, *Le Mérite et la République : essai sur la société des émules,* Gallimard, Paris, 2007

L'auteur est professeur de sciences politiques à l'Institut d'études politiques de Grenoble.

> « Il ne faut qu'un sujet à un livre ordinaire, mais, pour un bel ouvrage, il faut un germe qui se développe de lui-même dans l'esprit comme une plante. Il n'y a de beaux ouvrages que ceux qui ont été longtemps, sinon travaillés, du moins rêvés. »
>
> Joseph Joubert, *Pensées*

Jean-Paul Jean (sous la direction de), *Juger sous Vichy, juger Vichy,* la Documentation française, Paris, 2018

Un ouvrage collectif dirigé par un président de chambre honoraire à la Cour de cassation et publié sous la houlette de l'Association française pour l'histoire de la justice. La complexité de l'époque et de certaines attitudes y est explorée. En 1941, un seul magistrat refusa de prêter le serment de fidélité au maréchal Pétain et fut révoqué deux jours plus tard.

François Jullien, *De l'écart à l'inouï,* L'Herne, Paris, 2019

Un essai où, entre autres remarques, on peut lire cette observation à laquelle Hallier aurait sans aucun doute renchéri : « Le mondial du foot est aujourd'hui une forme plus soft, pour le déchaînement grégaire des passions, que la guerre de jadis entre les nations. Mais ne pourrait-on faire un peu mieux ?... C'est à quoi la culture, si on la prenait au sérieux, si elle n'était pas qu'un faux nom, un mixte de Divertissement et de Communication, ses deux piliers marchands d'aujourd'hui, doit travailler. »

Né en 1951, François Jullien est un philosophe, helléniste et sinologue qui développe une intéressante réflexion interculturelle entre Chine et Europe, ainsi qu'une certaine conception de l'existence.

Martin Jungius, *Un vol organisé : L'État français et la spoliation des Juifs, 1940-1944,* traduit de l'allemand par Nicole Casanova et Olivier Mannoni, Éditions Tallandier, Paris, 2012

Texte remanié d'une thèse consacrée à l'un des plus grands pillages de l'histoire de France. Sous l'Occupation allemande, l'État français organisa le vol d'une partie de sa propre population. S'appuyant sur des archives françaises et allemandes et de récentes études, l'auteur décrypte les structures de l'appareil de persécution économique mis en place contre les Juifs français, en analyse les méthodes et établit les responsabilités de chacun. Il démontre comment la dépossession des « biens juifs » a été initiée par les Allemands et mise en œuvre par les fonctionnaires français, comme n'importe quelle politique d'État. Au terme de cette étude minutieuse et novatrice se dessine une image complète de « l'aryanisation » de l'économie française. Il s'agit là de l'une des premières études importantes écrites par un ressortissant allemand sur l'expropriation des Juifs dans la France occupée, première enquête également « à exploiter les archives des deux pays ».

Après quatre ans de recherches, Martin Jungius, né en 1974, a soutenu en 2005 sa thèse de doctorat en sciences politiques à l'université de Constance, saluée par le prix Guillaume Fichet-Octave Simon en 2008.

Hervé Juvin, *France, le moment politique,* Éditions du Rocher, Monaco, 2018

Pour l'auteur de cet essai en forme de manifeste, le temps du « je » s'achève, le temps du « nous » commence... À ses yeux, le retour de l'histoire détermine le moment politique exceptionnel que va vivre la France, le moment que vivent d'ores et déjà les États-Unis, la Grande-Bretagne, la Russie, l'Inde ou la Chine. Confrontée à des échéances inéluctables, celles de l'occupation de son territoire et de la colonisation de ses ressources, celles de la faillite sociale et du recul de sa civilisation, la France doit reforger son projet pour le siècle, pour l'Europe, et d'abord, pour les Français. Est ainsi détaillé un projet pour la plus grande France, le projet du rassemblement des Français, grâce à une politique exigeante, écologique, libérale et sociale à la fois... Économiste et ancien dirigeant de société élu député européen en 2019 sur la liste du Rassemblement national, Hervé Juvin, né en 1956, a également publié *L'Occident mondialisé : controverse sur la culture planétaire* (avec Gilles Lipovetsky, Grasset, 2010) et *La Grande Séparation : pour une écologie des civilisations...*

« Ils jetèrent les livres par terre, les piétinant et les déchirant sous mes yeux. (…) Et je leur dis de ne pas les déchirer, car une multitude de livres n'est jamais dangereuse, mais un livre seul est dangereux ; et je leur dis de ne pas les déchirer, car la lecture de nombreux livres mène à la sagesse et la lecture d'un seul, à l'ignorance armée de folie et de haine. »

Danilo Kiš (1935-1989), *Un tombeau pour Boris Davidovitch*

Stephen King, *Écriture : mémoires d'un métier,* traduction de William Olivier Desmond, Albin Michel, Paris, 2001

Essai sur l'inspiration, la création littéraire et la méthode de travail d'un écrivain au travers d'un récit autobiographique. Né en 1947, l'auteur est ce romancier américain dont les livres se sont vendus à des centaines de millions d'exemplaires dans le monde.

« C'est un métier que de faire un livre, comme de faire une pendule. »

Jean de La Bruyère (1645-1696), *Les Caractères*

Alexandre Lacroix, *Devant la beauté de la nature,* Allary Éditions, Paris, 2018

Pour l'auteur, né en 1975, qui dirige la rédaction de *Philosophie magazine,* la crise écologique est liée à une crise esthétique (dont Hallier avait prévenu de l'ampleur). Rendue insensible à la beauté de la nature, l'humanité se sent autorisée à la saccager...

Laurent Larcher, *Rwanda, ils parlent : témoignages pour l'Histoire,* Éditions du Seuil, Paris, 2019

Le point de vue de Guillaume Ancel, Alain Juppé, Bernard Kouchner, Hubert Védrine et diverses autres personnalités, recueilli par le responsable de la rubrique « Afrique » au service Monde du quotidien *La Croix.*

Hervé Le Bras, *Se sentir mal dans une France qui va bien : la société paradoxale,* Éditions de l'Aube, La Tour-d'Aigues, 2019

Après avoir observé qu'en mars 2018 un sondage indiquait que plus de neuf Français sur dix s'estimaient heureux de vivre dans leur pays, que six mois plus tard, 280 000 « gilets jaunes » déferlaient dans toute la France et, des semaines durant, criaient leurs souffrances et semblaient recueillir lors de leurs premières manifestations une forte adhésion de l'opinion, l'auteur pointe du doigt cet autre constat que la France est l'un des pays du monde qui procède à la plus large et dispendieuse redistribution sociale. De là ses interrogations sur ce qui peut expliquer la contradiction entre l'état objectif du pays et le sentiment subjectif de ses habitants.

Fils du juriste Gabriel Le Bras, né en 1943, l'auteur est un démographe réputé, chercheur émérite à l'Institut national d'études démographiques et historien enseignant à l'École des hautes études en sciences sociales.

Gérard Leclerc, *Sous les pavés, l'esprit,* Éditions France-Empire/ Salvator, Paris, 2018

Un hommage à Mai 1968 considéré comme une révolte spirituelle contre la société bourgeoise et technocratique. Né en 1942, l'auteur a été journaliste et a collaboré à de nombreuses publications ou médias, dont *Le Quotidien de Paris* comme responsable des informations religieuses. Il était présent lors des funérailles de Hallier qui eurent lieu le 16 janvier 1997 en l'église Saint-Ferdinand-des-Ternes, à Paris.

Frédéric Lefebvre, *Chaos, histoire secrète de la guerre des droites,* Michel Lafon, Paris, 2018

Dans ce livre, l'auteur, né en 1963, vice-président d'Agir, la droite constructive, qui fut secrétaire d'État et député des Français de l'étranger, décrit la campagne de Nicolas Sarkozy lors de la primaire de l'élection présidentielle de 2017 comme une dérive où, « perdant son charisme naturel, il se réfugia dans un autoritarisme d'opérette ». Un « Waterloo morne plaine ».

Jean-Yves Le Gallou, *Européen d'abord : essai sur la préférence de civilisation,* Éditions Via Romana, Versailles, 2018

Né en 1948, l'auteur, ancien énarque qui fut inspecteur général de l'administration, président du groupe Front national au sein du conseil régional d'Île-de-France et parlementaire européen, se veut un ardent défenseur du droit des peuples à la continuité historique mais entend dépasser la notion de préférence nationale pour promouvoir celle de préférence de civilisation.

Bruno Le Maire, *Paul, une amitié,* Gallimard, Paris, 2019

Un récit, en forme d'hommage littéraire, émouvant, à une relation amicale, décédée des suites d'un cancer du cerveau. Né en 1969, l'auteur, normalien, agrégé de lettres modernes et énarque, est, depuis l'élection d'Emmanuel Macron à la présidence de la République, ministre de l'Économie et des Finances.

Jean-Michel Leniaud, Jean-Baptiste Rendu et Anne-Marie Royer-Pantin, *La Demeure en France : l'art de vivre heureux,* préface de Philippe Toussaint, Éditions de l'Esplanade, Paris, 2019

Doté d'une fort belle iconographie et de textes élaborés avec soin, un livre que Hallier, s'il était encore de ce monde, s'abstiendrait sans aucun doute de jeter par-dessus son épaule… L'ouvrage n'évoque pas le manoir de La Boissière, l'ancienne propriété familiale des Hallier à Edern, en Bretagne, aujourd'hui à l'abandon, mais il fait superbement valoir combien, pendant près de cinq siècles, de la reconstruction consécutive à la guerre de Cent Ans jusqu'à la Grande Guerre, la France a su forger un type de demeure qui, bien que mouvant, lui est propre. Avec, à la clé, en dépit des vicissitudes de tous ordres, un certain art de vivre.

Simon Leys (Pierre Ryckmans, dit, 1935-2014), *La Mer dans la littérature française : de François Rabelais à Pierre Loti,* préface d'Olivier Frébourg, collection « Bouquins », Éditions Robert Laffont, Paris, 2018

Une anthologie proposée par un essayiste et professeur d'université belge et australien. Dommage qu'elle puisse donner à tort le sentiment que la mer n'a pas laissé de traces notables dans la littérature française après le début de la Première Guerre mondiale...

Édouard Louis, *Qui a tué mon père,* Éditions du Seuil, Paris, 2018

Au travers de ce court roman, une certaine approche du « système » longtemps en place sur le territoire français et des évolutions politiques récentes.

Caroline Lunoir, *Première dame,* Actes Sud, Arles, 2019

Sous la forme d'un journal, un roman satirique inspiré par la campagne de l'élection présidentielle de 2017, où sont notamment dénoncées les compromissions d'une vieille classe politique française avec certains « communicants ». L'auteure est avocate pénaliste à Paris.

> « Quand on lit la même chose que tout le monde,
> on ne peut que penser comme tout le monde. »
>
> Haruki Murakami, *La Ballade de l'impossible*

Émile H. Malet, *Défendre la civilisation face à la mondialisation,* Éditions du Moment, Paris, 2014

Docteur en sciences économiques, fondateur de la revue *Passages* et ancien journaliste au *Quotidien de Paris,* l'auteur de cet essai, né en 1947, en est convaincu : la civilisation est la seule modernité qui vaille, et l'Europe recèle des trésors culturels, des valeurs pour vivre mieux et combattre tous les extrémismes. À ses yeux, si l'Europe se laisse entraîner dans le tourbillon consumériste, c'est parce qu'elle a rayé de sa mémoire les Lumières, l'héritage judéo-chrétien et le legs gréco-romain...

Patrick Martin-Genier, *L'Europe a-t-elle un avenir ? Une approche critique de la construction européenne,* Studyrama Éditeur, Paris, 2017

Cet ouvrage de plusieurs centaines de pages n'est pas un énième livre sur l'histoire de la construction européenne. Il a le mérite d'expliquer comment les responsables politiques ont influencé et continuent à influencer le cours de la construction européenne, à travers les discours qu'ils tiennent sur l'Europe aux citoyens et électeurs, mais aussi à l'aune de leurs actions ou des blocages qu'ils ont générés sur la gestion des affaires européennes. Il montre ainsi à quel point, plus de trente ans après la parution du *Bréviaire pour une jeunesse déracinée*, de Hallier, l'Europe traverse une crise majeure, les crises succèdent aux crises et les solutions peinent à s'imposer.

Diplômé des universités Paris-X et Paris-II, ancien élève de l'IEP-Paris et diplômé de l'Institut d'administration des entreprises de l'université Jean-Moulin (Lyon-III), l'auteur est enseignant en droit public à Sciences-Po. Administrateur de l'Association Jean-Monnet, il est l'auteur de nombreuses propositions sur l'Europe faites aux présidents de la République successifs depuis trente ans.

Cyrille Martinez, *La Bibliothèque noire,* collection « Qui vive », Éditions Buchet-Chastel, Paris, 2018

Au travers de ce roman écrit par un bibliophile, une description des différents types de lecteurs qui fréquentent les bibliothèques et d'agents qui y travaillent.

Margaret Mead (1901-1978), *Le Fossé des générations,* traduction de Jean Clairevoye, Denoël Gontier, Paris, 1971

Ce livre de référence de la célèbre anthropologue américaine met l'accent sur la difficulté croissante de la communication entre les générations du fait de la rapidité accrue de la transformation de la société.

Chantal Meyer-Plantureux, *Antisémitisme et homophobie : clichés en scène et à l'écran,* XIXe-XXe siècles, préface de Pascal Ory, CNRS Éditions, Paris, 2019

Attristante mais remarquable plongée au cœur de la société française de la fin du XIXe siècle aux années 1950 qui faisait de l'homme blanc, bourgeois, catholique et hétérosexuel le pilier sacro-saint de la nation et dont Hallier vécut les prolongements... S'en prenant volontiers à la France des « gens de bien », de la capitulation de 1871 et de Pétain en 1940, l'auteur des *Puissances du mal* considérait la ville de Vichy comme le « centre géodésique de la culpabilité française », « la capitale morale de la France ». Chantal Meyer-Plantureux est professeure en arts du spectacle à l'université de Caen.

Luuk Van Middelaar, *Quand l'Europe improvise : dix ans de crises politiques,* traduction du néerlandais par Daniel Cunin, collection « Le débat », Gallimard, Paris, 2018

Selon l'auteur, membre du cabinet du président du Conseil européen Herman Van Rompuy, les crises qui secouent l'Union européenne ont au moins le mérite de révéler qui décide et d'obliger les instances bruxelloises non seulement à mieux définir ses positions, mais encore à accorder une place à l'opposition.

Jérôme Michel, *Un jeune mort d'autrefois : tombeau de Jean-René Huguenin,* Éditions Pierre-Guillaume de Roux, Paris, 2013

Un essai qui exhume les traces non seulement de celui qui, né le 1er mars 1936, le même jour que Jean-Edern Hallier, fut un écrivain prometteur avant de mourir accidentellement à l'âge de vingt-six ans, mais encore d'un monde qui ne sera jamais plus ce qu'il a été il y a plus d'un demi-siècle... Hallier a rendu hommage à son « jumeau stellaire » dans son livre intitulé *Je rends heureux*, paru en 1992.

Né en 1966, l'auteur est maître des requêtes au Conseil d'État et professeur associé à l'université de Lyon-III. Il a notamment publié deux autres ouvrages, l'un consacré à François Mauriac, l'autre à André Malraux.

Jacques Morel, *La France au cœur du génocide des Tutsi,* L'Esprit Frappeur, Paris, 2010

Somme encyclopédique de 1 500 pages qui s'ajoute aux volumes publiés notamment par Jean-Paul Gouteux, Mehdi Ba et Jean-François Dupaquier pour établir combien la France a été coproductrice d'un des pires crimes contre l'humanité du xxe siècle.

Né en 1942, l'auteur est un ancien ingénieur au CNRS.

Yascha Mounk, *Le Peuple contre la démocratie,* Éditions de l'Observatoire, Paris, 2018

Un essai qui ne se contente pas de rappeler le bouleversement provoqué ces deux dernières décennies par Internet et les réseaux sociaux dans la circulation de l'information ni les ravages engendrés par la très faible croissance et le manque de perspectives économiques et sociales. Issu de parents polonais et éduqué en Allemagne, l'auteur, un jeune politologue germano-américain qui enseigne à la prestigieuse université de Harvard, émet de vives critiques à l'encontre de l'Union européenne, et tout particulièrement de la Commission européenne, « une administration composée de fonctionnaires de carrière qui initient, rédigent et appliquent la majorité des lois européennes », au risque d'entraîner un divorce sans appel et lourd de conséquences entre libéralisme et démocratie.

> « Mes livres reposent les uns sur les autres. Ils sont nés les uns des autres. N'importe lequel de mes livres contient une cellule qui a été créée par toutes les cellules antérieures. »
>
> V.S. Naipaul, dans un entretien accordé au journal *Le Monde* en août 2011

Thierry Ottaviani, *La Corse des écrivains,* Éditions Alexandrines, Paris, 2013

Par un auteur né en 1974 à Bastia, un livre où Hallier figure, à fort juste titre, en bonne place.

« Tant qu'il y aura des livres, personne, jamais, n'aura le dernier mot. »

Jean-Bertrand Pontalis, *L'Amour des commencements*

« Qui veut se connaître, qu'il ouvre un livre. »

Jean Paulhan, *Éléments* (Œuvres complètes, tome II, Cercle du livre précieux)

Papacito, *Carnets de guerre,* Ring, Paris, 2018

« La violence, assène l'auteur, c'est pas un coup de poing dans la gueule. La violence, c'est de voir des plumeaux manger des bagels sans gluten dans des villes qui ont été bâties il y a 1 700 ans par des Gaulois et des Wisigoths de cent trente kilos… ». Ces *Carnets de guerre* sont un drôle de « coup de sang », singulier, face à un monde qui commence à devenir compliqué et où « la boxe, le rugby, le pinard et le gras de canard vont finir par disparaître, comme les dinosaures »… Né en 1986, Papacito est un blogueur (collectif FDP de la mode), vidéaste et scénariste de bande dessinée, passionnément amoureux, comme l'était Jean-Edern Hallier, de la France et de ses identités historiques régionales. Il dénonce volontiers « un décalage insupportable entre les Français et leurs gouvernants ».

Ernest Pardo, *La Supercherie judiciaire : de la criminalité en col blanc à la criminalité en robe noire,* Éditions Sydney Laurent, Paris, 2018

Spécialiste du diagnostic d'entreprises, l'auteur établit combien la justice française, de plus en plus viciée par des castes d'« intouchables » qui pratiquent, en toute impunité, la spoliation crapuleuse à tout-va, justifie la plus grande défiance. Il suggère la création rapide d'un corps indépendant d'experts en diagnostic du dysfonctionnement judiciaire.

Philippe Pascot, *Pilleurs d'État,* Max Milo Éditions, Paris, 2015

Un recensement des abus – véritable pillage légal – dans lesquels a sombré une vieille classe politique française durant plusieurs décennies, avec en particulier les cumuls d'indemnités en tous genres, les déclarations d'activité bidons et autres arrangements entre amis... Comme le souligne l'auteur, ancien conseiller régional et bon connaisseur du fonctionnement des municipalités, de nombreux élus – sénateurs, maires des villes moyennes et grandes... – ne font qu'entretenir leurs propres intérêts et, forts de la mansuétude complice de leurs collègues, se servent à fond du « système », quand les maires des petites communes jouent, eux, le rôle de paravent et d'« attrape-gogo », et que les simples citoyens sont contraints de se serrer de plus en plus la ceinture...

Roland Passevant (1928-2002), *Golfe : tempête pour la paix,* Messidor-Éditions sociales, Paris, 1991

Par un ancien journaliste communiste qui fut grand reporter à TF1, un livre consacré à la guerre du golfe Persique (1990-1991), quand Hallier n'avait de cesse de « protester contre la fatalité programmée d'une guerre inique ».

Emmanuelle Polack, *Le Marché de l'art sous l'Occupation, 1940-1944,* Éditions Taillandier, Paris, 2019

Un livre qui ne se contente pas de rappeler qu'à partir de l'été 1942, les œuvres spoliées à des personnes juives ont fait l'objet de « ventes judiciaires » dont a largement bénéficié un circuit de profiteurs français. Il souligne combien après la Libération, les pouvoirs publics français n'ont guère fait d'efforts pour retrouver et indemniser les héritiers... Il faudra attendre 1995 pour que Jacques Chirac reconnaisse officiellement le rôle de la France dans la déportation des Juifs. Sans pour autant renoncer à une politique d'indifférence.

Thomas Porcher, *Traité d'économie hérétique : en finir avec le discours dominant,* Fayard, Paris, 2018

Richard Powers, *L'Arbre-Monde,* traduction de Serge Chauvin, Le Cherche Midi éditeur, Paris, 2018

Un brillant éco-roman de la cause environnementale, au fil du parcours de neuf personnages, par un auteur américain né en 1957.

Thierry Prungnaud et Laure de Vulpian, *Silence Turquoise, Rwanda, 1992-1994 : responsabilités de l'État français dans le génocide des Tutsi,* Don Quichotte éditions, Paris, 2012

L'ouvrage met en lumière l'effroyable responsabilité de M. Mitterrand, le président de la République française et chef suprême des Armées françaises de 1981 à 1995, qui savait parfaitement qu'un racisme d'État anti-Tutsi était institué au Rwanda, via une politique de discrimination et de quotas ethniques. Né en 1956, Thierry Prungnaud est un vétéran de l'Opération

Turquoise lors du génocide au Rwanda et l'un des premiers militaires français à avoir publiquement témoigné au sujet du rôle joué par la France et ses plus hauts représentants. Laure de Vulpian est journaliste à France Culture.

> « Quand je pense à tous les livres qu'il me reste à lire,
> j'ai la certitude d'être encore heureux. »
>
> Jules Renard (1864-1910), *Journal*

Manon Rescan, *Les Grandes Illusions : enquête sur les soldats de la macronie,* Éditions Robert Laffont, Paris, 2019

Premier ouvrage d'une journaliste politique au quotidien *Le Monde.* Il est le fruit d'une enquête de terrain, de rencontres et d'échanges avec les représentants et les nouveaux élus du mouvement macronien, La République en marche. Dommage peut-être que les anecdotes bienvenues et les observations pertinentes qu'il contient fassent ressortir qu'il n'a ni pour vocation ni pour ambition de proposer des analyses approfondies.

Olivier Razemon, *Comment la France a tué ses villes,* Rue de l'Échiquier Éditeur, Paris, 2017

Un ouvrage d'un journaliste spécialiste des transports au sujet de l'une des composantes du malaise français.

Marc Roche, *Le Brexit va réussir : l'Europe au bord de l'explosion,* Albin Michel, Paris, 2018

L'auteur, ancien correspondant du *Monde* et du *Point* à Londres, réputé pour la pertinence de ses analyses et la qualité de sa plume, fait valoir que le Royaume-Uni n'est nullement en train de s'effondrer et décrit même une City transformée en « plateforme offshore débridée »... Un texte *so british,* joliment provocateur et bien enlevé, que le label Albin Michel ne mérite guère. Éditrice de plusieurs livres de Jean-Edern Hallier, cette maison, autrefois prestigieuse, est aujourd'hui de plus en plus discréditée à force de multiplier les publications de pacotille ou tout bonnement frelatées, à l'exemple des « essais » plus qu'improbables et non sourcés de M. Zemmour, ce camelot au culot de bateleur de foire télévisuelle, condamné par la justice pour provocation à la discrimination raciale en 2011 et à la haine religieuse en 2018, mais promu par des médias complaisants et recruté par Radio Classique en 2019 (initiative qui a provoqué le départ immédiat de Maurice Szafran, refusant avec une rare dignité de participer à la même « collectivité éditoriale » qu'un tel « prêcheur de haine culturelle et de violence idéologique »).

Pierre Rosanvallon, *Notre histoire intellectuelle et politique, 1968-2018,* collection « Les livres du nouveau monde », Éditions du Seuil, Paris, 2018

Un bilan prétentieux, bien promu par des médias complaisants, et pour le moins touffu, d'un demi-siècle d'engagements, de débats et d'affrontements qui, en dépit de près de 450 pages, ne consacre pas une ligne à Emmanuel Macron, élu président de la République française en mai 2017, ni un mot à Jean-Edern Hallier qui n'est même pas mentionné ! En vérité, cet ouvrage à œillères aurait dû avoir pour titre « Mon histoire intellectuelle et politique » et paraître dans la collection « Les livres du vieux monde »...

Né en 1948, l'auteur est professeur au Collège de France, directeur d'études à l'EHESS (École des hautes études en sciences sociales) et responsable de collections au Seuil.

Luc Rouban, *Le Paradoxe du macronisme,* Collection « Nouveaux débats », Les Presses de Sciences-Po, Paris, 2018

L'ouvrage entend remettre en cause l'idée que la victoire d'Emmanuel Macron en 2017 soit le signe d'une recomposition historique du paysage politique français, et le macronisme, une réponse aux attentes profondes du Français nouveau, ce citoyen du XXI⁰ siècle. S'appuyant sur des enquêtes d'opinion, il met à mal le mythe d'une « disruption » et souligne les paradoxes d'un pouvoir qui se veut horizontal et mobilisateur des bonnes volontés, alors qu'en réalité il ne ferait que renforcer la verticalité, créer de nouvelles oligarchies et accentuer la fracture sociale. Une vision conformiste et « science-poseuse », très attachée aux vieux schémas et apparemment peu consciente des nouvelles réalités sociologiques.

Denis de Rougemont (1906-1985), *Lettre ouverte aux Européens,* Albin Michel, Paris, 1970

Ouvrage de référence où l'auteur affiche une confiance résolue dans la construction européenne en dépit des vicissitudes de l'évolution de la société moderne.

« Nous avons tendance à oublier que les livres, éminemment vulnérables, peuvent être supprimés ou détruits. Ils ont leur histoire, comme toutes les autres productions humaines, une histoire dont les débuts mêmes contiennent en germe la possibilité, l'éventualité d'une fin. »

George Steiner, *Le Silence des livres*

Patrick de Saint-Exupéry, *L'Inavouable : la France au Rwanda*, Les Arènes, Paris, 2004

Ouvrage consacré au génocide rwandais, crime contre l'humanité dont M. Mitterrand fut un complice éminent et porte l'accablante responsabilité politique.

Né en 1962, l'auteur est un journaliste qui a « couvert » le Rwanda pendant plus d'un quart de siècle. C'est lui qui a rapporté dans le quotidien *Le Figaro* du 12 janvier 1998 les termes utilisés par l'ancien chef d'État français au sujet des atrocités perpétrées par des Africains contre d'autres Africains, avec l'aide et l'expertise françaises avant, pendant et après le génocide : « Dans ces pays-là (...), ce n'est pas trop important. »

Sarah Sauquet, *La Première fois que Bérénice vit Aurélien, elle le trouva franchement con,* Eyrolles, Paris, 2017

Outil d'autocoaching en mode très contemporain, ce petit guide vise l'épanouissement de la vie amoureuse en s'appuyant sur les œuvres les plus classiques de la littérature qu'il rend ô combien modernes ! Une idée d'ouvrage qui aurait probablement séduit Hallier.

Alfred Sauvy (1898-1990), *La Montée des jeunes,* Calmann-Lévy, Paris, 1959

L'un des essais du grand anthropologue, sociologue, démographe et économiste.

Stephen Smith, *La Ruée vers l'Europe : la jeune Afrique en route pour le Vieux Continent,* Grasset, Paris, 2018

Un ouvrage qui analyse les ressorts de l'immigration africaine en Europe et assure non seulement que « l'africanisation » de l'Europe va atteindre un niveau sans précédent, en raison d'un déséquilibre démographique manifeste, mais encore que « l'État-providence sans frontières est une illusion ruineuse » et que les dirigeants européens ont une fâcheuse tendance à « se tirer une balle dans le pied ». « Les pays riches, souligne-t-il, versent une prime à la migration en aidant les pays pauvres à atteindre le seuil de prospérité à partir duquel leurs habitants disposent des moyens pour partir et s'installer ailleurs. »

Après avoir été journaliste à *Libération* puis au *Monde,* et analyste pour l'Organisation des Nations unies, l'auteur enseigne aux États-Unis, à l'université Duke.

Oswald Spengler (1880-1936), *Le Déclin de l'Occident,* Verlag C. H. Beck, Vienne, Munich, 1918, 1922 (traduction de Mohand Tazerout, Paris, Gallimard, 1948, réédition en 2000)

Volontiers classé comme politiquement incorrect, en raison, selon ses détracteurs, des idées réactionnaires qu'il contient, ce livre n'en a pas moins fait date et reste une référence importante dans l'histoire des idées. Son auteur estime que toute civilisation est un système fermé qui connaît nécessairement trois phases : l'essor, l'apogée et le déclin. Selon lui, la civilisation occidentale est condamnée, à terme, à l'écroulement et à l'anéantissement.

Yvan Stefanovitch, *Le Sénat, un paradis fiscal pour des parlementaires fantômes,* Éditions du Rocher, Paris, 2016

Un ouvrage qui a fait l'objet d'une plainte pénale par le Sénat, mais a le mérite de mettre en lumière tout ce que le microcosme politique et médiatique sait depuis des lustres... En avril 2019, considérant que ce livre « s'inscrit dans une critique d'une institution, certes parfois virulente, mais dans un objectif affiché de réforme allant dans le sens de davantage de transparence », le tribunal correctionnel de Paris a débouté le Sénat et prononcé une décision de relaxe tant de l'éditeur que de l'auteur.

Yvan Stefanovitch est un journaliste spécialisé dans la dénonciation du gaspillage d'argent public et du parlementarisme qui a été reporter au magazine *VSD*.

> « Un vrai lecteur ne pourra jamais être un bon consommateur. Devant l'imbécillité des offres qu'on lui présente à la chaîne, le lecteur, aussi naïf soit-il, réfléchit, mesure – ce qui est fatal pour la consommation. Pour les pouvoirs économiques, il est essentiel que nous ne réfléchissions pas. »
>
> Alberto Manguel, *Le Monde,* propos recueillis par Florence Noiville, 28 décembre 2018

Arnaud Teyssier, *De Gaulle, 1969,* Éditions Perrin, Paris, 2019

Pour cet auteur né en 1958, historien, professeur associé à l'École normale supérieure et président du Conseil scientifique de la Fondation Charles-de-Gaulle, le général de Gaulle était un « humaniste tragique » qui avait la conviction prophétique que le capitalisme entrait dans une mutation profonde et qu'il serait moralement de moins en moins supportable, au regard des nouvelles formes d'asservissement des individus qu'il entraînait. Selon lui, il ne fait guère de doute que c'est aussi parce qu'il pressentait un « retour de flamme » des nationalismes en Europe que « l'homme du 18 juin 1940 » souhaitait se doter des moyens politiques d'une révolution de grande ampleur et qu'il a proposé aux Français de réformer le Sénat, son principal adversaire politique. Malheureusement, son initiative de référendum a échoué face au monde de MM. Mitterrand et Chardonne, où l'hostilité de vieilles « élites » départementales se conjuguait volontiers avec l'anti-gaullisme viscéral d'une grande partie de la bourgeoisie française.

Jean-Louis Thiériot, *De Gaulle, le dernier réformateur : 7 leçons de l'Histoire pour Emmanuel Macron,* Paris, Tallandier, 2018

L'auteur de ce livre s'en montre convaincu : la dernière grande réforme fran-çaise qui a mis la France sur les rails des Trente Glorieuses et lui a rendu sa grandeur doit être mise au crédit du général de Gaulle. Toutefois, il reconnaît que le célèbre rapport Armand-Rueff de 1961 visant à lever les entraves à la concurrence fut très largement enterré, que la fameuse participation eut fort peu de sens et que la régionalisation buta sur la réforme du Sénat en 1969. Un constat qui l'incite à suggérer à Emmanuel Macron de maintenir son cap réformateur et surtout à accélérer le mouvement, sur fond de baisse signifi-cative des dépenses publiques... Auteur de plusieurs autres essais, spécialiste de l'Allemagne, Jean-Louis Thiériot est avocat et député LR (Les Républicains) de Seine-et-Marne.

Jack Thieuloy (1931-1996), *Un écrivain bâillonné,* collection « L'indéfinie », Séguier, Paris, 2019

L'initiative éditoriale de faire paraître ce document mérite d'être saluée. Il s'agit d'un pamphlet rédigé à la fin des années 1970 où l'auteur raconte, avec bonne et mauvaise foi, ses démêlés avec le milieu germanopratin de l'édition et la justice. « La littérature des copains, dénonce-t-il, des journalistes nar-cisses bouffis de suffisance des médias, a pourri le royaume des lettres. »

Hypokhâgneux devenu parachutiste en Algérie de 1954 à 1958 puis antimi-litariste, Jack Thieuloy était un misanthrope assoiffé de reconnaissance, per-suadé d'avoir du talent littéraire à revendre, mais surtout connu pour son comportement vindicatif et incontrôlable qui lui valut, outre près d'une année aux arrêts de rigueur, des séjours de courte durée à la prison de la Santé. En 1976, il se vit décerner pour *La Geste de l'employé* le prix anti-Goncourt que Hallier avait créé. Isabelle Coutant-Peyre l'évoque dans son témoignage.

Alvin Toffler (1928-2016), *Le Choc du futur,* traduction de Sylvie Laroche et Solange Metzger, Denoël, Paris, 1971

Célèbre essai du sociologue et futurologue américain qui a introduit la notion de « surdose d'information » et a également publié, entre autres best-sellers mondiaux, *La Troisième vague,* en 1980, et *La Richesse révolutionnaire,* en 2007.

David Trigg, *L'Art de la lecture : livres et lecteurs dans l'art, de Pompéi à nos jours,* traduction de Nicolas Blot et Marie-Line Hillairet, Phaidon Press, Londres, 2018

Par un critique d'art anglais rigoureux et passionné, un très bel hommage au livre et aux lecteurs à travers les œuvres de nombreuses figures de l'univers artistique. Hallier ne l'aurait certainement pas jeté par-dessus son épaule...

Jean M. Twenge, *Génération Internet : comment les écrans rendent nos ados immatures et déprimés,* traduction d'Éléna Badiqué, Astrid Fauville et Élisabeth Mol, préface de Vincent de Coorebyter, postface de Serge Tisseron, Mardaga, Bruxelles, 2018

Le passage au crible d'une génération née depuis la mort de Jean-Edern Hallier et qui a donc grandi avec un téléphone portable au creux de la main... L'auteur est professeur en psychologie à l'université de San Diego aux États-Unis. Les résultats de ses travaux sont fréquemment publiés dans *Time, Newsweek, New York Times, USA Today* et *Washington Post.* Le préfacier est professeur à l'université Libre de Bruxelles, et l'auteur de la postface est docteur associé à l'université Paris-VII – Denis-Diderot.

> « Une technologie ne remplace pas une autre : elle la complète. Les livres ne sont pas plus menacés par les liseuses électroniques que les escaliers ne le sont par les ascenseurs. »
>
> Stephen Fry, dans un tweet du 11 mars 2009

Georges Ugeux, *La Descente aux enfers de la finance,* préface de Jean-Claude Trichet, Éditions Odile Jacob, Paris, 2019

En dépit de la préface d'un ancien président de la Banque centrale européenne et d'un label éditorial connu, il ne s'agit pas d'un livre digne de ce nom, mais d'un fatras de pages, d'une compilation de textes qui, souvent extraits d'un blog, n'avaient guère vocation à résister au temps qui passe... Malgré tout, de la lecture de cet improbable assemblage, il ressort, d'abord que « les écarts de richesse et de revenus sont devenus en France comme dans beaucoup d'autres pays industrialisés, intolérables non seulement socialement, mais même économiquement », ensuite qu'« on ne construit pas une économie sur l'injustice », enfin, et surtout, qu'il faut se préparer à un tsunami financier mondial sans précédent qui devrait se produire avant fin 2020, en raison, entre autres arguments à l'appui, du niveau extrêmement élevé de l'endettement des États. Né en 1945, Georges Ugeux est le dirigeant belgo-américain de la société de conseil Galileo Global Advisors et un ancien vice-président de la Bourse de New York.

> « Bibliothèque : la culture il faut l'avoir sous la main quand on ne l'a pas dans la tête. »
>
> Philippe Bouvard, *Bouvard de A à Z*

Tristan-Edern Vaquette, *Je gagne toujours à la fin,* Éditions Au diable vauvert, Vauvert (Nîmes), 2003

Prix Goya du premier roman. Le pseudonyme Tristan-Edern Vaquette fait référence à Pierre Desproges qui s'amusait beaucoup à tourner en dérision le prénom Jean-Edern et le nom Vaquette de Gribeauval.

Né en 1969, l'auteur est un artiste performer punk qui a débuté sa carrière en 1987 et s'est fait connaître du vivant de Hallier par des chroniques radiophoniques, notamment sur Radio Libertaire. Diplômé de l'École normale supérieure et titulaire d'un diplôme d'études approfondies en physique théorique, il est également le créateur du festival Un printemps bizarre.

Sylvain Venayre, *Les Origines de la France : quand les historiens racontaient la nation,* collection « L'Univers historique », Éditions du Seuil, Paris, 2013

Alors qu'à en croire de nombreux médias, il suffit de se tourner vers l'histoire de la France pour découvrir son identité, ce livre se propose, lui, de faire l'historique de cette fausse évidence et de relire les historiens qui, du XVIIIe au XXe siècle, ont tenté d'élucider le mystère des origines de la nation française. Quitte à devoir constater, au passage, que la fameuse notion de l'identité nationale, chère à certains abonnés des plateaux télévisuels, est fort confuse et que les incessants débats à son sujet sont volontiers oiseux...

L'auteur est professeur d'histoire contemporaine à l'université Grenoble-Alpes.

Agnès Verdier-Molinié, *En marche vers l'immobilisme,* Albin Michel, Paris, 2018

Un livre qui brosse, exemples irréfutables à l'appui, le tableau effrayant d'un « ancien monde » qui refuse de disparaître. Directrice de l'Ifrap, la Fondation pour la recherche sur les administrations et les politiques publiques, l'auteure constate et déplore que fin 2018, en France, bon nombre de réformes structurelles plus que nécessaires n'étaient toujours, au mieux, qu'à peine amorcées, ou au pire, renvoyées à plus tard… Qu'il s'agisse des institutions, avec en particulier la diminution très significative du nombre des sénateurs, des structures judiciaires obsolètes ou des retraites, la grande transformation annoncée durant la campagne présidentielle d'Emmanuel Macron n'en finissait pas de se faire attendre… Avec sans doute de lourdes incidences pour les générations à venir.

Françoise Verny (1928-2004), *Le Plus Beau Métier du monde,* Éditions Olivier Orban, Paris, 1990

Livre de souvenirs d'une éditrice que l'auteur de cet ouvrage eut l'occasion de croiser et qui, à la fin du XXe siècle, faisait partie de la gent littéraire germanopratine. Elle y évoque Jean-Edern Hallier qu'elle a connu dans les années 1980 et dont elle goûte la « prose superbe ». À ses yeux, si *L'Enlèvement* relève d'une « pure escroquerie », *Le Premier qui dort réveille l'autre* justifie la plus haute estime.

Pierre Vidal-Naquet (1930-2006), *L'Affaire Audin,* préface de Laurent Schwartz (1915-2002), Éditions de Minuit, Paris, 1958

Grand livre contre le mensonge et la négation de la vérité, par un auteur qui rappelle à juste titre que « la dilution des responsabilités ne les fait pas pour autant disparaître, non pour obtenir le "châtiment des coupables" mais pour pouvoir regarder la vérité en face, et peut-être, en effet, "liquider" le passé ». En France métropolitaine, Pierre Vidal-Naquet fut le pilier du Comité Maurice Audin, prenant le relais du combat de Josette Audès dès 1957.

Cédric Villani, *Immersion : de la science au Parlement – Chronique d'une entrée en politique,* Flammarion, Paris, 2019

De la médaille Fields aux bancs du Palais-Bourbon, il n'y a eu apparemment qu'un pas pour celui qui s'est fait élire député en 2017. Mais quel pas ! Riche en observations intéressantes, le récit fait rimer immersion avec conviction et paraît – fait plutôt rare – non dépourvu de fraîcheur d'esprit et de sincérité.

En octobre 2018, Cédric Villani avait annoncé sa candidature à la mairie de Paris pour les élections municipales de 2020. Mais en juillet 2019, il n'a pas été retenu par la commission d'investiture de La République en marche.

Philippe de Villiers, *J'ai tiré sur le fil du mensonge et tout est venu,* Fayard, Paris, 2019

Compte tenu des choix politiques très souverainistes de son auteur, il n'y a pas lieu d'être surpris que le contenu de cet ouvrage relève d'un parti pris idéologique, contienne plus d'une approximation et fasse l'objet d'un flot de violentes critiques depuis sa parution. Il n'en demeure pas moins qu'il a le mérite – dérangeant – de jeter une lumière crue sur la construction européenne et certaines vérités sans doute connues depuis très longtemps par un microcosme d'historiens spécialisés mais ignorées d'un large public... Certains mythes sont mis à mal et la statue officielle de Jean Monnet, cet agent à la solde de la CIA (Central Intelligence Agency) déguisé en « père de l'Europe », s'en trouve déboulonnée. Mais franchement, qui pourrait ne pas être d'accord avec Philippe de Villiers quand il revendique haut et fort le droit des Européens à la vérité historique face à une historiographie officielle, selon lui, mensongère ? Ce droit semble avoir encore bien des progrès à faire...

Alain Vincenot, *Algérie : les oubliés du 19 mars 1962,* Éditions de l'Archipel, Paris, 2019

Ce livre de bonne tenue – l'auteur est un journaliste chevronné né en 1949 – mérite particulièrement d'être salué : il a en effet pour grande et rare vertu de donner la parole aux proches des harkis, abandonnés par la France, après la signature des accords d'Évian qui prévoyaient un cessez-le-feu et devaient marquer la fin de la guerre d'Algérie.

> « Le droit et la lecture sont à mon sens les mamelles de la citoyenneté parce que ce sont des disciplines qui permettent l'épanouissement de l'esprit critique. »
>
> Jean-Claude Zylberstein, dans l'émission « À voix nue » diffusée sur France Culture, le 29 décembre 2018

Shoshana Zuboff, *The Age of surveillance capitalism: the fight for a human future at the new frontier of power,* PublicAffairs, New York, 2019

Un décryptage savant et minutieux, en plus de 700 pages, de l'économie de la data, ce système qui repose sur l'extraction des données personnelles, vendues ensuite à des annonceurs, afin qu'ils en tirent le plus grand profit, en anticipant voire en modifiant les comportements humains... Plus que probable que Hallier n'aurait guère apprécié cette évolution du capitalisme qui fait courir le risque du renversement de la souveraineté du peuple. Diplômée des universités de Chicago et de Harvard, l'auteure est professeur honoraire de Harvard Business School et a publié plusieurs ouvrages de référence.

Thèses

Qingya Meng, « Le voyage en Chine de *Tel Quel* et de Roland Barthes (1974). Enjeux, embûches, enseignements », Montpellier, 2017

Conduite sous la direction de Renée Ventresque, cette thèse préparée au sein de l'École doctorale 58 et de l'unité de recherche Rirra 21 a été soutenue le 8 décembre 2017 par Qingya Meng à l'université Paul-Valéry – Montpellier-III. Elle évoque à plusieurs reprises Jean-Edern Hallier, le cofondateur de la revue *Tel Quel* en 1960.

Natalia Mikhaïlovna Khachatryan, « Le néo-romantisme dans la prose française de la seconde moitié du XIXᵉ siècle », Erevan, 2018

Cette thèse de doctorat d'État soutenue en Arménie à l'Institut de littérature Manuk Abeghian (Académie nationale des sciences) cite le livre *Carré d'art : Jules Barbey d'Aurevilly, lord Byron, Salvador Dalí, Jean-Edern Hallier,* paru en 2008.

« Le nombre des écrivains est déjà innombrable et ira toujours croissant, parce que c'est le seul métier, avec l'art de gouverner, qu'on ose faire sans l'avoir appris. »

Alphonse Karr (1808-1890), dans sa revue *Les Guêpes*

« J'écris un livre. J'ai déjà fini tous les numéros de page. »

Steven Wright (dans *Le Petit Livre de l'humour anglo-saxon,* Le Cherche Midi éditeur)

Vidéo et audio

Parmi les films

Lire, de Daniel Costelle, Bernard Cwagenbaum et Jean-Pierre Lajournade (1937-1976), avec le concours de Roger Grenier (1919-2017) et Jacques Taroni, 47 minutes, Office national de radiodiffusion télévision française, 1966

Ce magazine littéraire comporte un entretien de quelques minutes avec Jean-Edern Hallier, filmé dans un appartement où il résidait alors près du bois de Boulogne. Des images précieuses, qui furent diffusées le 4 février 1966.

Jean-Edern Hallier, de Jean-Daniel Verhaeghe et Jean Baronnet, 22 minutes, France 3 (distrib. INA), 1978

Diffusé dans le cadre de l'émission « L'Homme en question. Jean-Edern Hallier », de Pierre-Marie Boutang, d'une durée de 65 minutes, sur France 3, le 9 juillet 1978, cet autoportrait se présente comme une ballade quelque peu lyrique à travers des lieux et des fantasmes familiers : le téléspectateur suit ainsi l'écrivain dans la Bretagne de son enfance (posté sur un rocher, ou cheminant devant le manoir paternel, évoquant ses souvenirs avec deux vieillards) ; en Autriche, devant le château de Schonbrunn ou dans une église baroque ; à Paris, marchant avec sa fille Ariane et son amie sous les arcades de la place des Vosges… Et en pensée, en Amérique latine où il séjourna un an. Un document particulièrement intéressant, réalisé par des professionnels réputés.

« Questionnaire : Jean-Louis Servan-Schreiber reçoit Jean-Edern Hallier », émission de 52 minutes, TF1, 1981 (diffusée le 4 novembre 1981)

Trois jours avec Fidel Castro, de Jacques Mény et Pierre-André Boutang, interview de Fidel Castro par Jean-Edern Hallier, 97 minutes, Rennes, Tribauthèque, 1990

Jean-Edern, le fou Hallier, de Frédéric Biamonti, 2006

Coproduit par la Générale de Production/INA/France 5/CNC et incluant des documents de l'Institut national de l'audiovisuel, un documentaire de 52 minutes qui a le mérite d'exister mais qui, manifestement destiné à un public aussi large que possible, se révèle malheureusement riche en poncifs, en images « people » plutôt convenues et en regrettables facilités (ne serait-ce que, d'emblée, dans son titre).

L'Idiot international, un journal politiquement incorrect, de Nils Andersen, documentaire de 52 minutes réalisé par Bertrand Delais et diffusé sur France 5, le 22 janvier 2017, à 22 h 35, puis sur LCP (La Chaîne parlementaire) le 3 novembre 2017, à 20 h 30

Réalisé autour d'images d'archives de l'époque et de témoignages de ceux qui ont collaboré à ce journal d'opposition, ce documentaire évoque de manière quelque peu réductrice et orientée cette atypique aventure éditoriale du début des années 1990. La personnalité de Hallier n'est heureusement pas absente du propos.

La Story : Jean-Edern Hallier, de Raphaëlle Baillot, documentaire de 17 minutes, diffusé dans le cadre du magazine « Stupéfiant ! » présenté par Léa Salamé sur France 2, le 9 janvier 2017, à 23 h 10

Petit document à vocation commémorative, au contenu sans surprise et sans réel intérêt, mais avec toutefois des images un peu émouvantes d'une visite au domicile de Laurent Hallier, qui, physiquement, ressemble beaucoup à son frère Jean-Edern,

Parmi les émissions de radio

« Deux heures pour comprendre : les rapports éditeurs-auteurs », émission proposée et animée par Jean Montalbetti, Claude Hudelot et Yves Loiseau, réalisée par Bernard Saxel, avec Gérard Guégan, Jean Guenot, Jean-Edern Hallier, Jean-Claude Lattès, Georges Léon, Jean Rousselot et Philippe Sollers, diffusée sur France Culture, le 11 décembre 1975 (rediffusée le 26 février 2019 dans les « Nuits de France Culture »)

« Démarches », trois émissions d'entretiens de 15 minutes chacune, animées par Gérard-Julien Salvy et diffusées sur France Culture, les 17 septembre, 24 septembre et 1er octobre 1977

« Radioscopie », émission de 56 minutes animée par Jacques Chancel et diffusée sur France Inter, le 22 septembre 1980

« Tribunal des flagrants délires : Jean-Edern Hallier », émission de 56 minutes présentée par Claude Villers, assisté de Pierre Desproges et de Luis Rego, diffusée sur France Inter, le 9 février 1981

« Radioscopie », émission de 56 minutes animée par Jacques Chancel et diffusée sur France Inter, mi-avril 1988

« Panorama – Littérature et poésie : Jean-Edern Hallier », documentaire de 50 minutes par Jacques Duchâteau, réalisé par Annie Woïchekovska, avec Jean-Edern Hallier, Roger Dadoun, Antoine Spire, Gilles Gourdon, Carmen Bernand, Max Zins. Première diffusion sur France Culture, le 25 octobre 1990 (seconde diffusion le 24 janvier 2017)

> « L'entretien radio a maintenant ses passeports, et les juristes l'assimilent à une "œuvre de création". Ils ont raison ; c'est le cadeau de la radio à l'histoire littéraire de la seconde partie du XXᵉ siècle. On ne pourra plus ignorer ces parenthèses orales que les plus grands parmi nos écrivains ont tracées devant les micros ouverts. »

> Francis Crémieux (1920-2004), dans une présentation de ses entretiens radiophoniques avec Louis Aragon en 1963

Dessin de Chereau, auteur du *Bonheur d'être auteur!* (Pixel Fever éditions).

Jean-Pierre Thiollet

« Je naquis. Le reste en découle. (…) Toute naissance
renouvelle par définition le monde autour de soi. »

Victor Segalen (1878-1919), *Essai sur soi-même*

« Une chose facile à avoir en décembre, c'est du sang-froid. »

Attribué à Alphonse Allais

« À soixante [1] ans
Le cœur inépuisable
Je traverse la mer. »

Taneda Santôka (1882-1940)

Auteur et coauteur de nombreux ouvrages, parus chez divers
éditeurs (Vuibert, Nathan, Neva éditions, Europa-America,
Jean-Cyrille Godefroy, Economica, Dunod, Anagramme éditions,
H & D, Frédéric Birr...) et dans différents domaines, Jean-Pierre
Thiollet est originaire du Haut-Poitou (France, Europe). Né en
1956, il a reçu sa formation au sein des lycées René-Descartes
et Marcelin-Berthelot de Châtellerault, des classes prépara-
toires aux grandes écoles du lycée Camille-Guérin à Poitiers,
puis des universités de Paris-I – Panthéon-Sorbonne, Paris-III
– Sorbonne Nouvelle et Paris-IV – Sorbonne. Il a passé avec
succès le concours de Saint-Cyr-Coëtquidan (Corps technique
et administratif des officiers des armées), mais, à la différence
de Jean-Edern Hallier, n'avait ni grand-père ni père général et
ne donna pas suite.

Diplômé en lettres, arts et droit (DES – Diplôme d'études supé-rieures –, maîtrise, licence...), détenteur de divers certificats en anglais et en histoire, il a depuis longtemps conscience, comme le souligne Picabia dans ses *Écrits,* qu'à gagner des par-chemins, l'être humain prend tous les risques de perdre son instinct... Il est volontiers catalogué comme journaliste pour s'être vu délivrer une carte de presse dès le début des années 1980 et jusqu'à notre époque, comme écrivain pour avoir publié, sous son nom et sous divers pseudonymes, souvent féminins, des dizaines de livres, et comme conseiller en com-munication pour avoir été associé à quelques « faits d'armes » dans les coulisses de la politique et les sphères stratégiques de la finance et de l'économie... De 2009 à 2012, il a exercé des fonctions de rédaction en chef et de délégation du personnel à *France-Soir,* l'un des très rares titres de presse écrite française à aura planétaire. En des temps fort révolus, il fut journaliste puis rédacteur en chef au *Quotidien de Paris,* au sein du groupe de presse Quotidien présidé par Philippe Tesson, collaborateur de publications comme *L'Amateur d'Art, Paris Match, Vogue Hommes, Théâtre Magazine* ou *La Vie Française.* Il fut égale-ment l'un des responsables nationaux, de 1991 à 2017, de la Cedi (Confédération européenne des indépendants), organi-sation de défense des commerçants, artisans et travailleurs indépendants, vice-président d'une association mondiale pour l'investissement immobilier et la construction (Amiic), implan-tée à Genève, dotée de plus de 7 000 contacts dans 25 pays – dont Donald Trump, Susan James et Jennifer Tennant, membres de la Trump Organization –, animateur de colloques internationaux à Genève, Paris, Bruxelles et Marbella, conseil-ler auprès de personnalités ou d'entreprises, et membre de la Pavdec (Presse associée de la variété, de la danse et du cirque) présidée par Jacqueline Cartier, avec le soutien amical de Pierre Cardin.

Entre 1982 et 1986, ses communications téléphoniques avec Jean-Edern Hallier ont fait l'objet de nombreuses écoutes illégales. Ce qu'il n'a pas apprécié et encore moins oublié.

Signataire de l'introduction de *Willy, Colette et moi,* de Sylvain Bonmariage, réédité en 2004, il a été, avec Frédéric Beigbeder, Alain Decaux, Mohamed Kacimi et Richard Millet, l'un des invités en 2005 du Salon du livre de Beyrouth, à l'occasion de la parution de *Je m'appelle Byblos.* Depuis 2007, il est membre de la Grande famille mondiale du Liban (RJ Liban).

> « La vie commence à soixante ans
> Quand on la connaît mieux qu'avant
> Et que l'on a appris par cœur
> Tous les raccourcis du bonheur. »

Refrain d'une chanson de Tino Rossi (Constantin Rossi, dit, 1907-1983), « La vie commence à 60 ans » (paroles de Vline Buggy, pseudonyme de Liliane Konyn, fille de Géo Koger (Georges Konyn), le parolier à qui l'on doit notamment « J'ai deux amours », la célèbre chanson de Joséphine Baker)

> « Que faisiez-vous pour ne pas vous ennuyer ?
> – Je réfléchissais. J'adore réfléchir. Ah ça, j'adore. À tout.
> Au passé, Au présent. À l'avenir. À tout ! »

Arletty (Léonie Bathiat, dit, 1898-1992), interrogée par Pierre Desgraupes (1918-1993), 4 novembre 1960, dans l'émission de télévision « Cinq colonnes à la une ».

« Le rond-point à Châtellerault
Les néons cassés déserts
Un aquarium, un mégot
Mon visage sur un poster
Je ne connaîtrai jamais
La fermeture à minuit
La vie des gens qui m'aimaient
n'aura pas été ma vie. »

« Une vie à l'envers », chanson, paroles de Vincent Delerm,
musique de Yodelice (Maxim Nucci, dit)
interprétée en 2015 par Johnny Hallyday

---

(1) Le nombre soixante (5 x 12, soit les cinq éléments – eau, bois, feu, terre, métal – combinés aux douze animaux de l'astrologie chinoise) représente un cycle de vie entier.

Remerciements

« Ne cherche, poète, chez nul orfèvre
un collier de rimes. Ciseaux ni limes ne
donnent aux meilleurs chants relief ni couleur :
les chants les meilleurs ce sont nos amours…
Le meilleur poème est celui de la vie. »

Rufino Blanco-Fombona (1874-1944), *Petit opéra lyrique*
(« Explication »), traduction de Pierre Darmangeat (1909-2004)

« De mon village, capitale
Où l'air chaud peut être glacial
Où des millions de gens
Se connaissent si mal
Je t'envoie comme un papillon
À une étoile
Quelques mots d'amour »

Michel Berger, *Quelques mots d'amour*

Nos chaleureux remerciements vont à toutes les personnes qui ont contribué, à leur manière, de près ou de loin, consciemment ou non, à la poursuite de ce projet éditorial et, en particulier, à Jean-Pierre Agnellet, Françoise Angel-Brunet, José Anido et Florence Anido-Fey, Françoise Arnaud, Annie Auger, Abdelhadi Bakri, Angélina Barillet, Sébastien Bataille, Philippe et Michèle Bazin, René Beaupain, Rémy et Chantal Bédier, Bruno Belthoise, Jean Bibard, Lella du Boucher, Roland et Claude (†) Bourg, Yasmine Briki, Hélène Bruneau-Ostapowiez, Jean-Pierre Brunois, Laurence Buge, Jean de Calbiac, Florence Canet, Pierre Cardin, Patrice Carquin, Gérard Carreyrou, Jacqueline Cartier (†), Jean Cassou (†), Jean-Claude Cathalan, Hamid Chabat, Audrey Chamballon, Paul (†) et Rachel Chambrillon, Jean-Marc Chardon, Laurence Charlot, Xavier du Chazaud,

Pierre et Huguette Cheremetiev, Bénédicte Chesnelong, Daniel Chocron, Philippe Cohen-Grillet, Isabelle Coutant-Peyre, Michèle Dautriat-Marre, Françoise Domages-Arnaud, Blandine Dumas, Claire Dupré La Tour, Bernard Dupret, Jean (†) et Camille (†) Dutourd, Philippe Dutertre, Régis et Eveline Duvaud, Thomas Duvigneau, Gabriel Enkiri, Suzy Evelyne, Jean Fabris (†), Armelle Fabry, Nassera Fadli, Jean-Pierre Faye, Francis Fehr et Virginie Garandeau, Joaquín et Christiane Ferrer, Alain Forget, Audrey Freysz, François Gabillas, Didier Gaillard, Marie-Lise Gall, Roland Gallais, Brigitte Garbagni, Claude et Claudine Garih, Guy (†) et Marie-Josée Gay-Para, Patrice Gelobter, Philippe Germanaz, Jean-Michel et Cécile Gevrey, Kenza El Ghali, Annick Gilles, Robert Giordana, Jean-François Giorgetti, Olivier Gluzman, Paula Gouveia-Pinheiro, Alain Gouverneur, Béatrix Grégoire, Cyril Grégoire, Ursula Grüber, Olivia Guilbert-Charlot, Anne Guillot, Patrice (†) et Marie-Hélène Guilloux, Ariane Hallier, Ramona Horvath, Patricia Jarnier, Dominique et Alexandra Joly, Jean-Claude Josquin, Paulette Jousselin, Jean-Pierre Jumez, Jean-Luc Kandyoti, Anna et Suzanne Kasyan, Chabou et Hopy Kibarian, Reine Kibarian, Bernard Kuchukian, Ingrid Kukulenz, Christian Lachaud, Frédérique Lagarde, Brigitte Lampin-Boucinha, Marie-France Larrouy, Bernard Legrand, Jean-Louis Lemarchand, Denis Lensel, Albert Robert de Léon, Ghislaine Letessier-Dormeau, Lyne Lohéac, Didier et Pascale Lorgeoux, Christophe-Emmanuel Lucy, Patrick et Sophie Lussault, Fernand Lystig, Lucie Malval, Monique Marmatcheva (†), Bernard Marson, Odile Martin, Jean-Claude Martinez, François Mattéi, Brigitte Menini, Laurent du Mesnil, François L. Meynot, Stéphanie Michineau, Bruno et Marie Moatti, Jean-Claude et Marie Mondon, Alain et Evelyne Mondon, Bernard Morrot (†), Fabrice Moysan, Gérard Mulliez, Abdallah Naaman, Madeleine et Brigitte Nazaruk, Chloé Neveu, Duylinh Nguyen, Jean-Loup Nitot, Jill Nizard, François Opter (†), Marie-Josée Pelletant, Nadia Plaud, France Poumirau (†), Martine Pujalte, Lise Qu-Knafo, Richard et Gabrielle Rau, Aurélie Renard, Jean-Côme Renard, Maurice Renoma, Ariel Ricaud, François Roboth, Christian Rossi, Franck Sallet, André et Alice Schegerin, Elisabeth Schneider, Patrick Scicard, Philippe Semblat, Sylvie Sierra-Markiewicz, Jacques Sinard, Véronique Soufflet, Francis Terquem, Philippe Tesson, Alain Thelliez, Joël Thomas, Elisabeth, Francine, Hélène, Monique, Augustin, Jean et Pierre Thiollet, Richard et Joumana Timery, David et Genc Tukiçi, Nicolas Turquois, Franck Vedrenne, Evelyne Versepuy, Caroline Verret, Alain Vincenot, André et Mauricette Vonner, Christiane Vulvert, Franz (†) et Judith Weber, Paul Wermus (†), Laurent et Marie-Henriette Wetzel, Ylva Wigh, Guillaume Wozniak.

« S'il me manque l'amour, je ne suis rien. »

Paul de Tarse (v. 0-v. 67-68), *Première lettre aux Corinthiens*

« Le ciel regarde les hommes s'agiter avec tant d'étonnement que chaque jour la nuit lui en tombe. »

Attribué à Robert Rocca (Robert Paul Joseph Canaveso, dit, 1912-1994)

« C'est pas marqué dans les livres
Que le plus important à vivre
Est de vivre au jour le jour
Le temps, c'est de l'Amour »
Pascal Obispo, « Lucie »

Du même auteur

Hallier ou l'Edernité en marche, avec une contribution de François Roboth, Neva Éditions, 2018

Improvisation so piano, avec le témoignage de Bruno Belthoise et des contributions de Jean-Louis Lemarchand et de François Roboth, Neva Éditions, 2017

Hallier, l'Edernel jeune homme, avec des contributions de Gabriel Enkiri et de François Roboth, Neva Éditions, 2016

88 notes pour piano solo, avec des contributions de Anne-Élisabeth Blateau, Jean-Louis Lemarchand et François Roboth, Neva Éditions, 2015

Piano ma non solo, avec les témoignages de Jean-Marie Adrien, Adam Barro (alias Mourad Amirkhanian), Florence Delaage, Caroline Dumas, de l'Opéra de Paris, Virginie Garandeau, Jean-Luc Kandyoti, Frédérique Lagarde et Genc Tukiçi, et avec des contributions de Daniel Chocron, Jean-Louis Lemarchand et François Roboth, Anagramme éditions, 2012

Bodream ou rêve de Bodrum, avec des contributions de Francis Fehr et de François Roboth, Anagramme éditions, 2010

Carré d'Art : Jules Barbey d'Aurevilly, lord Byron, Salvador Dalí, Jean-Edern Hallier, avec des contributions de Anne-Élisabeth Blateau et de François Roboth, Anagramme éditions, 2008

Barbey d'Aurevilly ou le Triomphe de l'écriture, avec des contributions de Bruno Bontempelli, de Jean-Louis Christ, d'Eugen Drewermann et de Denis Lensel, H & D, 2006

Le Droit au bonheur, Anagramme éditions, 2006

Je m'appelle Byblos, préface de Guy Gay-Para, illustrations de Marcel C. Desban, H & D, 2005

Sax, Mule & Co : Marcel Mule ou l'éloquence du son, H & D Éditions, 2004

Les Dessous d'une présidence, Anagramme éditions, 2002

Beau linge et argent sale : Fraude fiscale internationale et blanchiment des capitaux, Anagramme éditions, 2002

Le Chevallier à découvert, Laurens, 1998

« Vers la fin de la pensée unique ? » dans *La Pensée unique : le vrai procès,* ouvrage collectif, avec des contributions notamment de Jean Foyer, Jacques Julliard, Pierre-Patrick Kaltenbach, Françoise Thom et Thierry Wolton, Paris, Economica – Jean-Marc Chardon et Denis Lensel éditeurs, 1998

Histoire familiale des hommes politiques français, ouvrage collectif, avec une préface de Marcel Jullian, Archives et Culture 1997

Euro-CV, Top éditions, 1997

L'Art de réussir ses premières semaines en entreprise, avec le dessinateur Helbé (Olivier Lorain-Broca, dit), Nathan, 1996

L'Anti-Crise, avec Marie-Françoise Guignard, témoignages de Jean-Claude Cathalan, Chantal Cumunel, Ursula Grüber, Henri Lagarde, Patrick Lenôtre, Alain Mosconi, Philippe Rousselet et Eveline Duvaud-Schelnast, Dunod, 1994

Concilier vie privée et vie professionnelle, avec Laurence Del Chiaro, Nathan, 1993

Réussir ses trois premiers mois dans un nouveau poste, avec Marie-Françoise Guignard, Nathan, 1992 (*Os três primeiros meses num novo emprego,* traduit en portugais par Maria Melo, collection « Biblioteca do desenvolvimento pessoal », Publicações Europa-América, 1993)

Le Guide du logement, Nathan, 1990

« La dérisoire fascination du faux » dans *Utrillo, sa vie, son œuvre,* ouvrage collectif, Éditions Frédéric Birr, 1982

« Vous n'avez pas tout vu, mes anges, attendez, laissez-moi finir, j'ai des curiosités étranges, c'est tout chaud, y a plus qu'à servir. »

Bernard Dimey (1931-1981), « Barbara strip »
(chanson sur une musique de Gaby Wagenheim,
interprétée notamment par Valérie Mischler)

« Les morts restent-ils vivants ensuite (Au-delà, Paradis, etc.). Ou demeurent-ils seulement en nous, le temps que nous leur survivons ? N'étant pas sûrs de la réponse, les hommes ont préféré jouer les prolongations : monuments, œuvres d'art, noms de rue. (…) Comment accepter seulement ça : n'être plus ? »

Jean-Claude Martin, *Tourner la page*

« La vie s'en va… Il ne faut pas la laisser faire…
La vie s'en va… Que faut-il faire ? Je ne sais pas. »

Joël Holmès (1928-2009), « La vie s'en va », chanson interprétée par
Pia Colombo (1934-1986) et Betty Mars (1944-1989)

© 2019 NEVA Éditions
ISBN : 978-2-35055-273-6

Imprimé en France